国家社会科学基金项目（12CJY057）最终研究成果

城乡生产要素的流动机理与整合机制研究

刘维奇　著

中国财经出版传媒集团
经济科学出版社
Economic Science Press

图书在版编目（CIP）数据

城乡生产要素的流动机理与整合机制研究/刘维奇著．
—北京：经济科学出版社，2019.8
ISBN 978－7－5218－0755－4

Ⅰ.①城… Ⅱ.①刘… Ⅲ.①城乡建设－研究－中国
Ⅳ.①F299.21

中国版本图书馆CIP数据核字（2019）第170786号

责任编辑：程晓云
责任校对：王苗苗
版式设计：齐　杰
责任印制：王世伟

城乡生产要素的流动机理与整合机制研究
刘维奇　著
经济科学出版社出版、发行　新华书店经销
社址：北京市海淀区阜成路甲28号　邮编：100142
总编部电话：010－88191217　发行部电话：010－88191522
网址：www.esp.com.cn
电子邮件：esp@esp.com.cn
天猫网店：经济科学出版社旗舰店
网址：http://jjkxcbs.tmall.com
北京季蜂印刷有限公司印装
710×1000　16开　16.5印张　300000字
2019年11月第1版　2019年11月第1次印刷
ISBN 978－7－5218－0755－4　定价：48.00元

前言

PREFACE

在中华人民共和国成立的几十年里，我国形成了城乡二元经济结构，城乡不平衡发展成为困扰我们社会经济的一个难题。目前，我国处在快速城镇化的发展阶段，在快速城镇化的过程中，实现城乡统筹发展是一个内在的必然要求，也是关系着整个国民经济能否健康发展的重要问题。2017 年 10 月 18 日在党的十九大报告中提出，农业、农村、农民问题是关系国计民生的根本性问题，必须始终把解决好“三农”问题作为全党工作重中之重，实施乡村振兴战略。2018 年 2 月 4 日，公布了 2018 年中央“一号文件”，即《中共中央国务院关于实施乡村振兴战略的意见》，乡村振兴战略是对城乡统筹发展的重大战略部署，城乡统筹是贯彻科学发展观、解决我国“三农”问题和缓解城乡关系的重大举措，而城乡能否协调发展最终取决于生产要素的流动态势，因此，如何引导要素合理流动、优化资源配置就成为城乡统筹进程中的关键问题，我们已经进入快速城镇化阶段，快速城镇化的特点就是一种非均衡发展，一定是资源从农村流向城镇的过程，导致城乡资源配置失衡，要缓解或者解决这个问题，就要引导生产要素的合理流动，优化资源配置，在保证城镇发展的同时也有利于农村的建设和发展，让资源留在农村。所以，需要弄清这些资源的城乡流动机制，然后进行协调整合。

本书将资本、劳动力、土地和科技四种要素纳入统一的分析框架来研究城乡统筹进程中生产要素的流动机理，并在此基础上构建整合机制。按照“宏观分析框架—微观机理—生产要素分类研究—生产要素综合分析”的思路进行研究。首先，研究世界各国发展史，归纳城乡要素流动及其决定的城乡关系演变的一般逻辑，建立宏观分析框架。其次，通过建立农民经济模型研究城乡生产要素流动的微观机理，为之后的研究提供基础。再次，在宏观分析框架下，运用微观分析工具建立一系列理论与实证模型，分别研究劳动力、资本、土地、技术的流动机理与整合机制。最后，将四种要素再次纳入统一的分析框架中来研究协调机制，并建立促进城乡统筹进程中生产要素合理流动与整合的政策体系。本书一共分为八章，第一章为绪论，阐述研究背景、意义、文献综述、创新和不足等；第二章为生产要素流动与城乡关系演变的一般分析框架，比较分析各国发展历程，归纳城乡生产要素流动与城乡关系演变的一般逻辑，建立“产业变迁—工业化、城市化阶段—生产要素流动—城乡关系演变”的宏观分析框架；第三章为城乡统筹发展的微观基础，通过构建开放条件下农民经济行为模型分析城乡生产要素流动的微观机理，为研究城乡统筹进程中生产要素的合理流动与整合问题提供微观基础；第四章为城乡劳动力流动机理与整合机制，构建四部门劳动力流动模型，分析农村劳动力的流动机理，在此基础上讨论整合机制；第五章为城乡资本流动机理与整合机制，在阐述城乡资本配置和农村资本流失现状的基础上，分析农村资本流出的途径、原因和城乡资本流动机理，在此基础上，构建能够引导城市资本合理进入农村和提高农村资本自我积累能力的资本整合机制；第六章为城乡土地流转机理与整合机制，在分析中国农村土地制度和土地使用、流转现状的基础上，针对农地、经营性建设用地和宅基地三类土地使用与流转过程中存在的问题，分析土地流转机理，并围绕土地制度创新，构建有利于农村建设用地与城市相对接、使土地制度适应现代农村生产组织形式的城乡土地整合机制；第七章为城乡技术创新与转移机制，通过分析城镇化、非农技术和农业技术的互动关系，分析技术创新和转移机制，并在此基础上，提出借助城镇化，通过完善农村科技创新与推广体系构建城乡科技创新与转移机制；第八章为城乡生产要素协调整合机制，考虑城乡统筹进程中各生产要素的相互作用，需要协调整合，提出以发展农村非农产业为着力点，以创新农民组织形式和农村土地制度为突破口，以转变劳动力转移方式和完善农村科技创新与推广体系为助力点，构建协调四种要素的整合机制，并围绕该机制设计政策体系。

本书的创新之处主要在于：（1）将劳动力、资本、土地和科技四种要素纳入统一的分析框架进行研究并构建生产要素整合机制，突破了单纯从一种或两种生产要素的流动与整合角度来研究城乡统筹问题的局限。（2）构建新的农民经济行为模型，为研究城乡要素流动与整合提供了微观基础。吸收三种农民行为研究传统的合理假设，借鉴新经济增长理论的分析方法，并结合中国农民的特点分析农民的消费行为和生产行为，这既是对城乡统筹理论的创新，也是对农民经济行为研究的新探索。（3）在全面考虑市场与政府因素的基础上，通过一系列理论模型和计量经济模型研究，构建了以农村非农产业为着力点，以创新农民组织形式与农村土地制度为突破口，以转变劳动力转移方式和完善农村科技创新与推广体系为助力点的要素整合机制。

目录

CONTENTS

第一章 绪 论

城乡统筹是贯彻科学发展观、解决我国“三农”（农业、农村和农民）问题和缓解城乡关系的重大举措，而城乡能否协调发展最终取决于生产要素的流动态势，因此，在快速城镇化的背景下，如何引导要素合理流动、优化资源配置就成为城乡统筹进程中的关键问题。本书将在分析生产要素流动机理的基础上，构建快速城镇化背景下的要素整合机制。

一、选题背景

在中华人民共和国成立后的几十年里，我国形成了城乡二元经济结构，城乡不平衡发展成为困扰我们社会经济的一个难题。目前，我国处在快速城镇化的发展阶段，在快速城镇化的过程中，实现城乡统筹发展是一个内在的必然要求，也是关系着整个国民经济能否健康发展的重要问题。生产要素流动态势是决定城乡关系的关键，因此，在城乡统筹进程中必须引导要素合理流动并建立要素整合机制，使城市发展的同时有更多的资源用于农村发展。

城乡二元结构的形成、城乡不平衡发展的根源在于劳动力、土地、资本和技术等生产要素在城乡间的不合理配置，而这种不合理配置根源于我国的工业化战略。新中国的经济发展史是一部工业化的发展史。在工业化的过程中，大量农村生产要素通过各种方式转移到了城镇，而支持这种要素转移的，是新中国建立之初我国选择的重工业优先发展的工业化战略。重工业优先发展意味着需要大量的资金来支持城市重工业的发展，而初步恢复国民经济的新中国，资本要素的匮乏是摆在重工业优先发展战略面前的一道大难题。资本积累无非有两种实现方式，依靠市场或者依靠政府来实现。由于短期内依靠市场进行资本积累无法实现，我国选择了依靠政府实现资本积累的方式，而资本的来源则指向了农业。为了最大程度地榨取农业剩余，在农村实行了一系列改革，最典型的就是建立起了以农产品统购统销政策为基础的工农业贸易政策体系，这是一个建立在扭曲的工农业价格政策基础上的政策体系，为汲取农业剩余做出了巨大的贡献。据统计，1952～1986年，为了积累资金支持工业的发展，仅通过农业税和工农业产品“剪刀差”两种途径，农业为工业化发展提供的农业剩余就高达6868亿元左右。[①] 改革开放之后，困扰许多发展中国家的“卢卡斯之谜”在我国上演，资本并没有到资本要素更为稀缺的广大农村地区去寻找高回报，而是更多、更快地流向城市的现代产业中。虽然有些地区的农村存在着资本净流入，但从全国的层面看，农村资本的净流出更为普遍。

与农村资本净流出相伴随的是农村土地配置的低效率和农村劳动力向城市的转移。农村土地集体产权存在的一系列问题，加之要素市场化进程缓慢，导致土地配置低效率，呈现在我们面前最直观的现象，是土地的抛荒、失地农民的困境、大量无人居住的农村住宅……在开放经济条件下，面对外生资本收益率的农村企业为实现利润最大化，将按资本总量雇佣劳动力，其他农村劳动力则只能进入家庭经营，在资本与土地制约下，家庭经营的劳动人均收益率会降低，当低到一定程度，劳动力就向城镇转移，而转移成本的存在使资本也随之流失。大量失地农民为了生存，涌入城市去寻找更高收入的就业机会，形成了巨大的“民工潮”。流入城市的农村劳动力绝大多数是农村综合素质较高的劳动力，他们在转移向城市的同时，也带走了部分农村

① 冯海发、李溦：《工业化的成长阶段与我国农业发展政策的调整》，载《经济学家》1991年第5期。

的资本要素。

在资本和劳动力流失的状况下，农村的各种技术创新也陷入了缓慢发展甚至停滞的状态，而城市现代产业对农业农村的技术转移也没有良好的制度保障，技术的落后也成为制约农业农村发展的重要“瓶颈”之一。就这样，城市在各种要素相对充足的条件下迅速发展起来，伴随着工业的发展和城市的崛起，广大农村地区逐渐陷入了低速度发展的困境，许多农村地区日益凋敝，“三农”问题显现，城乡发展严重失衡，形成了明显的城乡二元经济格局。

传统城市化过程中，大量农村生产要素转移到城镇，城乡差距不断扩大，最终严重阻碍了整个社会经济的健康发展。如何打破城乡发展严重不平衡的僵局，成为我国经济发展中的一项主要的任务。2003 年，在有关“科学发展观”的阐述中，胡锦涛同志提出要按照“统筹城乡发展”等要求推进各项事业的改革和发展。党的十六大强调，“统筹城乡经济社会发展，建设现代农业，发展农村经济，增加农民收入，是全面建设小康社会的重大任务”。党的十九大指出，要实施乡村振兴战略，“要坚持农业农村优先发展，按照产业兴旺、生态宜居、乡风文明、治理有效、生活富裕的总要求，建立健全城乡融合发展体制机制和政策体系，加快推进农业农村现代化”。[①]

要实现城乡统筹发展，必须认识到，长期以来城乡二元经济结构的形成，是生产要素在城乡间的不合理配置导致的，城乡统筹发展的关键是实现城乡生产要素的合理流动，使城乡劳动力、资本、土地、技术等要素相互融合，互为资源、互为市场，互相服务，逐步达到城乡协调发展。本书将首先在分析劳动、土地、资本、技术等生产要素流动情况的基础上，构建城乡生产要素流动机理模型，这是分析各种生产要素流动机理、构建生产要素整合机制的理论基础。接下来，系统地构建每一种生产要素的整合机制，并以农村非农产业为着力点、以创新农民组织形式与农村土地制度为突破口、以转

① 习近平：《决胜全面建成小康社会　夺取新时代中国特色社会主义伟大胜利——在中国共产党第十九次全国代表大会上的报告》，2017 年 10 月 27 日。

变劳动力转移方式和完善农村科技创新与推广体系为助力点，构建协调四种要素的整合机制，并建立政策体系框架。

二、国内外研究现状述评及研究意义

（一）国外研究综述

国外对城乡发展过程中要素流动问题的研究侧重于要素流动对城乡发展的影响，典型的理论包括二元经济理论、二元空间理论和城市偏向理论。前二者同属二元结构理论。二元结构理论最开始是由布克（Booke，1933）提出的，布克研究了印度尼西亚的经济和社会，并将其划分为传统部门和现代资本主义部门，不过，其理论并不成熟，基本上停留在描述的阶段。希金斯（Higgins）后来用生产函数的异质性表示两类部门的区别，并且进一步描述了这种结构特征。这些理论在当时影响都不大，真正产生广泛影响的是后来的二元经济理论和二元空间理论。二元经济理论特别强调农村劳动力、资本向城市工业部门的流动对城市发展和城乡关系演变的影响；二元空间理论侧重于强调经济发展过程中城市对农村地区的良性影响——劳动、资本和先进技术向农村的转移。城市偏向理论则将对城乡不平衡发展的原因探讨引到了不对等的各种城乡政策上。

1. 二元经济理论

二元经济理论最早是由英国经济学家刘易斯（Lewis，1954）首先提出来的，刘易斯的二元经济模型认为农村劳动力的不断流失和资本技术的短缺是导致二元经济结构形成的根本原因，而劳动力要素的非农转移最终会使二元经济结构消失。在农村地区，一方面，传统农业部门存在着过剩的人口，而耕地数量却是非常有限的；另一方面，传统的生产技术比较简单，并且很难获得突破性发展。所以，在农业的产量在达到一定水平之后，再提高劳动的边际产量几乎为不可能，即农业生产的边际生产力为零，有时甚至为负。

也就是说，农业生产中存在着过剩的劳动力。大量农业剩余劳动力的存在，最终导致发展中国家城乡发展不平衡，造成发展中国家城乡差距悬殊、国家经济长期在低水平上运行。同时，刘易斯还指出二元经济结构最终会消亡。相对于落后的传统农业体系（部门），还存在着一个城市现代工业体系（部门），在先进的工业部门中，生产资料是可再生的，人口增长要慢于生产规模的扩大和生产率提高的速度，劳动的边际生产力明显高于农业部门，相应的工资水平也高于传统农业部门。这样，只要存在剩余劳动力，就会被吸引到城市的现代工业部门中去，因为在工业部门工作的收入要高于传统农业部门。大量廉价的劳动力为工业部门节约了资本，它们将这些资本投入到扩大再生产的过程中，进一步吸收了更多的农业剩余劳动力。在农业剩余劳动力不断进行非农转移的过程中，经济的二元特征将逐渐消失，发展中国家将逐步摆脱贫困。[①] 拉尼斯（G. Ranis，1961）和费（H. Fei，1964）在修正刘易斯的假设的基础上，完善了二元经济模型，完善后的二元经济模型更多地考虑到了工农业部门的平衡增长，但仍然强调劳动力的转移和农业技术（生产率）的作用。拉尼斯和费认为，农业剩余劳动力分为两部分，一部分就是刘易斯模型中那些边际生产力为零的人，而另一部分人虽然边际生产力为正、但是却不能增加农业总剩余，也就是说，这部分人的所得不能满足自身的消费需求。这两部分农业剩余劳动力都会向工业部门转移，这种转移将经历三个阶段。在第一阶段，向工业部门转移的是第一部分农业剩余劳动力，只要城市工业部门需要，就会有源源不断的农业剩余劳动力向工业部门转移，付给他们的报酬只要等于农业部门的工资即可，不会提高工业部门的成本。由于这部分农民的边际劳动生产力为零，所以这一转移不会影响农业总产出水平，而且，农业劳动力总数的减少反而会使留在农村的劳动力人均收入增加。在第二阶段，另一部分边际劳动生产力为正的农业剩余劳动力也会被工业部门所吸引，但他们的转移将会带来工业部门成本的提高。由于这部

① Lewis，W. A.，Economic Development with Unlimited Supply of Labor，The Manchester School of Economic and Social Studies，1954（22）：139－191.

分人的边际产出为正，所以他们向工业部门的转移会影响农业总产出，从而影响农业部门的人均收入，农业总产出和农业部门人均收入低到一定水平时，农产品尤其是粮食的相对价格将不得不上涨，进而逼迫工业部门提高工资。工资的上涨会挤占有限的工业资本，妨碍工业的扩大发展，间接限制工业吸收农业剩余劳动力的能力。不过，如果能够提高农业劳动生产率从而消除第二部分农业劳动力转移带来的影响的话，将会顺利度过“粮食短缺点”，劳动力向工业部门的转移将不会受到阻碍。当两部分农业剩余劳动力都转移进工业部门后，就进入了第三阶段，这是一个工农业两部门竞争发展、相互支持的阶段。竞争性工资的高低将决定劳动力在两部门的分配，与之伴随的是传统农业向商业化农业的转变①。乔根逊（Jogenson，1967）改进了这一理论，与刘易斯、费和拉尼斯以农业剩余劳动力为基础创立理论相区别，他的理论围绕农业剩余展开。乔根逊强调了农业剩余、技术进步和劳动力转移对二元经济结构转变的作用，但忽视了农业实物资本投入的重要作用。在乔根逊模型中仍然存在着现代工业部门和落后农业部门两种性质不同的经济结构，农业部门是经济发展的基础，劳动力可以在两部门间自由转移，其中农业剩余劳动力的转移是人们消费结构变化的结果，其规模大小取决于农业剩余的多少：没有农业剩余，就不会有农业剩余劳动力的转移；存在农业剩余，农业剩余劳动力将可能转移；农业剩余越多，农业剩余劳动力转移规模就越大。基于马尔萨斯人口理论，乔根逊又指出，人口增长是受经济增长——农业总产出限制的。随着农业生产技术的进步，农业剩余将呈不断扩大的趋势，同时，农业总产出的增加提高了农村的人口规模，从而劳动力规模也变大，于是，更多的农村剩余劳动力会转移到城市工业部门，这将进一步刺激工业部门的发展。在这个过程中，工资水平会随着技术进步和资本积累的增加而不断提高。

哈里斯特和托达罗（Harrist & Todaro，1970）建立模型，使不发达国家

① Fei，J. C. H.，Ranis，G.，1964. Development of the Labor Surplus Economy：Theory and Policy. Richard D. Irwin，Homewood，IL.

产业间的劳动力流动理论进一步得到拓展。在模型中，假定城乡预期收入差异是农业劳动者向城市转移动机的主要决定因素，该差异越大，迁移向城市的人口数目就越多。农村迁移到城市的劳动力在城市现代部门找到工作的概率，一方面与城市新创造的就业岗位数成正比，另一方面与城市失业人口数目成反比。迁移成本的大小及对预期的收入差异是影响农村劳动力是否迁移向城市的重要决定因素，这是理性人在比较经济利益驱使下进行的合理行为。不过，该模型将劳动力迁移数量直接与就业概率挂钩，农村劳动力仅凭对城市就业概率的粗略了解来决定是否进行迁移，意味着劳动力迁移在很大程度上是一种盲目行为，这与事实相悖。同时，该模型也忽略了迁移人口在城市的生活成本而仅考虑迁移成本。[①] 另外，布吉尼翁（Bourguignon，1990）认为人口转移、技术结构和资本有机构成是影响城乡关系的主要因素[②]。法恩和斯塔克（Fan & Stark，2008）通过构建城乡一体化模型，证明发展中国家劳动力的无限制流出降低了农村的平均收入水平。

2. 二元空间理论

典型代表性理论是佩鲁（Perroux，1905）的增长极理论、缪尔达尔（Myrdal，1957）的循环累积因果效应理论和弗里德曼（Friedman，1966）的核心——外围理论。佩鲁提出了“增长极”的概念并进行了充分的阐述，他认为，在整个社会或组织中存在着普遍的支配现象，城市对农村、工业对农业之间也都存在着支配关系，因此，经济发展是一个不平衡的过程。该理论主要阐述了中心城市作为增长极对其周边农村的影响[③]。缪尔达尔等认为城市会产生回波效应和扩散效应，前者使农村资源向城市集中从而导致城乡差距扩大，当城乡差距到一定程度后，后者就会发生；市场会加剧城乡发展

---

① John R. Harris，Michael P. Todaro，Migration，Unemployment and Development：a Two – Sector Analysis. the American Economic Review，Vol. 60，No. 1 （1970），126 – 142.

② Francois Bourguignon，Growth and Inequality in the Dual Model of Development：the Role of Demand Factors. ：Economic Studies，Vol. 57，（Apr.，1990），215 – 228.

③ Perroux，F.，Economic Space：Theory and Applications ［J］. Quarterly Journal of Economics，1950，64 （1）：89 – 104.

不平衡，要协调城乡发展不能单靠市场，还需政府干预。缪尔达尔认为，动态社会过程中的各社会经济因素之间存在着循环累积的因果关系，这种累积效应会产生回流效应与扩散效应，这是两种相反的效应：回流效应导致落后地区的资本和劳动流向发达地区，而回波效应则相反，它指发达地区的资本和劳动要素向落后地区流动。回波效应的存在使得落后地区因缺乏要素而发展缓慢，而扩散效应有利于落后地区的发展。两种效应的强弱对比情况决定了区域经济是否协调发展。基于这两种效应，他认为市场力量会不断强化区域间的不平衡趋势，发展总是从某些条件较好的地区开始，某一地区一旦凭借初始的优势率先发展起来，就会将有利因素不断积累起来，其发展的速度会一直快于其他地区。也就是说，在发展中国家和地区，起飞阶段的回流效应通常会大一些，这是导致空间上的二元城乡结构的重要原因，而要促进城乡的协调发展，政府必须实行强有力的干预。①

弗里德曼提出了核心——外围理论，它试图解释互不相连、孤立发展的区域如何变得密切联系且发展不平衡、进而又从发展极不平衡走向密切相连的平衡发展这样一个过程，对城乡关系的演变具有一定的解释力。在这个理论中，完整的空间系统包括两个地域社会子系统——核心区和外围区，其中核心区因具有较强的创新能力而处于支配地位，而外围区则依附于核心区而存在。核心区可能是全球级别、洲级别，也可能是国家级、区域级甚至是更小的省级，但是，对于一个空间系统而言，其核心区可能不止一个，另外，核心区的地域范围也会因空间系统的自然规模或范围不同而不同。核心区在整个空间系统中是非常重要的：核心区通过各种系统——供给、市场和行政系统来组织外围地区，并把其创新成果（新材料、先进技术、精神、体制等）向外围区传播；在核心区的自我强化过程中，整个空间系统会得到发展。随着信息交流的增加，创新会超越该空间系统的承受能力，伴随着核心区的扩展和外围区的发展，在外围区将出现新的核心区，这将导致原有核心

① 缪尔达尔：《经济理论和不发达地区》，1957 年引自中译本：《倾斜的国土——中国区域经济不平衡发展的现实与趋势》，中国经济出版社 1995 年版。

区级别降低。[①]

刘易斯等的二元经济理论侧重强调农业剩余劳动力、农业剩余对城市工业部门的贡献与影响，而二元空间理论则侧重于强调城市在整个社会经济发展中的重要带动作用，但他们都没有回避城乡之间的关系。在社会经济的发展过程中，两种理论所强调的情况都是存在的，究竟哪一种趋势占主导地位，是与具体的经济发展阶段和实际情况密不可分的。

3. "城市偏向"理论

认为以城市为中心的自上而下的政策导致城乡资源不合理流动，加剧了城乡矛盾。在反思发展中国家发展模式的过程中，城市偏向理论被提出来，与舒尔茨（Schultz，1964）、弗和拉尼斯着眼于强调农业在整个经济增长中的作用相区别，利普顿（Lipton，1968）、科桥（Corbridge，2005）等坚持的城市偏向理论侧重于强调工业化过程中各种城市偏向政策是导致城乡关系扭曲和农民生活困苦的重要原因。由于城市阶层的影响力高于农村，加上主流理论对城市——工业化模式的支持，发展中国家的政府实施了一系列偏向于城市的税收、投资等政策，在资源分配中城市分享了大部分份额，从而导致城乡发展的不平衡。早期的城市偏向理论以工农业产品之间的价格扭曲为核心论题。[②] 贝茨（Bates，1981）研究了撒哈拉以南非洲的农业体制，指出粮食危机和政局动荡主要是由于专制政府实施的不利于小农阶层的价格扭曲政策和其他气候和沙漠化等自然因素。[③] 埃利斯（Ellis，1982）对坦桑尼亚的农业价格政策的研究也得出了类似的结论。[④]

随着发展中国家价格扭曲的弱化，城市偏向政策更多地体现在了公共服

---

① Friedman, J. R., Regional Development Policy: A Ease Study of Venezuela [A]. Cambridge: The MIT Press, 1966.

② Lipton, M., Strategy for Agriculture: Urban Bias and Rural Planning [M]. London: Oxford University Press, 1968. Corbridge S. and Jones G. A., The Continuing Debate about Urban Bias: The Thesis, Its Critics, Its Influence, and Implications for Poverty Reduction [R]. Mimeo, prepared for DFID, 2005.

③ Bates, R. H., Markets and States in Tropical Africa [M]. University of California Press, 1981.

④ Ellis, F., Agricultural Price Policy in Tanzania [J]. World Development, 1982 (10): 263-283.

务方面。利普顿（1993）认为，公共支出政策的城市偏向产生了许多直接和间接的消极影响，这会使得资本、企业和技术更快地向城市集聚，不利于国家经济的整体发展。① 本泽莫和海蒂（Benzemer & Headey，2008）通过建立回归模型，发现不发达国家近三十年的城市偏向政策导致城乡之间福利差距不断扩大，进一步加剧了城乡发展的不平衡态势。② 易卜拉欣（Ibrahim，2014）认为，在没有城市偏向政策等干预的条件下，借助外部资本注入，农业能够发挥自身潜力发展并带动农村走向城镇化。③

城市偏向理论的发展将城乡关系严格对立起来，一方面忽略了许多发展中国家存在的城市贫困问题和发展中国家城乡之间密切联系、城乡边界日益模糊的事实，另一方面也忽视了城市集聚的益处——规模效应和溢出效应，因而备受诟病。不过，由于该理论反思城市偏向理论、旨在倡导城乡协调发展，其理论仍然值得学术界关注和争论。

（二）国内研究综述

国内对生产要素与城乡统筹的研究可以分为两个层面。

1. 从总体上论述要素流动对城乡统筹的影响

姜作培（2005）认为统筹城乡发展的本质是资源配置问题，资源的流动和组合是城乡经济社会运行的主要表现形式，城乡发展速度快慢、协调程度和效率高低都取决于资源的占有、流动和组合状况。所以，城乡差距扩大的核心就是城乡生产要素投入和流动问题，要实现城乡经济的统筹发展，关键在于实现城乡要素合理流动与优化配置。同时，他指出了我国城乡资源配置的主要症结在于城乡资源流动不顺畅、不合理，以及城乡资源分配不公平

---

① Lipton, M., Urban Bias: Consequences, Class and Causality [J]. Journal o f Development Studies, 1993, 29 (4): 229－258.

② Bezemer, D., Headey, D., Agriculture, Development, and Urban Bias [J]. Word Development, 2008, 36 (8): 1342－1364.

③ Ibrahim, M. B. & Zulu, L. C., Development without Intervention: a Successful Self－Reliance Initiative of Rural Development and Urban Growth in The Sudan. Geographical Review. 2014, 104 (4).

和利用不合理，并进一步提出了整合城乡资本、科技、劳动力、旅游资源和各种公共资源的整合方向和重点。关于整合的思路，他提出，要重视政府和市场的协调作用、城市的带头作用、各种载体对资源的吸纳和聚集作用以及制度的保障作用。① 姜作培的研究已经涉及了城乡统筹发展中的资本、劳动力和技术要素，但对土地要素有所忽略。张泓等（2007）从城乡要素流动中存在的问题入手进行研究，提出了基于要素流动视角的城乡一体化发展思路。城乡要素流动中存在着的问题主要有三个方面：劳动力滞留农业部门造成农业比较优势的丧失进而影响农民收入；农村土地资源非市场化流入城市，相应的财富效应未在农村和城市之间进行合理分配，进而影响失地农民的市民化；由于农村金融服务组织缺失，使得农村金融资本向城市单向流动，而农业则缺乏资本支持。只有健全市场配置资源的机制，从而促进城乡要素合理流动，才能实现城乡统筹发展。② 基于我国 31 个省、自治区和直辖市面板数据，张传勇（2011）进行了实证分析。分析结果表明，农村劳动生产率的提高、农村劳动力转移的增加、农村金融贷款限制条件的放松（农村资本的增加）以及财政对农业的投入是促进城乡一体化发展的重要因素，对城乡统筹发展有重要作用；而农村劳动力的增加、农村税收提高和农村存款快于贷款增长将会在一定程度上抑制城乡一体化发展。③ 不过，该实证模型假定生产要素只有劳动力和资本两种，并且要素市场是充分竞争市场，这些假定使得该研究与我国的城乡发展的现实情况有一定差距，所以对我国城乡发展问题的解释力有限。徐玮、谢文君（2011）在总结国外城乡关系演变模式经验教训的基础上，对中部地区的城乡统筹发展提出了针对性建议，主张从促进资金、技术、劳动力和土地四种要素方面入手来推动城乡

① 姜作培：《资源配置：城乡统筹发展的关键》，载《福建论坛（人文社会科学版）》2005 年第 2 期。

② 张泓、柳秋红、肖怡然：《基于要素流动的城乡一体化协调发展新思路》，载《经济体制改革》2007 年第 6 期。

③ 张传勇：《资源要素流动配置与城乡一体化发展——基于我国省际面板数据的实证分析》，载《财经论丛》2011 年第 6 期。

统筹发展。[①] 曹飞（2013）强调城乡一体的要素市场是城乡统筹发展的基础，由于我国农村要素市场的市场化程度参差不齐且要素协调整合性差，导致过去我国城乡发展不平衡。曹飞建议在统筹城乡发展要求的基础上，消除城乡要素流动的障碍，同时加强农村生产要素的市场化进程，并建立要素协调机制。[②] 常野（2015）认为，发挥市场机制作用，促进资本、劳动力、技术和公共资源四种要素在城乡之间的合理配置，能够推动城乡一体化。[③] 李红霞（2016）强调城乡统筹发展的关键在于优化配置要素、实现要素城乡间等价交换和促进要素在城乡间合理流动与公平使用，因此，要实现城乡统筹发展，就要清除阻碍生产要素自由流动的各种障碍。[④] 王丽艳（2017）等着眼于土地和劳动力两种要素，剖析了户籍制度和土地产权制度对两种要素在城乡间自由流动的阻碍，主张以“人”和“地”为中心，改革户籍制度，推进农地市场化进程，从而推动劳动力和土地要素在城乡间双向流动。[⑤]

以上研究基本上都认识到了要素合理流动的重要性，强调了过去要素流动不顺畅对我国城乡统筹发展的不利影响，并提出了各种促进要素流动的建议，尤其是对于要素流动的协调问题，多数学者提出要加速农村生产要素的市场化进程，消除各种要素流动障碍，这具有一定的现实指导意义。不过也存在一些缺陷，部分学者对要素的界定范围比较窄，没有涵盖劳动、土地、资本和技术四种要素，即使有人考虑到了四种要素的存在，也并没有真正设计出一个系统的、能够整合四种要素的整合机制。

---

① 徐玮、谢文君：《国外城乡发展经验对我国中部地区城乡统筹的启示——从生产要素流动性角度分析》，载《江西社会科学》2011 年第 7 期。

② 曹飞：《城乡统筹进程中的要素整合机制研究》，载《贵州社会科学》2013 年第 3 期。

③ 常野：《要素流动对城乡发展一体化的影响研究——以江苏省为例》，西北大学博士学位论文，2015 年。

④ 李红霞：《城乡之间生产要素流动优化配置与城乡统筹发展——以重庆市为研究对象》，载《商业经济研究》2016 年第 3 期。

⑤ 王丽艳、杨楠、王振坡：《土地产权制度、户籍制度与城乡统筹发展研究》，载《农村经济》2017 年第 7 期。

2. 论述单一要素流动对城乡统筹的影响

（1）劳动力要素。一部分学者认为农村劳动力流入城市有助于提高农民收入，缓解城乡收入差距，例如，林毅夫（2003）等认为限制人口城乡流动是导致中国城乡差距悬殊的重要原因。张志新等（2018）研究了关于山东省 17 个地级市的动态面板模型，结果证明，农村劳动力流动有利于缩小城乡收入差距，而且，劳动力净流出比劳动力净流入更有利于缩小城乡收入差距。[①] 也有学者持相反意见，例如，蔡昉（2005）认为，由于户籍制度的阻碍及基于户籍制度的城乡福利差异，加剧了城乡收入差距的扩大。[②] 孙文凯（2011）定量分析了 20 世纪 90 年代中期以来户籍制度对劳动力流动的影响，认为短期内改革户籍制度并不会显著影响劳动力流动。[③]

（2）资本要素。许多学者对城乡资本流动的方向进行了考察，例如，彭小辉（2012）等研究发现，在我国城乡资本流动中存在着“卢卡斯之谜”——资本并没有流向资本更为稀缺的农村去寻求高回报率，而是集中流向城市，这一现象的存在，与中国的工业化模式息息相关。[④] 关于资本要素流动的研究，很多学者强调应当发挥政府对资本要素流动的引导作用。丁志国（2011）等实证检验了各种农村金融政策的有效性，发现许多政策效果并不理想，认为在工业化和城市化进程中，必须选择合适的农村金融政策，才能引导资本向农业倾斜，这是城乡协调发展的重要保障之一。[⑤] 周月书等（2015）分析了我国城乡资本边际生产率的变化，深入剖析了我国城乡资本流动的原因，在此基础上指出，由于农业和农村的弱质性限制了市场

---

① 张志新、杨琬琨、何双良：《农村劳动力流动对城乡收入差距的影响——基于山东省 17 地市的面板数据分析》，载《华东经济管理》2018 年 5 月。

② 蔡昉：《农村剩余劳动力流动的制度性障碍分析》，载《经济学动态》2005 年第 1 期。

③ 孙文凯、白重恩、谢沛初：《户籍制度改革对中国农村劳动力流动的影响》，载《经济研究》2011 年第 1 期。

④ 彭小辉、史清华：《“卢卡斯之谜”与中国城乡资本流动》，载《经济与管理研究》2012 年第 3 期。

⑤ 丁志国、赵晶、赵宣凯、吕长征：《我国城乡收入差距的库兹涅茨效应识别与农村金融政策应对路径选择》，载《金融研究》2011 年第 7 期。

机制的作用，所以必须建立政府主导的城乡资本正常流动机制。[①]

（3）土地要素。刘爱军（2009）、何立胜等（2011）认为城乡统筹发展需要完善农村土地流转制度。其中，刘爱军强调要改革农地征收制度。[②] 何立胜等认为，消除城乡二元分割是城乡统筹发展的本质，为此，需要促进包括土地流转机制、户籍制度和社会保障制度在内的综合改革，从而使土地和劳动力要素在城乡间合理、有序地流动，进而保障城乡一体化顺利发展。[③] 曲福田、田光明（2011）指出农村集体土地产权存在的问题是造成土地资源配置低效率的重要原因，并尝试从城乡统筹角度来明确集体土地产权改革的方向，完善集体土地产权制度，从而实现高效公平的土地资源配置，并提出了完善土地规划管理、完善立法和进行配套改革等政策建议。[④] 范垚等（2016）认为，城乡统筹发展过程中存在农村要素利用率不高、要素流动不合理等问题，要解决这些问题，一要进行土地整治，二要探索资金整合机制，并完善市场机制，从而使城乡要素顺畅、规范地流动。[⑤]

（4）技术要素。一部分学者关注技术转移问题，例如，杨基厚等（1992）在国内较早地考察了城乡技术转移的特征和机制，研究发现，我国城乡技术转移存在城乡向农村转移的单向性、目标多重性和转移阶段性等特征，城乡技术转移的目标能否实现，取决于动力机制是否能突破约束机制的限制。[⑥] 另一部分学者更为关注技术创新，例如，刘卫柏（2011）等强调了农业科技创新对城乡统筹的重要作用，认为农业科技创新对城乡一体化发展和消除城乡二元结构起着关键性作用，并从城乡协调发展的视角，考察了发

① 周月书、王悦雯：《我国城乡资本流动研究：1981～2012——基于城乡资本边际生产率的分析》，载《江淮论坛》2015年1月。

② 刘爱军：《农地征收：制度困境与路径选择》，载《毛泽东邓小平理论研究》2009年第1期。

③ 何立胜、黄灿、何云飞：《土地流转与社会保障制度的协同改革——基于嘉兴、苏州与成都等地改革实践的分析》，载《农村经济》2011年第1期。

④ 曲福田、田光明：《城乡统筹与农村集体土地产权制度改革》，载《管理世界》2011年第6期。

⑤ 范垚、杨庆媛、张瑞頔、匡垚瑶：《基于城乡统筹发展的农村土地综合整治绩效研究——以重庆市典型项目区为例》，载《中国土地科学》2016年第11期。

⑥ 杨基厚、邹宁华：《城乡技术转移的基本特征和运行机制探讨》，载《科研管理》1992年第3期。

展农业科技创新存在的问题并提出了相应对策。[①] 一部分学者同时强调技术创新和技术转移两个方面。例如，刘维奇等（2014）认为，农业技术水平的提高依赖于两个方面：一方面是城市创造的农业新技术；另一方面是非农产业向农业的技术转移。在强调提高农业技术水平重要性的基础上，建议应当倡导适应性的农业技术创新、加速技术向农业部门的转移。[②]

由上可见，国内外研究者多注重生产要素流动对城乡关系的影响，而较少研究城乡生产要素的有机整合；多以研究单一或部分生产要素为主，或者将部分生产要素与其他因素并列进行研究，而未将资本、劳动力、土地和科技四种要素纳入统一的分析框架，更没有构建一个能够系统地促进城乡统筹发展、涵盖四种要素的整合机制。

（三）研究意义

1. 理论意义

（1）本书将劳动力、资本、土地和技术四种要素纳入统一的分析框架来研究城乡统筹进程中生产要素的流动机理，并在此基础上构建四种要素协调整合机制，这是对城乡统筹中要素整合研究的创新。这种研究思路和方法，突破了以往学者对要素关注的偏颇和将要素与其他因素并列在一起讨论的缺陷。

（2）以农民经济行为为基础建立统一的生产要素流动机理模型，这是对要素流动理论的发展，也为研究城乡统筹进程中生产要素的合理流动与整合问题提供了微观理论基础。

2. 现实意义

（1）本书立足于扭转我国城乡差距扩大趋势，建立起一套生产要素整

---

① 刘卫柏、李中：《基于统筹城乡发展视角的农业科技创新研究》，载《科学管理研究》2011年第8期。

② 刘维奇、韩媛媛：《城镇化、非农技术与农业技术变迁——基于SVAR模型的研究》，载《科学学研究》2014年第2期。

合机制并提出相应的政策体系，这将为更好地实现城乡统筹发展提供理论支持和政策建议。

（2）在具体的政策建议中，强调农村非农产业是城乡统筹进程中整合与协调各种生产要素的着力点，而创新农民组织形式与农村土地制度是突破口。这为统筹城乡发展指出了具体的努力方向。

（3）强调要素整合机制要靠政府和市场共同起作用，明确指出了政府要在要素整合的过程中应扮演好引导者的角色。生产要素流动机理主要与市场机制有关，而整合机制是政府与市场力量的结合，因此，建立整合机制不能单纯依靠市场，政府必须加以引导，而且需要一个完整而系统的政策和制度体系。

三、主要研究内容

（一）主要内容

本书按“宏观分析框架—微观机理—生产要素分类研究—生产要素综合分析”的思路进行研究。首先，研究世界各国发展史，归纳城乡要素流动及其决定的城乡关系演变的一般逻辑，建立宏观分析框架。其次，通过建立农民经济模型研究城乡生产要素流动的微观机理，为之后的研究提供基础。再次，在宏观分析框架下，运用微观分析工具建立一系列理论与实证模型，分别研究劳动力、资本、土地、技术的流动机理与整合机制。最后，将四种要素再次纳入统一的分析框架中来研究协调机制，并建立促进城乡统筹进程中生产要素合理流动与整合的政策体系。

1. 生产要素流动与城乡关系演变的一般分析框架

比较分析各国发展历程，归纳城乡生产要素流动与城乡关系演变的一般逻辑，建立“产业变迁——工业化、城市化阶段——生产要素流动——城乡关系演变”的宏观分析框架。在此框架下分析中国城乡生产要素配置失衡的深层次原因，论证城乡统筹对要素合理配置的迫切需要。

2. 生产要素流动与城乡统筹发展的微观基础

从微观角度看，城乡生产要素流动很大程度上取决于农民的经济行为。通过构建开放条件下农民经济行为模型分析城乡生产要素流动的微观机理，为研究城乡统筹进程中生产要素的合理流动与整合问题提供微观基础。

3. 城乡劳动力转移机理与整合机制

在分析城乡劳动力配置现状的基础上，构建城镇正规部门、非正规部门、农村非农和农业四部门之间劳动力流动模型，分析农村劳动力的流动机理，在此基础上讨论整合机制，让更多的劳动力能留在农村，并提出相应的政策建议。

4. 城乡资本流动机理与整合机制

在阐述城乡资本配置和农村资本流失现状的基础上，分析农村资本流出的途径、原因和城乡资本流动机理，在此基础上，围绕创新农村金融和农民生产组织形式等，构建能够引导城市资本合理进入农村和提高农村资本自我积累能力的资本整合机制，并提出政策建议。

5. 城乡土地流转机理与整合机制

在分析中国农村土地制度和土地使用、流转现状的基础上，针对农地、经营性建设用地和宅基地三类土地使用和流转过程中存在的问题，分析土地流转机理，并围绕土地制度创新，借鉴相关案例经验，构建有利于农村建设用地与城市相对接、使土地制度适应现代农村生产组织形式的城乡土地整合机制，并提出改革思路。

6. 城乡技术创新与转移机制

农村创新能力有限，重要科技创新多源于城市，通过分析城镇化、非农技术和农业技术的互动关系，分析技术创新和转移机制，并在此基础上，提出借助城镇化，通过完善农村科技创新与推广体系构建城乡科技创新与转移机制，促进技术开发并加速其向农村转移。

7. 城乡生产要素协调整合机制

考虑到城乡统筹进程中各生产要素的相互作用，牵一发而动全身，各种要素是纠缠在一起的，需要协调整合，提出以发展农村非农产业为着力点，以创新农民组织形式和农村土地制度为突破口，以转变劳动力转移方式和完善农村科技创新与推广体系为助力点，构建协调四种要素的整合机制，并围绕该机制设计政策体系。

（二）研究方法

1. 比较经济史分析方法

从人类社会发展历史发展的视角，分析生产要素和城乡关系演变的一般逻辑，然后比较原生工业化国家和中国的工业化过程，分析中国“三农”问题形成与深化的原因，建立有关城乡要素流动的宏观分析框架。

2. 最优控制理论和动态规划方法

运用最优控制理论和动态规划方法建立城乡生产要素流动的微观基础——农民经济模型，分析农民经济行为的动态均衡以及均衡的动态变化。

3. 计量经济学方法

在分析城镇化、非农技术和农业技术相互作用机理时，进行了基于中国数据的实证研究，运用动态 SVAR 模型分析三者的互动关系，并做脉冲响应实验。

四、创新和不足之处

（一）创新之处

第一，将资本、劳动力、土地和科技四种要素纳入统一的分析框架进行研究并构建生产要素整合机制，突破了单纯从一种或两种生产要素的流动与整合角度来研究城乡统筹问题的局限，也避免了把要素与其他因素并列讨论的混乱。

第二，在全面考虑市场与政府因素的基础上，通过一系列理论模型和计量经济模型研究，构建城乡统筹进程中生产要素的整合机制，从而填补了城乡统筹中要素整合领域的空白。

第三，构建新的农民经济行为模型，从而为研究城乡要素流动与整合提供了微观基础。吸收三种农民行为研究传统的合理假设，借鉴新经济增长理论的分析方法，并结合中国农民的特点分析农民的消费行为和生产行为，这既是对城乡统筹理论的创新，也是对农民经济行为研究的新探索。

（二）不足之处

第一，本项目在构建城乡统筹发展的微观基础时，通过构建开放条件下农民经济行为模型分析城乡生产要素流动的微观机理，因微观数据的缺乏，没有进行微观计量的检验，只能从总体数据上通过一些经验事实去说明。

第二，在最后的政策体系设计上还只是提供了一个框架，没有针对一个或几个地区进行案例研究，把它直接推到操作层面上来，这也是以后可以继续深入研究的一个方向。

第二章　生产要素流动与城乡关系演变的一般分析框架

生产要素在城乡之间的流动态势是决定城乡关系的关键，本章在阐述基本概念的基础上，从城市化功能的视角，将我国城乡关系的演变放在工业化、城市化的视域下进行考察。然后从人类社会发展的历史中总结生产要素流动所决定的城乡关系演变的一般逻辑，最后，用这个一般逻辑对中国和原生工业化国家进行比较分析，探索中国城乡问题的形成与深化，突出了商业部门在不同类型工业化国家对城乡关系演变所起的不同作用，为研究提供了一个宏观分析框架。

一、相关概念解析

（一）城市与乡村

“城市”和“乡村”作为人类的两种聚落形式是相对而存在的，只要这两种聚落形式同时存在，城乡关系就产生了。城市与乡村的起源应该有一个顺序问题，按照一般的认识与理解，应该是先有乡村后有城市。定居农业的产生是乡村形成的基础，从整个世界范围来看，远在13000多年前，人们就开始培植大麦。[①] 大约在12000年前，开始栽培植物、驯养动物。有学者认为，长期定居的农村网络形成于约1万年前，最早出现于近东地区。[②] 农业和农村的发展为城市的产生奠定了基础。从考古成果来看，普遍认为最早的城市起源于中东地区，距今约9000年前，最早的紧凑城市在大约5000多年前的中东地区也已经形成。[③] 也就是说城乡关系问题的产生也可能有几千年的历史了。

城市是生产力发展、分工细化的结果，是社会发展到一定历史阶段的产物，自从它诞生以来可能就被认为是文明的象征。城市是一种人类生存的社会形态，它的定义与起源都有很多种解释，这也说明了其复杂性，正如刘易斯·芒福德所说："人类用了5000多年的时间，才对城市的本质和演变过程获得了一个局部的认识，也许要用更长的时间才能完全弄清它那些尚未被认识的潜在特性。"[④]《中国文史百科》是这样定义城市的："城市是一种依一定的生产方式和生活方式组合起来的居民点。一般说来，它是该地域更大范围内政治经济文化交通等方面的中心"。[⑤] 城市一般来说具有两个特点：一个是人口密集度比较高，所以人口一般作为划分大、中、小城市标准的一个指标，再一个是主要从事非农产业，这是城市产业属性明显不同于乡村的标志。中国1990年颁布的《中华人民共和国城市规划法》规定：城市是指国家按照行政建制设立的直辖市、市和镇。

乡村是指主要从事农业、人口较分散的地方，是以农业为基本经济活动内容聚落的总称。世界很多国家或者不存在建制"镇"，或者将"镇"划在农村范围内，与乡村相对的城市是不包括"镇"的。中国认为"镇"更加接近于城市，所以划为城市，农村不包括"镇"。1983年10月，中共中央、国务院发出《关于实行政社分开、建立乡政府的通知》规定："乡村是指城

---

① F. 普洛格、D. G. 贝茨：《文化演进与人类行为》，辽宁人民出版社1988年版，第112页。

② 王恩涌：《文化地理学导论》，高等教育出版社1989年版，第317页。

③ 约翰·斯顿：《人文地理学词典》，商务印书馆2004年版，第769页。

④ 刘易斯·芒福德：《城市发展史——起源、演变和前景》，中国建筑工业出版社1989年版，第1页。

⑤ 张岱年：《中国文史百科》，浙江人民出版社1997年版，第190页。

市和镇以外的其他地区，包括集镇和农村。集镇指乡、民族乡人民政府所在地和经县人民政府确认由集市发展而成的作为农村区域经济、文化和生活服务中心的非建制镇”。[①] 这里区别了“乡村”与“农村”，认为“乡村”包括“农村”与“集镇”。本书中所以使用的“农村”与“乡村”是等同的，以后所用“农村”这个称谓的地方就包括了“集镇”。

（二）城乡关系的内容

自从“乡村”与“城市”这两种相对存在的聚落形式产生并分离以后，城乡关系也就存在着了，很多学者都用这样一个表述来定义它：“城乡关系是广泛存在于城市和乡村之间的相互作用、相互影响、相互制约的普遍联系与互动关系，是一定社会条件下政治关系、经济关系、阶级关系等诸多因素在城市和乡村两者的集中反映”。[②] 由这个定义可见，它包括的内容相当广泛，有经济的、文化的、社会的、政治的等很多方面的关系，但是，经济基础决定上层建筑，在所有关系中，经济关系是最基本的，其他关系都是在一定经济关系下形成的。

当城市和乡村作为两种聚落形式被赋予经济内容的时候，城乡关系自然就表现为两个地域性经济实体之间的关系。从人类经济活动环节来看，城乡之间会存在着生产、交换、分配、消费等各方面的关系。城市以非农产业为主，乡村以农业为主，从生产上来说，城市生产需要农村提供粮食、原材料等，农业生产也需要城市生产提供的化肥、农药、生产工具等。而城乡相互满足需要的过程也就是城乡商品交换的过程，工农商品的交换形式及其价格的决定又决定了城乡分配问题，分配会影响到城乡消费，而在消费过程中，城市居民同样需要农产品，而农村也同样需要城市生产的生活用品和服务。所以说，城市和农村时时刻刻都在发生经济关系，缺了一方，另一方是无法存在的，而且各种经济关系又是纠结在一起的，不是一种线形关系，而是一

---

① 陈睿：《现代化进程中的中国城乡和谐问题研究》，中共中央党校博士学位论文，2006 年。

② 马显军：《城乡关系：从二元分割到一体化发展》，中共中央党校博士学位论文，2008 年。

种复杂的网状关系。从城乡作用的媒介来说，既存在商品的交换，也存在生产要素的流动，城乡商品的交换是满足人们需要的基础，生产要素的流动是提高生产效率的条件。从主导力量来看，有政府主导的，也有市场主导的，一般情况下，两种力量都在起作用，只不过不同经济发展阶段、不同经济体制、不同发展战略下两者的强弱不同而已。

城乡之间的其他关系，比如政治关系、社会关系、文化关系等都是建立在经济关系之上，并且反作用于经济关系的，显现出经济关系的重要性。本书的城乡关系主要指的是经济关系，当然，任何事情都不是纯粹的，城乡关系本身的复杂性决定了其经济属性很难是独立的。和谐的城乡关系是整个经济高质量发展的基础，而在城市化过程中，特别是快速城市化阶段，城乡关系又很容易恶化，所以，如何解决城市化过程中的城乡关系成为问题的关键。

（三）城乡统筹发展

在快速城市化阶段要解决城乡问题，必需要使城乡统筹发展、协调发展，在城镇发展的同时也带动农村的发展，缩小城乡差距，从城乡关系从分离逐步走向融合状态。“城乡统筹”字面上解释是“城镇”和“乡村”，在一定的时代背景中，互动发展，达到城乡双赢的发展格局。改变和摈弃以往那种重城市、轻农村、“城乡分治”的观念和做法，并逐步削弱和清除城乡之间的樊篱，充分发挥城市对农村的支持和反哺作用，建立以工促农、以城带乡的长效机制。

“统筹城乡发展”思想最早在党的十六大报告中提出。报告指出：“统筹城乡经济社会发展，建设现代农业，发展农村经济，增加农民收入，是全面建设小康社会的重大任务。”2003 年 10 月，党的十六届三中全会明确提出了统筹城乡发展、统筹经济社会发展、统筹人与自然和谐发展和统筹国内发展和对外开放，揭开了统筹城乡发展序幕。2006 年的中央“一号文件”《关于推进社会主义新农村建设的若干意见》中提出统筹城乡经济社会发展，实行工业反哺农业、城市支持农村的‘多予、少取、放活’的方针，按照“生产发展、生活宽裕、乡风文明、村容整洁、管理民主”的要求，协调推进农村经济建设、政治建设、文化建设、社会建设和党的建设。2007年10月，党的十七大报告中明确提出“统筹城乡发展，推进社会主义新农村建设”。2013年的中央“一号文件”《中共中央国务院关于加快发展现代农业进一步增强农村发展活力的若干意见》中提出，“始终把解决好农业农村农民问题作为全党工作重中之重，把城乡发展一体化作为解决‘三农’问题的根本途径；必须统筹协调，促进工业化、信息化、城镇化、农业现代化同步发展，着力强化现代农业基础支撑，深入推进社会主义新农村建设。”2017年10月18日，党的十九大报告中提出，“乡村振兴战略”，强调“要坚持农业农村优先发展”。这些都表明我们对城乡统筹发展的认识在不断深入，措施不断加强。城乡统筹发展的内涵非常广泛，包括了城乡的各个方面，经济、社会、文化、教育、党建等，本项目主要研究经济方面，经济是基础，只有城乡经济协调发展了，才能为其他方面打下基础。

（四）城乡要素流动

城乡发展不均衡，城乡差距扩大、城乡关系不和谐，主要是由于城乡资源的配置不均衡导致的。在快速城镇化过程中，农村资源不断流出。城镇化本来就是一种非均衡过程，资源主要以生产要素为主，最典型的就是劳动、资本、土地和技术，在这里我们把技术当作一种生产要素，传统的生产要素主要是劳动、土地和资本，由于随着人类社会的发展，生产活动中技术所起的作用越来越大，甚至超过传统生产要素，在这里我们把它当作一种独立的生产要素来看待。生产要素的流动主要是指劳动力、资本、土地与技术在城乡之间的流动，但不同生产要素的特点不一样，其流动的方式有区别，劳动力和资本可以在城乡之间相互流动，土地主要是指农村流向城市和在农村内部的流转，土地从城市流向农村基本不太可能，而且土地流动的灵活性远远小于其他要素，技术主要是指城乡技术的转移，重大技术创新一般只会产生的城市，农村很难直接为城市提供新技术。本书主要研究在快速城市化过程中城乡劳动力、资本、土地与技术流动和转移的机理，然后构建一种整合机制，通过要素的合理流动，优化城乡生产要素配置，使其在有利于城镇发展的同时更有利于农村的发展，寻求城乡统筹发展的途径。

二、中国城乡关系的演变历程①

考察中国的城乡关系演变一定要放到工业化、城市化的视角下去考察。在工业化和城市化的进程中，不同的生产要素配置和流动方式最终导致城乡关系的演变。按照城市化的功能，中国城乡关系演变历程可以分为三部分，将新中国成立前的城市化与城乡关系作为单独一部分简单介绍，将新中国成立后的城市化与城乡关系分为两部分：作为政策工具的城市化和起到政策工具作用的城市化，每部分又分为不同的阶段和时期，每个阶段和时期所表现出的要素流动态势和由其所决定的城乡关系都呈现出不同形态。

（一）中华人民共和国成立前的城乡关系

中国很早就有了城市与农村的区别，而且在历史上曾存在过很多相当繁荣的城市，但是工业化的开始却比较晚。对于中国工业化开始于什么时候是有争议的，最常见的就是认为鸦片战争以后，现代工业开始在中国发展，中国开始了工业化的尝试，还有一种说法是认为新中国成立以后，中国真正的工业化过程才开始，这样就对我们划分城市化阶段带来一些麻烦，新中国成立以前的城市人口的增加是不是城市化过程的起步阶段，也就是中国的城市化起步于鸦片战争，还是起步于新中国的成立？由于连年的战争，中国的工业化、城市化过程经常被打断，鉴于中国工业化与城市化的这种非连续性，我们将从鸦片战争到新中国成立作为工业化、城市化的萌芽阶段，将中国真正的工业化和城市化过程的起步阶段定位在新中国的成立，这样定位有不足之处，但鉴于本书研究的对象主要是新中国成立以后的问题，考虑到问题的

---

① 本部分主要内容参见《中国城镇化功能与城乡关系的演变》，载《兰州学刊》2014 年第 5 期。

现实性，这样定位也无可厚非。

中国古代城市开始以政治军事功能为主的居多，相对功能比较单一，慢慢地城市商业和手工业开始发展，但是一直没有达到欧洲中世纪城市的那种商业化程度，这种城市比起商业化城市来说，其稳定性差得多，这就造成中国古代城市的持久性比较弱，大城市变迁比较大，城市人口的波动也比较大，所以，古代城市人口扩张我们只认为是城市增长，而不算城市化过程。在中国古代城市时期，城市作为政治中心而存在，且主要以消费性城市为主，城市统治阶级虽然身在城市，却拥有农村大量的土地，城市所有居民的生活来源都是农村，而且很大一部分并非通过市场交换得到，所以，城市对农村必须形成政治上的统治，同时又形成严重的依赖关系，农业是古代社会时期的根本，这样也就形成了中国一贯的重农思想。农村对城市的依赖却相当小，几乎不太需要城市的什么东西就可以生存，这样也就容易形成中国农村自给自足、相对封闭的经济状态。所以，中国古代的城乡关系是既密切联系、统一，又相对孤立的，这种状态具有较强的稳定性。在人们的思想意识上，没有明显的城乡身份差别，人员是可以自由流动的。

1840 年的鸦片战争打破了这种均衡关系，资本主义的入侵使城市和乡村都发生了变化。城市产业结构发生变化，一方面商业比以前繁荣，特别是海外贸易发展非常快，再一个是近代工业的引入，使中国城市的性质开始发生变化，生产性功能越来越强，新兴起一大批现代工厂，需要大批劳动力，导致农村人口向城市的流入（实际上这个时候算作城市化的发端），导致城市规模的扩大。上海在 1852 年的时候人口只有 54.5 万人，到 1910 年已经达到 130 多万人，翻了一倍还多，1933 年超过了 340 万人，1949 年新中国成立前夕，已经是拥有 545.5 万人的大城市。[①] 据 1936 年统计数字，不包括中国台湾的情况下，全国 5 万人以上的城镇就有 190 个，总城镇人口达到 3104 万人，占全国总人口的比例为 6.7%。如果包括 5 万人以下城镇，占总

---

① 顾朝林：《中国城镇体系》，商务印书馆 1992 年版，第 145 页。

人口的比例达到 8%。①

大量的农村人口进入城市以后也带来了一些城市问题，很多人找不到工作，沿海地区受影响大于内地。城市不断扩大的工业生产必然需要更多的原材料，也就是这个时候，城市不再单纯需要农村的粮食和手工业品了，还需要除了这些以外的更多的生产用品。对于农村来说，自给自足的封闭状态被打破，农村面对的市场需求结构发生了变化，导致其生产结构也发生变化，棉花、桑蚕、烟草等经济作物的种植增加，经济作物增加必然使农村对外依赖增强，因为这些都是工业原料，不再是为了满足自身的消费。另一个方面，城市工业的发展导致农村手工业的衰落，又强化了农村对城市工业品需求的依赖，而农村产品与工业品交换的时候是处于被动的，这样形成了城市对农村经济的控制。在这个阶段，城乡的联系加强，农村对城市的依赖加强，农村不再是孤立的农村，而城市不仅在政治上统治农村，从经济上对农村的控制和剥削也加强，导致乡村走向衰败。

20 世纪二三十年代的中国农村已经非常落后，生产手段简单，生产能力低下，文化落后，再加上天灾人祸、政治动荡、战争连绵，农民生活极端困苦。当时各界的很多开明人士已经认识到这个问题，认识到拯救农村就是拯救中国，所以，兴起了轰轰烈烈的乡村建设运动。虽然在当时的中国，以这种方式是很难扭转局势的，但至少作为一种认识、一种尝试、一种精神是具有重要意义的，这一方面反映出当时农村真的到了非常困难的地步，另一方面也表现出当时知识分子对于解决城乡关系问题所作的努力，成功与否显得已经不再重要。

（二）作为政策工具的城市化阶段

1949 年新中国刚刚成立的时候，经济基础相当薄弱，整个国民经济以农业为主，全国 80% 的人口从事农业生产，而且农业水平很低，人均占有粮食只有 209 千克，在工业中传统手工业占到 75%，重工业只占工业总产

① 沈汝生：《中国都市之分布》，载《地理学报》1937 年第 4 卷第 1 期。

值的26.4%。全国只有69个城市，城镇人口5765万人，城镇人口只占总人口的10.64%。在这种情况下，中国选择了重工业优先发展的赶超战略，必然需要一系列的相关政策和制度安排，来转移农业剩余发展工业，而这些制度安排影响了中国以后的整个经济运行状况，并产生了深远影响，城市化成为配合工业化战略的一种政策手段，城乡关系的变化成为这些制度安排下产生的一种结果。

1. 制度确立阶段的城乡关系：1949～1957年

1949～1957年这个阶段，中国经济建设取得了巨大成就，同时，也形成了一系列制度安排，这些制度安排对中国的经济发展产生了深远的影响。其中，重工业优先发展的“赶超”战略，可以说是理解我国经济发展的核心，当时的一切制度安排都是围绕着它展开的，系统一旦开始就会步入一种路径依赖，一步一步逐渐自我强化。

新中国成立初期还是允许非公经济和市场机制存在的，由于“建立完整的工业体系和国民经济体系总体目标”的确立改变了一切，要完成这个目标就要实现工业化。新中国成立之初，党对工业化模式还处于摸索中，即强调优先发展重工业的重要性，也强调优先恢复发展农业、轻工业的重要性。对经济发展战略尚未形成明确一致的看法。朝鲜战争爆发以后，随着国际环境的恶化，新中国的国防建设问题被提到了重要位置。要尽快建立起自己强大的国防工业，就必须优先发展重工业。因此，苏联20世纪二三十年代的工业化道路及其成就成为中国工业化的楷模。以1953年“过渡时期总路线”为标志，全党形成了统一明确的认识，即中国必须走以优先发展重工业为特征的社会主义工业化道路。

土地改革（以下简称土改）是实现工业化的第一步。土改使政府的号召力和行政命令以从未有过的力度深入农村。在长期的封建社会里，中央政权最多下到县一级，在中央集权的政府与农民之间，是通过一个乡绅阶层相联系的，它们借助族权管理农村，具有“承上治下”的职能，替国家征收各种赋税和摊派，负责管理地方的治安和社会秩序。通过土地改革，农村的政权基础发生了巨大变化，过去以宗族为基础的乡绅统治土崩瓦解，建立起了自上而下的农会，并在村一级农会中发展党员，在乡一级建立党支部。大大加强了国家对农村的控制，保障了优先发展重工业战略的实施。土改后形成了新的国家与农民关系，不只是强化了国家对农民的控制能力，还扩大和巩固了党和政府在农村的统治基础，土改对农村各阶层经济和政治关系的调整，为党和政府培植了一大批忠实的支持者，为后来推行“统购统销”和合作化打下了基础。另外，农村原有私营商业在土改后的没落，为国家控制农村市场和城乡关系提供了有利的时机和条件，也加强了国家对农民经济上的控制，因为，私营工商业是城乡联系的纽带。

随着国民经济的恢复，到1952年，城镇人口总数增加到7163万人，占总人口比重为12.46%。随着“一五”计划的实施，大规模经济建设使全国城镇人口大增，对商品粮的需求增加，土改后提高收入的农民也增加了粮食消费，大规模工业建设所需巨额投资与资金短缺之间的矛盾加剧，这样就造成资金缺乏和粮食短缺。在当时粮食可以自由上市，农民缴纳农业税外的余粮可以拿到市场上去交易，但由于商人的抬价给国家粮食收购造成了困难。尽管全国粮食生产增加很快，1952年达到3278亿斤，创历史纪录，但是，仍然发生了粮食收购危机。[①] 如陈云所说：“我们面对着这样为数众多的个体农户，在粮食的统购方面和统销方面，是遇到了困难的。困难不但来自我们对统购统销缺少经验，主要的是对这样众多的农户，要估实产量，分清余缺及其数量，很不容易。”[②] 为了解决这个问题，1953年12月开始实施统购统销政策，国家对主要农副产品粮食、食油、棉花和棉布实行贸易垄断。用行政手段对粮食生产和消费的各个环节实行计划控制，将整个粮食的生产、加工和流通等环节全部纳入国家计划轨道。

由于大规模的工业化建设，造成了市场供需矛盾，统购统销政策虽然在一定程度上使矛盾有所缓解，但离完全解决还有很大的距离。而且，统购统

① 孙代尧：《20世纪50年代中国急速向社会主义过渡的工业化背景分析》，载《思想理论教育导刊》2004年第2期。

② 《陈云文选》第2卷，人民出版社1995年版，第277页。

销的实施也存在着一定的困难，农民不愿意将粮食全卖出来，政府要解决这个困难，除了要管住价格以外，还需要进一步对生产要素实行管制，进行要素的有效管制，这就必须从产权制度做出安排，即实行农业集体化。加速农业社会主义改造，本来是为了解决农业生产不适应工业化大生产的需要这一问题，希望由此改变传统小农经济模式，加快中国的工业化进程，但是，由于忽视农业技术性改造和现代生产经营方式的建立，以致留下很多问题。而过分倾斜于城市工业投资，过分强调重工业的优先发展，使得有限的资源过多地流向工业部门，极大地影响了农业的发展。

在这个阶段，城乡人口基本还是自由流动的，从 1949 年到 1952 年，就有 300 万农民来到城市，平均人口迁入率超过 30%。“一五”计划开始后，大规模经济建设开始吸纳大量农村劳动力，1958 年，全民所有制工业部门职工从 1952 年的 510 万人增加到了 2316 万人，超过 60% 是农村来的，每年平均进城的农民有 165 万人。1953 ~ 1957 年总共超过 1500 万人从农村进入城市，占城市人口增加量的 62% 以上。[①] 1957 年，城市人口增加到 9949 万人，比 1949 年增加了 72.6%，每年平均增长将近 9.1%，城市化率增长到 15.4%，平均每年增长 0.6 个百分点。城市数量增加到 78 个，每年平均增长 4.75 个，新设城市 38 座。城市化的快速增长得益于两个方面：一是大规模的经济建设，吸收大量的农村劳动力；二是比较宽松的人口迁移政策，使劳动力迁移的过程中能够带动大量的非劳动人口迁移到城市。这个时候的城乡关系相对来说是和谐的，城乡没有身份上的根本区别，人口可以自由迁徙。

2. 制度运行阶段的城市化与城乡关系：1958 ~ 1978 年

当这套制度体系在运行过程中遇到问题的时候，当问题产生的矛盾不能在城市内部解决的时候，城市化自然就成为国家缓解矛盾的政策工具。这个阶段，按城市化的表现形式分为两个时期：

---

① 顾朝林：《经济全球化与中国城市发展》，商务印书馆 1999 年版，第 152 ~ 153 页。

（1）城市化波动时期（1958 ~1965 年）。由于这个阶段经历了“大跃进”和三年困难时期，导致经济波动比较大，特别是城市产业结构变化比较迅速，为了配合城市产业结构的变化，城市化第一次正式成为了政策工具。

1958 年轰轰烈烈的“大跃进”运动和人民公社运动兴起，在 1958 年 8 月中共中央政治局扩大会议通过《中共中央关于在农村建立人民公社问题的决议》后三个月内，全国农村完成了向人民公社的转变，形成了“政社合一”的管理体系。人民公社是高度集体化的一种组织形式，农民共同劳动，平均分配，几乎没有任何私人财产和个人自由。通过人民公社，国家强化了从思想到组织上对农民的控制，形成了绝对的计划体制，为靠行政手段来配置一切资源创造了条件。同时，轻率地发动了“大跃进”运动，盲目地快速推进工业化，开展大规模基本建设，确立不切实际的目标，使经济结构严重失衡，使得本来就重工业比重过大的中国经济更加走向了极端。大规模生产运动导致大量农民进入城市，三年时间，城镇人口增加了 2352 万人，达到 13073 万人，每年平均增长 784 万人，城市数量增加了 32 座，达到 208 座，建制镇平均每年增加 201. 5 个，总共达到 4429 个。1960 年城市化水平达到 19. 75%，每年平均增长 1. 44 个百分点，成为改革前中国城市化增长最快的阶段。为了解决城市的粮食问题，1958 年，国家颁布了《中华人民共和国户口登记条例》，意味着对中国城乡关系起到深远影响的户籍制度开始形成，从此国民被分为“农业户口”和“非农业户口”两种身份，农村和城市也被人为地分成两个不同的世界，城乡人口迁移受到严格的控制，这样中国的城市化进程就变为可控的了，当城市需要劳动力的时候就多批准一些，不需要的时候就严加控制。由于“大跃进”的失误，加上三年困难时期等原因，导致中国经济遭到严重破坏，1959 ~1961 年工业与农业都出现了严重问题，人民生活极度困难。1961 年召开中共八届九中全会，决定对经济进行调整，面对极不合理的产业结构，提出“调整、巩固、充实、提高”的方针。1960 年的第二、第三产业产值所占比重达到 76. 6%，完全超出了中国当时的发展阶段，所以，国家开始压缩工业生产，缩短基本建设战线，精简城市职工，向农村迁移人口，户籍制度进一步得到强化。1961～1965年，大约有3000万城镇人口返回了农村，形成了农业劳动力的一次大回流，走出了逆城市化道路。国家还提高了设镇标准，建制镇标准从2000人常住人口提高到3000人，1963年建制镇比1957年减少了1/5，城市数量减少到171座，比1961年少了18%。[①] 城市人口虽然有所增加，但总人口的增加更多，导致城市化率反而降低到17.98%。

从这个时期中国城市化与城乡关系的变化情况可以看出，城市化的剧烈波动主要是由于经济结构的剧烈变化引起的，城市化已经成为工业化战略的工具，因为城市化在适应产业结构调整的时候不是自发的，而是在政府严格控制下去适应。从城乡关系上来看，这个时期真正的城乡隔绝被作为制度确立下来，这种制度的确立还是为了缓解工业化过程中出现的矛盾，它同样也作为一种政策工具在起作用，城乡资源的流动完全掌控在政府的手中。

（2）城市化徘徊时期（1966～1978年）。这段时期对于中国历史来说是非常特殊的阶段，中国经历了"文化大革命"运动，给中国各个方面都造成极大的损失，这个阶段城市化长期处于徘徊状态，城乡关系基本上在前面所形成的制度框架下不断凝化。在这个阶段，虽然经历了这样的政治运动，但是有几个方面没发生变化，一个是重工业优先发展的工业化战略没变，由于对于面临战争危险的估计，"三线"建设成为这个阶段的主旋律，1965年4月，中共中央发出《关于加强备战工作的指示》，"备战、备荒、为人民"成为工业建设的基本方针，1970年的"四五"计划纲要提出：要集中力量建设战备后方，初步建成独立的、比较完整的工业体系，使工业每年以12.8%的速度增长，到1975年，全国钢产量达到3500万～4000万吨。这样的指导思想使中国的投资结构、产业结构失衡状况进一步加重，重工业、军事工业的比重进一步加大。第二个没有变是城市化作为政策工具没有变，为了配合经济结构变化，解决城市失业问题，城市化一直作为配合工具在起作用，1966～1976年期间，大量知识青年上山下乡，大量干部子弟、

① 中国社会科学院人口所：《中国人口年鉴（1987）》，经济管理出版社1988年版，第626页。

知识分子及其家属被遣返回原籍，全国有4000万人迁回到农村。城市数量到1978年有193个，比1961年少15座，建制镇的数量1978年是2850座，远少于1965年的3146座，1978年城市人口为17245万人，城市化水平为17.92%，12年间基本都徘徊在17%～18%之间。第三个没有变是城乡关系没变，城乡资源流动的方向和方式没变，农村向城市的人口流动受到严格的限制，农业剩余被大量的转移，转移的方式同样是行政手段和“剪刀差”。据估计，1952～1978年，由工农业产品价格剪刀差每年转移资本从74亿元增加到364亿元。另一方面，农村存贷款差额不断扩大，从“一五”时期的3.5亿元，增加到“五五”时期的117.1亿元，工农业投资的差距更不用说，这就是说农村一直是资本的流出方，导致了农村的人均生产能力极其低下，城乡人均生产率相差悬殊。

综观改革开放以前的城市化和城乡关系演化历程，中国城市化水平有所提高，但是总体上升不快，主要受到两个因素的制约：一个是重工、重军的产业结构，对劳动力吸纳有限；一个是农业生产力水平不高，粮食问题常常成为制约城市化的重要因素。产业结构经常性的硬性调整和粮食危机的发生，使改革开放前的城市化在总体水平不高的情况下波动比较大。在这个阶段城市化本身逐渐从自发的伴生过程变为一种配合工业化的政策工具，完全由政府来控制，城乡关系也偏离了初期消除城乡差别的目标，而成为重工业优先发展战略下形成的一系列制度安排的衍生表现，城乡隔绝不断强化，城乡差距特别是人均生产率和所能享受福利的差别不断扩大。农村资源被通过行政手段和行政手段控制下的经济手段转移到工业部门，城乡资本积累状况差距相当大。

（二）起到政策工具作用的城市化阶段

1. 制度调整阶段的城市化：1979～1991年

十一届三中全会以后，中国的各项制度都在调整，计划与市场的关系在调整，城市产业结构在调整，农村经济制度在调整，商品流通体制在调整，城乡关系自然也跟随着变化。按城乡差距的变化趋势和中国经济调整的次序，将本阶段也分为两个时期。

(1) 农村经济制度调整时期（1979～1985年）。十一届三中全会，纠正了"左"的错误思想，试探性改革在全国拉开序幕。农村一些地区开始尝试"包产到户"并取得了很好的效果，它的实质就是将人民公社下的集体经营还原为家庭经营。农民的自发行动渐渐得到国家的默许，导致了中国农村的一场大变革——家庭联产承包责任制改革。截至1982年底，全国90%以上的农村都建立了不同形式的生产责任制，从1983年1月在全国推行开始，到1985年，家庭联产承包责任制已经成为中国农村普遍的生产组织形式。家庭联产承包责任制使农民得到了实惠，调动了农民的积极性，解放了生产力。随后进行农村流通体制改革，国家下发文件，除个别产品外，不再下达统购派购任务，要实施合同定购和市场收购的方式，意味着取消了统购统销制度，从而推动了农村市场的发展。在这个时期，乡镇企业也得到蓬勃发展，将以前依附于人民公社的队社企业进行改造，从1984年开始改造过的队社企业改称为乡镇企业。1980年，队社企业总产值为528亿元，到1984年，改造后的乡镇企业总数增加到606万个，总收入达到1537亿元，企业从业人员达到5206万人，已经占到农村总劳动力的14%，使农村工业化有所发展。①

对于城市来说，主要是调整产业结构，改变以前重工业占比太大的状态，多发展与人民群众生活相关的一些轻工业，使工农结构、工业内部结构更加合理。1984年，农业总产值达到3214.13亿元，是1978年的2.3倍，平均每年增长7.5%，在国民生产总值中的比重从1978年的24.8%提高到29.7%。

国家对城乡人口流动的控制有所下降，2000多万名知识青年和干部家属回城，1984年，国务院又发出《关于农民进入集镇落户问题的通知》，允许农民自带口粮在城镇落户从事务工、经商等活动。到1985年7月，公安部又颁布《关于城镇人口管理的暂行规定》规定农转非内部指标每年万分

① 田克勤：《中国共产党与20世纪中国社会的变革》，中共党史出版社2004年版，第286页。

之二。这个时期中国城市化结束了长期徘徊的状态，开始提升，到 1984 年，城镇人口达到 24.17 万人，占总人口的 23.01%，每年平均增长 0.85 个百分点。

这个时期的城乡居民收入差距呈现出缩小的趋势，农民纯收入从 1979 年的 133.57 元增加到 1985 年的 355.33 元，增加了 161.2%。城镇居民可支配收入慢于农民收入增长速度，6 年才增加了 61.6%。城乡居民收入差距水平缩小，城镇居民可支配收入在 1978 年是农村居民纯收入的 2.37 倍，到 1985 年，缩小为 1.71 倍，消费差距也在缩小，从 2.9 倍缩小到 2.2 倍。[①]

城乡差距的缩小主要取决于两个因素：一个是家庭联产责任制的实施，解放了生产力，但这不具有持久性；再一个就是农村乡镇企业的发展，增加了农民非农产业收入。但是，根本性的决定农村未来的东西没有变，农村的公共产品的供给由于政府的退出更加缺乏，政府的城市倾向没有改变，依靠转移农业剩余的工业化方式没有改变，城乡社会保障水平的差距更加悬殊，所有这些都决定了城乡差距缩小只是表面上的、暂时的，随着工业化、城市化的推进，城乡差距必然会再次扩大。

（2）城市经济制度调整时期（1986～1991 年）。1985 年以后，中国的改革从农村转向城市，在城市经济中借鉴农村改革的成功经验，开始实施承包制，城市产业结构进一步调整，就业弹性大的轻工业快速发展，特别是以乡镇企业为主导的小城镇快速成长，促进了农村人口向城镇的转移。同时，国家也降低建镇和设市标准，新建城市迅速增加，城市个数从 1984 年的 300 座增加到 1992 年 517 座，建制镇的个数也从 9140 个发展到 14539 个，城镇人口总数达到 32373 万人，占总人口比重达到 27.63%，每年平均增加 0.58 个百分点。[②] 在 1989 年 12 月颁布的《中华人民共和国城市规划法》中确定了中、小城市优先发展的中国城市化战略，提出“严格控制大城市规模、合理发展中、小城市”。

---

① 李佐军：《中国九亿农民向何处去》，中国发展出版社 2000 年版，第 32 页。

② 汪东梅：《中国城市化问题研究》，中国经济出版社 2005 年版，第 89 页。

在这个时期，农村家庭联产承包责任制所释放出来的发展潜力基本发挥完毕，而农村乡镇企业的发展出现了一些问题。20 世纪 80 年代后期，全国经济出现信贷失控、通货膨胀、总量失衡等经济混乱现象，农村乡镇企业不仅受到这些经济形势的影响，同时还受到政治环境的影响，关于乡镇企业姓“资”姓“社”的问题产生了很多争论。在这种情况下，国家对乡镇企业的政策发生了变化，从 1988 年 9 月的中央十三届三中全会开始，国家对经济秩序进行整顿，也对乡镇企业实施了“调整，整顿，改造，提高”的方针，特别是针对乡镇企业与国营企业抢资源和市场的现象，在全国兴起了压制乡镇企业、保全全民企业的潮流，导致乡镇企业的发展环境恶化，使农村非农产业发展经历了挫折。

所有这些都影响到了这个阶段的农民收入，导致城乡收入差距又开始呈现出扩大的趋势，到 1988 年，城乡名义人均收入差距扩大到 2. 17 倍，到 1991 年，达到 2. 4 倍。而这个时期，国家对农村的政策基本上是“拿的多给的少”，粮食价格基本稳定，农税、提留不断增加，政府基本退出农村公共产品的提供，大部分农村公共产品靠农民集体供给，而农村集体的实力又是非常薄弱，导致农村公共产品严重不足，城乡实际差距更大。

综观从改革开放到 20 世纪 90 年代初期的政策调整阶段，城市化水平持续增长，但增长速度不是太快。虽然在从计划经济向市场经济转轨过程中，市场的力量有所增强，但是，总体上说还是以政府作为城乡资源流动和城市化的主导力量，政府的城市倾向没有改变，城乡人口的转移基本上还是以劳动力转移为主，劳动力带动的非劳动力转移还非常有限，旧体制的障碍依然严重。国民经济总体产业结构调整取得很大进展，但经济结构失衡依然存在，工业生产高速增长，有限的资源过多地投入工业部门，加剧了乡镇企业和城市工业对资源的争夺，城乡差距进一步扩大，城乡关系有恶化趋势。

2. 制度转变阶段的城市化：1992 年至今

1992 年春天邓小平的南方谈话和当年 10 月召开的中共十四大，标志着中国社会主义市场经济体制改革目标的确立，开始了全面向市场经济的转变过程。在市场化改革的推动下，城市工业和第三产业蓬勃发展，国内生产总值高速增长。城市部门的快速发展吸收了大量的农村资源，包括资本和劳动力，大量农民工进城，形成规模庞大的“民工潮”，城市化水平快速增长，1992～1995 年，平均每年有 540 万人去城市打工。由于外来人口造成的城市压力，国家实施了一些限制性措施，使外出打工规模增速受到影响，1995～1997 年，平均每年转移 360 万人，增幅有所下降，1998 年以后，外出打工又呈现出上升态势。到 2007 年，城市个数增加到 655 座，建制镇个数增加到 19249 个，城镇人口达到 59379 万人，占总人口的 44.94%，城市化水平每年平均增长超过 1 个百分点，特别是 1996 年以后，中国城市化真正地进入快速城市化阶段。

随着市场化程度的提高，市场逐渐成为城乡资源流动的主导力量，同时，地方政府的城市偏向依然存在，市场和政府双重力量导致城乡差距扩大，除了 1995～1997 年出现过短暂的城乡收入差距缩小之外，城乡收入差距呈现出扩大趋势。在这种形式下，国家逐渐认识到了这个问题的重要性，开始提出统筹城乡发展，缓解城乡矛盾。

1998 年中共十五届三中全会提出了“坚持多予少取，让农民得到更多实惠”的政策，开始着手减轻农民负担，2002 年中共十六大明确提出了统筹城乡经济社会发展的战略方针。2004 年提出建设社会主义新农村的重大部署，2006 年废除了农业税，2004～2009 年连年的中央“一号文件”不断强化对农村和农民的补贴、支持，即使在这种情况下，城乡收入差距扩大趋势依然不能得到遏制，到 2008 年，城市人均可支配收入是农村人均纯收入的 3 倍多。党的十七大报告中明确提出推进社会主义新农村建设，2012 年党的十八大报告中进一步强调推动城乡发展一体化，认为城乡发展一体化是解决“三农”问题的根本途径，要加大统筹城乡发展力度，促进城乡共同繁荣。2017 年 10 月，党的十九大召开，将“乡村振兴”作为建立现代经济体系的重要战略部署，经过这些年一系列的努力，情况有所好转，但还并未见到根本性效果。

在向市场经济转变过程中，市场越来越成为转移农村资源的主要途径。

这个时候农村资源的转移以人力资本的转移为主，在人力资本转移过程中，附带着物质资本的转移，虽然这个时期城市工业发展不再主要依靠农业剩余，但是，农业剩余却不自觉地被转移。这就是市场的力量，在巨大的城乡差别下，城市化成为转移农村资源的工具，如果这个时候政府继续实施城市倾向政策，问题会更加严重。

综观改革开放以后的城市化，城市化水平从持续增长进入快速发展过程，取决于三个方面的力量：一是农业生产力的提高，能够提供足够的粮食和劳动力；二是城市产业发展和产业结构的调整，在第二产业扩张的过程中带动第三产业迅速崛起，为大量吸收劳动力提供了条件；三是城乡差距的存在使大量农村人口进入城市，虽然体制方面的障碍还没有完全消除，但是，趋利行为所导致的迁移浪潮已势不可挡。从城乡资源流动来说，从以前单纯地提取农业剩余发展到在吸收农村人力资本过程中转移农村资本，导致农村人力资本和物质资本的双匮乏。从城乡资源转移的作用机制来说，从单纯的依靠政府的行政手段发展到通过市场和政府双重渠道，在制度调整阶段，政府的作用大于市场的作用，在制度转换阶段，市场的作用超过政府的作用。虽然城市化慢慢地不再直接在国家的控制之下作为工业化的政策工具起作用，却同样起到了政策工具的作用，充当了地方政府实现经济增长和地方工业化的手段。

三、要素流动与城乡关系演变的逻辑①

（一）古典城市时期的城乡关系

从城市的发展历史来看，在工业革命以前，城市无论是以什么原因形成的，基本上都以消费为主，我们称之为古典城市，工业革命发生以后，人类

---

① 本部分内容参见《工业化、城市化进程中城乡关系的演变逻辑》，载《未来与发展》2013年第3期。

进入了工业化、城市化进程，城市被赋予了强大的生产功能，称为生产性城市，我们称之为现代城市。古典城市又可以分为古代城市和中世纪的商业城市，古代城市主要指的是农业社会的城市，也就是商业革命爆发以前的城市，14～15 世纪的商业革命为城市赋予了不同的功能，起到了吸收和转移资源的作用。每一种城市形态下形成的城乡关系是不一样的。

1. 古代城市时期

城市具有非常悠久的历史，虽然学者们提出了很多城市起源的理论，但是，我们可以想象，最初的城市可能更多地形成于军事堡垒、宗教圣地或者行政中心，也就是说其“城”的功能要强于“市”的功能，当然，随着上述活动所形成的人口聚集必然会扩大市场交易行为，但真正的商业城市的产生应该是后期的事情，这并不排除某个城市个体是起源于商业功能，但从整个城市总体来说，最初的城市或者叫“城堡”，其商业功能还是伴生的。因为对于生产力水平不是很高的农业社会来说，人们首先要做的是领导自己的部族防御外来敌人的侵略，当面对不可预测的大自然时，宗教行为也是最具有存在理由的，几乎每一个古老城市都会留下很多宗教痕迹。

这个时候的城乡分化还不明显，城市与乡村基本是混居的，没有明显的分界，城市居民也可以在周围种一些地，但大部分是非生产的，农村居民也可以来到城里，城市与它周围的土地基本上是作为一个整体而存在的，从经济关系上看，农村是整个社会的核心，是社会财富的主要来源，他们主要从事农业，同时也从事手工业和商业，城市居民几乎所有的生活需要都来自农村，而城市获取资源的手段主要通过政治手段，因为他本身以非生产性活动居多，没有创造财富与农村居民相交换，也就只能靠政治手段掠夺。城市在经济上对农村具有强烈的依赖性，而农村基本上能够自给自足，除了政治上依附于城市，其在经济上是独立的。城乡的对立主要表现为政治统治的对立，在经济上基本处于一种混沌统一的状态。

2. 中世纪商业城市时期

发展到中世纪，真正意义上的“城市”诞生了，城市成了手工业和商业中心，他们对于工业革命的发生以及资本主义的诞生起到了不可估量的作用。形成了一大批如威尼斯、热那亚、安特卫普等的商业城市。1338 年佛罗伦萨毛纺织业极为发达，雇工达 3 万人，年产价值 1200 万佛罗林的毛呢。1423 年，威尼斯人口超过 15 万人，每年投入商业的资本达到 1000 万杜加。[①] 正如韦伯在其作品中所写："西方中世纪的城市已经发展到纯粹典型的理想状态。它是一种市场所在地，是商业和手工行业集中地，不管在哪儿，都有同业公会和行会，他们制定自治章程，这种现象已经影响到全世界，只是各个地方程度不一样而已"。[②] 商业的极度繁荣带动了农村的发展，城乡共同推动了向资本主义的过渡。

中世纪的城市很多都是自治，城市向封建主交纳一定赋税，或者通过斗争争取自治权，建立市民社会，没有领主和农奴的关系，所有公民都是自由民，逃到城市一定时间的农奴就会受到城市法的保护，所以，城市成为人们向往的地方。城市的繁荣为农村的发展带来了十分有利的条件，城市靠商业的积累作用，形成巨额资本，为农村的发展提供了信息、技术、管理经验等，促进了农业和农村手工业的发展。同时，商业的发展为农村产品提供了市场和销路，大量的商品外销，巨大的需求进一步刺激了生产，就这样在城市与乡村的相互配合下，在商业与农业的相互促进下，将资本主义精神激发出来，导致了后来的工业革命，导致了资本主义的破壳，导致了一个新世界的诞生。

（二）现代城市时期的城乡关系

1. 城市化初期的城乡关系

工业化过程开始以后，首先是与人们生活密切相关的轻工业开始发展，相应的农村工业也有所发展，到一定程度后向重化工业转换。由于非农产业

---

① 李其荣：《对立统一——城市发展历史逻辑新论》，东南大学出版社 2000 年版，第 76 ~ 79 页。

② 马克斯·韦伯：《非正当性的支配——城市的类型学》，广西师范大学出版社 2005 年版。

在城乡的分布不同，带动农村人口向城市转移，城市化过程开始。这个时候的城市不再是单纯的消费性城市，而转化为生产性城市，而且具有越来越强大的生产能力。但这个时候的城市化速度是相对缓慢的：一方面，重化工业是资本密集型产业，就业弹性相对比较小，吸纳农村劳动力有限；另一方面，比农村劳动力更多的是资本和土地流向城市，也就是说，在城市化初期从农村转移到城市的资本多于劳动，转移农业剩余成为发展工业化的途径。

无论是西方发达国家还是发展中国家，无论是社会主义国家还是资本主义国家，在其工业化初期，原始积累时期没有一个国家不依靠农业剩余来推动工业化过程，只是程度不一样和转移的机制不同而已。有的是掠夺性的强制转移，有的是和风细雨的慢慢转移，有的依靠政治手段，有的依靠市场手段。一般情况下，原生工业化国家柔和一些，以市场手段为主，需要时间长一些，而后发工业化国家用行政手段多一些，强烈一些，所用时间短一些。

在这个阶段，城乡关系发生明显的变化，城乡分离已经非常显著。城市已经具有了独立的经济能力，对农村的被动依赖性减弱，强大的生产能力和产业特性相对乡村产业表现出明显的优势，大量的农村资源被吸引到城市，最主要的是农业剩余，也就是资本，其中商业扮演了一个中介的角色。而这个时候的乡村也是最缺乏资本的时候，资本流出多，劳动力流出少，人均生产能力下降，要想保证一定的人均产出不下降，唯一的希望就是城市能为其提供一定的技术，也就是城乡技术转移，因为，强大的技术创新能力只可能存在于城市里。一旦没有足够的农业技术创新被提供，或者技术转移的途径被堵塞，或者技术不适用于当地农村的实际，二元经济结构必然产生，城乡界限更加分明。

2. 快速城市化时期的城乡关系

工业化进入到中期以后，产业结构又开始转换，因为这个时候随着工业化的推进，工业生产能力非常强大，同时，随着城市化进程的持续，也具有了相当规模的城市人口，在工业化与城市化的共同作用下，第三产业必然蓬勃发展，人们生活水平的不断提高和大量聚集的城市人口，必然对生活服务产生巨大需求，强大的生产能力自然也需要发达的生产性服务体系。这个时候，第三产业自然会替代第二产业成为城市化进程的主导力量，第三产业与第二产业相比，最大的特点就是就业弹性大，对劳动力的吸纳能力强。这个阶段城市化速度明显加快，进入快速城市化阶段。按诺瑟姆的标准，城市人口达到30%就会进入快速城市化阶段，其实质内容上还是第三产业蓬勃发展的时候意味着进入快速城市化阶段。

从资源流动上来说，强大的城市产业与弱势的乡村产业相对立，使得城乡差距突显，农村的资本、劳动力和土地等资源快速流向城市，其中最突出的是大量的农村劳动力进入城市。由于城乡差别已经比较严重，城市的“门槛”也比较高，所以，劳动力在进入城市的时候相对转移成本也比较高，转移出去的往往都是农村比较优质的劳动力，所以伴随着人口转移的过程，资本进一步流出，既包括人力资本也包括物质资本，同时土地等其他资源也在不断地被“城市化”，大量的农村资源被转移到城市。这样的结果就是，强大的城市经济与弱小的农村经济并存，城乡矛盾加剧，城乡关系紧张，城乡对立明显。

转移农村资源、扩大城乡差距的机制还是有两个：一个是市场机制，市场的作用自然会使资源向着收益高的地方转移，资本被转移到城市非农产业，优质劳动力在收入差距的作用下进入城市寻找机会。农村比较优质的劳动力进入城市只能在非正式部门打工，从事城市人不愿意从事的简单劳动，从另一个角度看也是人力资本的浪费。造成城乡差别的另一种机制是政府的城市偏向。很多学者的研究认为，政府总是具有城市偏向的，一个方面是城市居民的投票权或者说话的分量比较大，政治地位比较高，政府总容易被一定的利益集团所影响，甚至是一定利益集团的代表。另一个方面是政府对政绩的追求也会导致其政策具有城市偏向，因为城市经济的扩大更容易拉动整个经济的快速增长，当经济增长成为政府追求的目标的时候，城市偏向也就难以避免。

快速城市化阶段的城乡关系显著表现为城乡差距明显扩大，农村资源严重匮乏，城市经济急速膨胀，富裕的城市与贫穷的农村并存，城市取得了绝对的控制权。如何缓解这个时期的城乡关系成为各个国家曾经面对或者正在面对的问题，也成为整个城市化过程中最关键的问题，处理好这个问题更有利于经济和谐、持续、健康发展，困难的是依靠市场的力量几乎不可能解决这个问题，依靠政府也显得异常艰难。

3. 城市化后期的城乡关系

当城市化达到一定水平进入成熟期，城市化率已经比较高，城市化速度也非常慢，城乡人口转移已经不是社会的主要现象。这个时候城乡关系开始改善，进入城乡融合阶段，并不是说没有了城乡差异，农村变为城市，农村和城市总是相对而是存在的，只是城乡的要素自由流动，共同享有经济发展的成果，农民收入水平不比城市居民低，农民享有与城市居民一样的待遇，还能够享受到幽雅的乡村环境，“城市文明”与“乡村文明”成为同样具有现代性的又不同的两种文明。

从快速城市化下的城乡关系走到城乡融合并不是一个简单的历程，而是一种方向，有很长的路要走，至少到城市化后期才能具备条件。一是城市资本具有了非常强的实力，而且随着资本收益率的下降，它们会寻找出路，而这个时候的农村就成为可选择的投资场所。城市资本进入农村，一方面能促进农业的发展，更重要的是促进农村非农产业的大力发展，农村非农产业是有效提高农民收入的途径，也会增加农民的兼业行为，这些都是缩小城乡差距的路径。但是城市资本进入农村一定要谨慎，不同的方式与不同时机会造成不同的影响，因为资本的掠夺性总是存在的，城市资本进入农村其出发点并不是为了农村的发展，而是获取利润，而利润容易被转移到城市，进一步拉大城乡差距。所以，在农村培植自己的资本力量非常重要。使获得的利润能够留到农村，增加农村的资本积累，这就需要创新农民组织形式。二是政府会在解决城乡关系中起到重要的作用，因为这个时候整体经济实力非常强，而城乡关系不和谐成为阻碍经济发展的障碍，如何解决这个问题成为检验政府能力的标准，政府会制定很多有利于农村、农业和农民的政策，来缩小城乡差距。三是不间断的城乡技术转移依然在起作用，甚至国际间的技术扩散和转移都会起到重要的作用，新的品种、新的种植方式、新的组织管理方式等会不断涌现，不断提高农村的生产能力。四是这个时候农村人口相对少很多，农村人口压力减弱，更有利于提高人均产出和人均收入。

（三）图解要素流动与城乡关系变迁

前面描述了城市化与城乡关系变迁的一般规律，实际上是一个各种因素相互作用、经济系统动态运动的过程，涉及城市本身的转型、工业化过程中的产业结构转换、伴随着城市化发展阶段和城乡资源流动的城乡关系的转变。图 2－1 很好地解释了这个过程。横向代表了不同的发展阶段，纵向是每个阶段各个因素相互作用的过程，城市形态决定产业发展，产业发展决定城市化阶段，城市化阶段作用于城乡资源流动，不同的城乡资源流动方式最

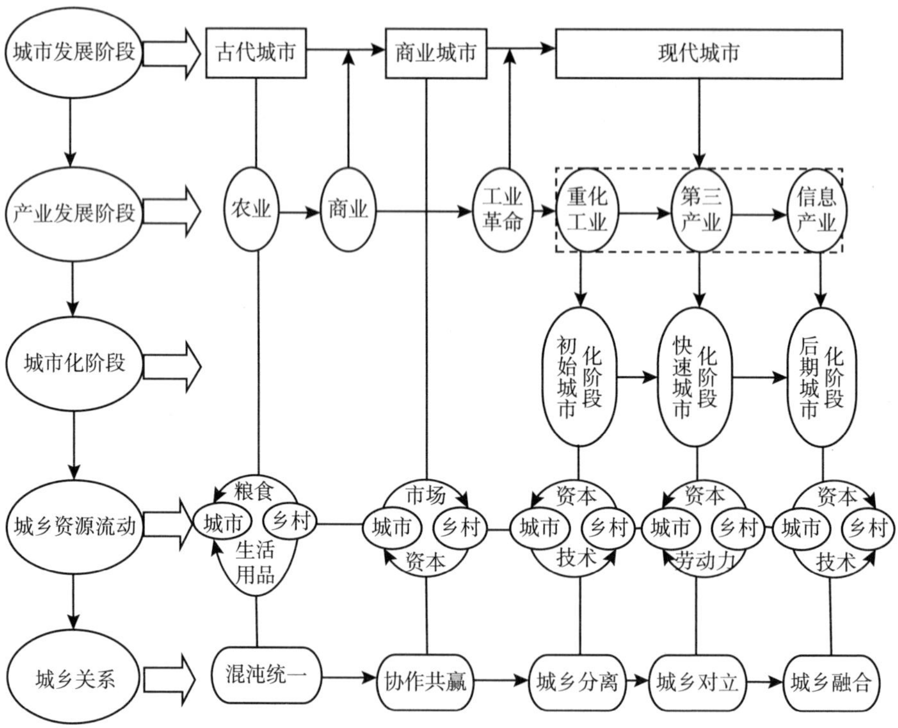

图 2－1　城市、产业结构、城市化与城乡关系

后决定不同的城乡关系状态。古代城市形态时期整个经济以农业为主，城市基本上不具有多大的生产功能，乡村为城市提供粮食和各种生活用品，城市在经济上高度依赖乡村，城乡界限不分明。商业的快速发展催生了商业城市，是向现代城市的转型阶段，商业发展吸收农村的资本，同时，为农村产品提供了市场，达到了城乡互利发展状态。随着工业革命的爆发，工业化开始，同时推动了城市化进程，在初始阶段，以工业为主，城市化起步，但是由于工业的就业弹性不高，城市化速度不是太快，农村为工业化提供剩余，城市为农村提供技术促进农业生产力的提高，由于工农产业特性差别大，导致城乡差别出现。当城市产业结构发生转变，第三产业快速发展的时候，也就进入了快速城市化阶段，导致农村劳动力和资本大量被城市所吸收，城乡差距扩大，城乡矛盾加深。当工业化与城市化发展到高级阶段，也就是后期城市化阶段，在政府的作用下开始解决城乡问题，尽量为农村发展提供支持，缩小城乡差距，城乡渐渐融合。

四、中国与原生工业化国家的比较[①]

每个国家在快速城市化过程中都出现过城乡差距拉大的现象，几乎成为一般规律，但是，中国除了具有一般性以外，同时还具有特殊性，导致中国的城乡差距之大，解决起来之难，在世界上非常具有代表性，这与中国的工业化道路和实现工业化的手段颇有关系，本节就中国的工业化、城市化与原生工业化国家进行比较分析，解析中国之不同。

（一）原生工业化过程的要素流动与城乡关系

从世界现代化的历史过程看，工业化的最初进程都是由农业来推动的，工业化水平很大程度上是农业劳动生产率的函数。在欧美早期现代化国家

① 本部分内容参见《中国城乡资源流动与城乡互动关系研究——以比较经济史为视角》，载《现代经济探讨》2013 年第 10 期。

中，农村本身成为资本主义发展的摇篮，农业革命成为工业革命的出发点。[①] 发展经济学家把这一现象概括为“工业革命以农业革命为先导”的命题。在近代农业革命出现之前，世界人口没有超越马尔萨斯陷阱。近代农业革命在荷兰发生后，欧洲各主要国家先后出现了农业制度和农业技术的创新，并且人口在18世纪末期迅速增加，摆脱了马尔萨斯陷阱。近代农业革命为工业革命准备了条件，农业生产力的大幅度提高，为工业化提供了大量的资本和劳动力，但是，最初的农业资本并不是直接到达工业部门，而是先进入商业部门，因为有了农业剩余产品，必然需要交换，需要拿到市场上去出售，这样就促进了商业的发展。

16～17世纪的商业革命为欧洲的工业化创造了条件，没有商业的高速发展，工业革命是不可能发生的，工业化也无从谈起。大量的剩余农产品进入市场后，商业部门开始扩张，但是，只有这些是不够的，商业需要充足的需求才能够快速发展，而这时世界市场的开辟创造了契机，世界市场为国内生产提供了极大的市场，使商业革命爆发。商业具有两个功能：一个是能够把农业部门本来分散的资本集聚起来；再一个是能够促使资本积累，商业的发展会带来巨大的商业利润。商业革命形成的巨额资本要寻找出路，这时有两种可能：一个是进入农业部门，另一个是进入工业部门（以手工业为主的传统工业），因为农业部门是一个典型的遵循边际报酬递减规律的部门，资本流出多，劳动力流出少，所以资本是不可能流向农业的，因为资本的本性是寻找利润，哪儿利润高就会流向哪儿，所以，只可能从商业部门流向工业部门。工业革命促进了工业的发展（英国最先发生工业革命），工业发展需要大量劳动力，这样通过城市化过程使农村剩余劳动力流向工业部门，同时工业部门为农业发展提供了资本和技术支持，农业边际生产力提高。由于农业人口减少，技术提高，资本增加，农业剩余进一步增加，农业剩余再进入商业部门，这样一直循环下去，形成了工业化与城市化的良性循环，直到

---

① 迪特尔·森哈斯：《欧洲的经历——发展理论的历史评判》，多弗尔·伯格出版公司1985年英文版，第46～47页。

完成国内工业化过程，工农部门的人均产出和报酬一直差别不是太大。

图2－2很好地描述了这个过程，首先农业革命使生产力提高，农业剩余进入商业部门。在世界市场提供需求的强烈刺激下，商业革命爆发，大量的商业资本不可能进入农业部门，而只会流向工业部门，使传统工业得到改造，工业革命爆发。随着工业部门的发展，农村劳动力必然会转移到工业部门，而工业为农业提供技术和资本，使农业的人均生产力提高，从而又能提供更多的农业剩余进入商业部门，使这个过程不断重复下去。原生性的工业化过程就是这样完成的，不会产生悬殊的工农差距，所以城乡差距也不会太大。下面再看中国在重工业优先发展战略下是如何进行工业化的。

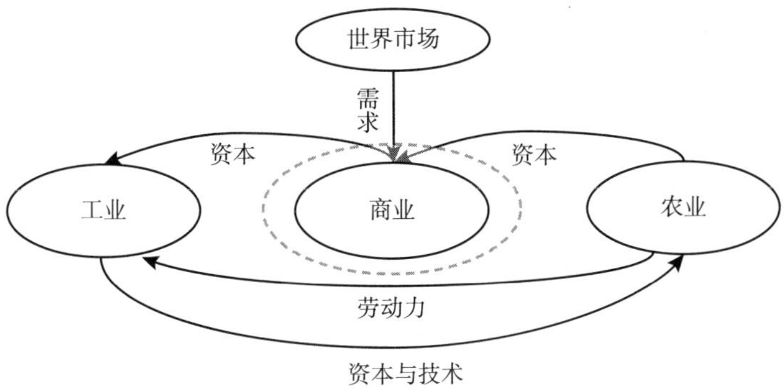

图2－2　原生工业化国家的城乡资源流动

（二）改革前的要素流动与城乡关系

从过渡时期总路线确定重工业优先发展战略以后，中国走了一条完全不同于原生工业化的工业化道路。当时中国的农业和工业基础都非常薄弱，还是一个落后的以农业为主的大国。1952年底农业产值占工农业总产值的56.9%，1957年农业产值占工农业总产值的43.3%，由于在这种统计方法中工业产值重复计算大大高于农业，因此据当时国家统计局估计，1957年农业产值实际上仍然占2/3，工业落后。1952年轻工业产值占整个工业总产值的64.4%，而其中以农产品为原料的产值又占轻工业产值的87.5%，

1957年这个比重仍达81.6%。出口换汇的大部分产品也是农副产品及其加工品（1952年占出口总额的82.1%，1957年占出口总额的71.6%）。尽管农业在当时的经济发展中占有如此重要的地位，但劳动生产率很低（1952年平均每个农业劳动力创造的净产值为419元，1957年为452元），尽管1952年农业人口占总人口的85.6%，1957年仍然占83.6%，但是1952年全国人均农产品为：粮食576斤、棉花4.6斤、油料14.7斤、生猪0.12头，1957年则分别为612斤、5.2斤、13.2斤、0.11头。[①] 在这种情况下，农业剩余有限，优先发展重工业需要大量的资本，这就必须依靠政府的力量，将很少的农业剩余几乎全部转移到工业部门。

政府通过一系列的制度安排将农业剩余从农业转移到工业，同时限制了劳动力的流动，控制了城市化过程。如图2-3所示，在改革开放前，几乎没有自由的市场，所有的资源靠政府来配置，依靠政府的力量，几乎拿走了所有的农业剩余，而农村劳动力的流动受到严格限制，这样使农村人均生产力极其低下，大量的剩余人口存在，导致人均资本量很低，人均收入水平当然也不高。反过来工业部门由于占有了大量的农业剩余快速成长，工业人均生产能力得到迅速提高，工业所占工农产值的份额不断扩大，同时，工业就业比例没有大的变化，1952年的城市化率只有12.5%，1957年是15.4%，即使到1978年还不到18%。而工业产值占总产值的比重1952年为20.9%，1957年为29.7%，到1978年达到47.8%。这样形成了悬殊的工农人均生产能力，但由于一直实行的低工资政策，工农人均收入水平没有太大的差距，所以，城乡收入差距没有显现出来。

接下来说明，在这种情况下，为什么城市工业部门的资本没有流向农村的农业部门，工业部门提供的机器设备为什么不能为农村提供技术改造。这主要是由于农村有大量的过剩人口，从中国历史上来看，一直是一个地少人多的国家，节约劳动型的技术总不能得到很好的推广，也就是中国农村是一个排斥劳动节约型技术进步的部门，林毅夫教授通过很多证据证明了这个结

① 武力：《中华人民共和国经济史》，中国经济出版社1999年版，第203~204页。

论，也得到了普遍的认可。[①] 而我国的工业主要以重工业为主，它所提供的机械设备在农村很少能够推广。这样形成了具有极大生产力差别、收入水平没有太大差距的工农二元结构。这种工农隔离经过了 28 年的积累，不断加深，到 1978 年改革开放后，这个问题并没有得到解决，而是进一步强化了。

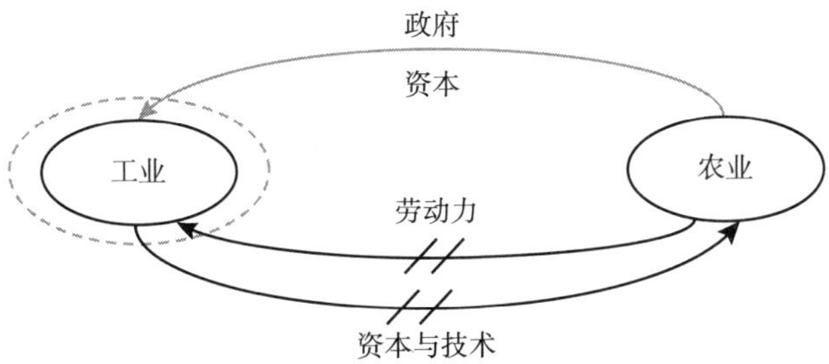

图 2 – 3　中国改革开放前的城乡资源流动

（三）改革后的要素流动与城乡关系

中国的改革最先是从农村开始的，家庭联产承包责任制一定程度上解放了生产力。在推行农村生产责任制的过程中，安徽和四川两省在这一改革行动中起了先行者的作用。十一届三中全会后，《人民日报》陆续报道了安徽、四川、云南、广东等省实行生产责任制的情况和经验。随着这些省份经验的推广，其他省、市、自治区的农村也纷纷实行不同形式的生产责任制。家庭联产承包责任制是十一届三中全会以来中国农村改革取得突破的最重要标志。这一责任制形式虽然早在 20 世纪 50 年代就曾被农民发明、试验，但却未能得到推行。党的十一届三中全会后，由于确定了改革开放方针，所以家庭联产承包责任制才一步步从“非法”变成“合法”。家庭联产责任制极大地激发了农民的热情，提高了农业生产力，但是，这只是一次土地组织形式的变化，类似于土改，不具有持续的技术创新能力，有研究表明，家庭联产承包责任制改革对农业生产的影响是一次性的突发效应，到 1984 年这种

① 林毅夫：《制度、技术与中国农业发展》，上海三联出版社 2008 年版。

制度变迁的能量基本已经释放完毕。1978～1984 年中国农产品产值以不变价格计算增长了 42. 23%，其中 46. 89% 归功于家庭联产承包责任制取代集体耕作制度的体制改革。这样，农业剩余有了一定的增加。

随着改革的深入，市场化增强，曾一度失去作用的一个部门又重新活跃起来，而且快速膨胀，起到了极其重要的作用，那就是商业部门。随着市场的放开，在商品不太丰富而人们的需求被激发出来的情况下，商业利润具有极大的诱惑力，倒卖商品都能取得极大的利润，这样如图 2－4 所示，农业剩余会迫不及待地进入商业部门。由于工业部门本来已经积聚了大量资本，这样，多余的资本也会涌入商业部门，导致商业部门快速扩张，商业资本大量积累，大量积累起来的商业资本可能进入服务业，也可能流入国外。随着市场放开，非农部门人均收入水平大幅度提高，工农巨大的收入差距致使大量农村劳动力流向城市，这一阶段我国的城市化水平上升很快，大量农民工进城，但这里存在一个问题，由于积累起来的城乡差别，农民进城面对着比较恶劣的就业条件，这样进城的农民都是相对质量比较高的农民，而留在农村的是大量低素质劳动力。一边是农村资本的流失，一边是农村优质劳动力的流失，这样就造成农村劳动生产能力的进一步退化，工农差距进一步拉大，致使城乡关系进一步恶化。

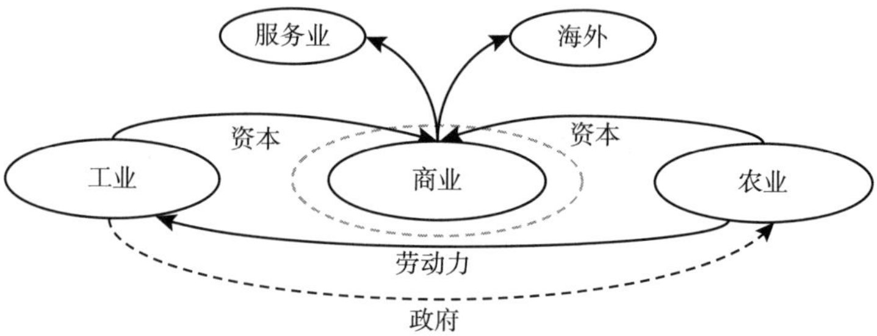

图 2－4　中国改革开放后的城乡资源流动

要打破这种单向循环，这个时候，只能靠政府来完成，政府把城市工业部门的资本转移到农村农业部门。前一时期中国所做的也就是这个工作，但是，现在要做好谈何容易。一方面现在的政府已经没有当初的控制力，因为改革开放前，中国是一种纯粹的由政府控制的计划经济体制，而现在是社会主义市场经济体制，市场的作用越大，政府的控制力越弱。另一方面，这样做总要付出代价的，至少要付出增长的代价，政府在面对很大就业压力的情况下又有多大的决心来完成这个事情，这是值得掂量的。即使这两个条件都具备了，政府有足够的控制力，也有足够的决心来做，解决这个问题也不是容易的，这是有经济体系循环本身决定的，单向双边流出总会削弱政府的努力。

第三章　城乡统筹发展的微观基础*

所有要素的流动都与经济主体的动机和行动有关，劳动力、资本、土地和技术的流动都是由农户、企业等经济主体的活动所决定，本章将从农村的微观经济主体出发，分析其行为，构建微观机理模型，通过动态和比较静态分析，研究农村和农民的生产和消费行为，为城乡统筹发展提供微观理论基础。

一、农民经济行为研究

现在的农村也不再是一个完全封闭的经济体，已经处于了一种开放经济条件下，生产的产品也不是为了自给自足，这样也赋予了农民更多的选择。在一个开放经济条件下，农民面对着多种选择，可以去城市打工，可以在本地从事非农产业，也可以从事家庭经营，那么农民的决策机理是什么？其行为又会受到那些因素的影响？

---

* 本章部分内容以《城乡统筹视角下的农民经济模型研究》为题发表于《经济评论》2013 年第 5 期。

（一）农民经济行为研究传统

对于农民经济行为的研究有这样几种历史传统。

一是俄国十月革命前形成的“组织与生产学派”的代表人物恰亚诺夫（A. V. Chayanov）在其著作《农民经济组织》（1925）中所形成的研究传统，恰亚诺夫通过对农民家庭经济运行与资本主义经济运行机制的比较，认为以小农为基础的农民经济的特征与资本主义经济学是不适用的，农户与资本主义企业具有本质的不同，它是集生产者与消费者于一身的经济体，农民经济行为动机完全不同于企业，企业通过投资以获取收入与生产费用差额的最大化，而农民类似于一种特殊计件工资制中的工人，他们可以独自决定工作时间与强度，认为小农家庭农场的运行机制以劳动的供给与消费的满足为决定因素。[①] 其后有很多学者沿着恰亚诺夫传统进行研究的，以下学者等（Boeke，1953[②]；Dalton，1967[③]；Sahlins，1972[④]；Boulding，1973[⑤]；Scott，1987[⑥]；Friedmann，1987）[⑦] 的研究都比较有代表性。

二是刘易斯研究传统，发展经济学家把农业看作行将衰退的落后部门，刘易斯（W. A. Lewis，1954）首次提出“二元经济结构”，将经济分为以农业为主的传统部门和以非农业为主的现代部门，传统部门存在着大量的剩余劳动，人均收入水平很低，现代部门可以以不变的工资水平吸收传统部门的剩余劳动力，直到传统部门的剩余劳动被吸收罄尽为止。只有剩余劳动消失之后，传统部门劳动者的收入状况才能有所改善。拉尼斯和费景汉（Ranis &

---

① Chayanov，A. V.，Peasant Farm Organization，1925.

② J. H. Boeke，Economics and Economic Policy of Dual Societies as Exemplified by Indonesia. New York，1953.

③ G. Dalton（ed.），Tribal and Peasant Economics. Natural History Press，1967.

④ M. Sahlins，Stone Age Economics，Chicago：Aldine Atherton，1972.

⑤ K. E. Boulding，The Economy of Love and Fear. Belmont，Calif，1973.

⑥ J. C. Scott，The Moral Economy of the Peasant：Rebellion and Subsistence in SoutheastAsia. New Haven，1987.

⑦ H. Friedmann，The Political Economy of Food，Verso，1987.

Fei, 1964)[①] 以及托达罗（Todaro, 1969）都对刘易斯的模型进行了改进，但都没有摆脱重工轻农的倾向。[②]

三是舒尔茨传统，美国经济学家舒尔茨（Theodore W. Schultz, 1964）一改农业被忽视的倾向，运用新古典的分析方法，论证农民的生产是有效率的，在市场机制的作用下，农民会把生产要素的使用推向最高效率均衡。舒尔茨认为，全世界的农民，在考虑成本、利润及各种风险时，都是很会盘算的生意人，只要引进现代生产要素，农业可以成为经济发展的主要源泉。[③] 阿里和拜尔利（Ali & Byerlee, 1991）建立的经济计量模型发现，亚非拉国家许多农民的要素投入是有效率的。[④] 但也存在一些经验分析不支持舒尔茨的假说。夏皮罗（Shapiro, 1983）研究发现，一些发展中国家的农民其边际产品价值超过要素价格的 40%。[⑤] 很多批评集中在舒尔茨假说的条件与发展中国家的现实差别很大。埃利斯（Ellis, 1998）借鉴新古典理论的利润最大化假说，提出了有条件的利润最大化，农民的最大化行为受到农户生产的多种目标约束、实现最大化目标手段的有限、市场不完善性等条件的约束。[⑥]

经济增长理论的发展和动态优化方法在经济学中的应用广泛化，使一些新的经济学分析方法可以用于研究农民问题，拉姆齐（Ramsey - Cass - Koopmans, 1928, 1965）建立内生储蓄率的经济增长模型以后，新古典的

---

① Fei J. C. H., Ranis G., Development of the Labor Surplus Economy: Theory and Policy. Illinois, Irwin: Homewood, 1964.

② Todaro M. P., A Model of Labour Migration and Urban Unemployment in Less Developed Countries. the American Economic Review, 1969, 59: 138 - 148.

③ Theodore W. Schultz, Transforming Traditional Agriculture, New Haven, Yale University Press, 1964.

④ Ali, M. and Byerlee, D., Economic Efficiency of Small Farmers in a Changing World: a Shivey of Recent Evidence. Journal of International Development, 1991, 3 (1).

⑤ Shapiro, K., Efficiency Differentials in Peasant Agriculture and Their Lmplications for Development Policies. Journal of Development Studies, 1983, 19 (2): 179 - 90.

⑥ Eillis, F., Peasant Economics. Cambridge University Press, 1998.

分析框架基本确立。① 科恩和杰弗里（Cohen & Jeffrey，1986）② 将拉姆齐（Ramsey – Cass – Koopmans）模型扩展到开放小国家的条件下，韦尔（Weil，1989）③ 将人口转移问题引入到拉姆齐模型。本奇文加和史密斯（Bencivenga & Smith，1997）④ 等进一步发展了人口转移理论，卡林顿（Carrington，1996）将迁移成本的变化考虑进去。⑤ 本章将吸纳三种农民行为研究中符合中国农民实际的假设条件，面对强大的城市经济，将农村看作一个类似于开放性小国的经济体，借鉴新古典的经济增长分析方法，研究农村的消费行为和两种生产行为，两种生产行为是农村企业经营生产和家庭经营生产，企业生产追求外生资本收益率下的利润最大化，家庭经营首先要考虑实现自我就业，当家庭经营劳动达到一定程度，向城镇转移也成为一种被动选择，当在考虑转移成本的情况下，比较本地企业就业与转移到城镇对农民收入的影响。本章前半部分建立理论模型，研究中国特色的农村经济均衡，后半部分通过中国的经验数据说明理论分析，要解决城乡问题，满足农民的消费愿望，有效增加农民收入，应该加快发展农村非农产业和农户兼业经营，同时降低转移成本，发展农村非农产业要加大非农产业投资。

（二）农户消费行为

以小农经济为基础的农村经济与强大的城市经济比较，类似与一个开放性的小国家，资本收益率是外生的，自己不能决定其收益率，而是取决于强大的城市经济所决定的资本收益率，所以，在这里假设农村经济的资本收益

① Ramsey，F.，A Mathematical Theory of Saving，Economic Journal，1928（38）：543 –559.

② Cohen，Daniel and Sachs，Jeffrey D.，Growth and External Debt Under Risk of Debt Repudiation，European Economic Review，1986，30（3）：526 –560.

③ Weil，Philippe，Overlapping Families of Infinitely-lived Agents，Journal of Public Economics，1989，38，2（March），183 –198.

④ Valerie R.，Bencivenga and Bruce D. Smith，Unemployment，Migration，and Growth，The Journal of Political Economy，1997，105，3（June），582 –608.

⑤ Carrington，William，Enrica Detragiacha and Tara Vishwanath. Migration with Endogenous Movin Costs，American Economic Review，1996，86，4（Sep），909 –930.

率 r 不变，这样对于农村企业来说，它追求的是在固定资本收益率下的利润最大化。对于农村家庭来说，家庭获得收入的途径有三条：一是去企业工作获得工资，一般从事多是非农产业，另一条途径是家庭经营获得纯收入，家庭经营一般以家庭农场经营为主，也存在一定的非农产业经营，家庭非农经营占比重比较低，还有一条途径就是资产的利息收入。设想是一个无限期的一定预算约束下的效用最大化问题，考虑一个长生不老的不断扩展的典型农村家庭，个人的寿命是有限的，但代际间的传递和转移是无限期界的。家庭人口的变化受到两个因素的影响，一个是由出生率和死亡率所共同决定的人口自然增长率，用 n 来表示，假设其是外生的，再一个因素是人口转移到城镇的部分，假设这里不存在半城市化现象，也就是一旦转移到城镇，就将其作为完全的城镇人口对待，他的收入完全属于城镇人口收入的部分，而不考虑他可能将收入的一部分转移到农村的家庭，向城镇人口转移的速率用 m 表示，这样人口的变化率为 n - m，如果我们把 0 期的成人数量标准化为 1，$L(0)=1$，这样，t 期的家庭人口规模可以表示为 $L(t)=L(0)e^{(n-m)t}$，假设所有的家庭人口为劳动人口，可以分为两部分：一部分在企业工作获得工资收入，另一部分从事家庭经营获得家庭生产经营利润，农村家庭总人口可以表示为：

$$L(t)=L_n(t)+L_g(t) \tag{3-1}$$

$L_g(t)$ 为 t 期家庭在企业工作人口数量，$L_n(t)$ 为 t 期家庭从事家庭经营的人口数量。用 h 表示从事企业工作人员占家庭总人口的比重，$h=L_g/L$，简称家庭非农劳动占比（当然从事家庭经营的也存在非农产业，这里假设家庭经营主要是农业）。

如果家庭在 t 期的总消费表示为 $C(t)$，那么人均消费就表示为：$c(t)=C(t)/L(t)$，每个家庭希望最大化效用 U：

$$U=\int_0^{\infty}u[c(t)]e^{-[\rho-(n-m)]t}dt \tag{3-2}$$

这个公式表示家庭效用是所有 $u(c)$ 所有未来流量的加权和，ρ 为时间偏好率，$\rho>0$，意味着效用获得的时间越晚，其价值越低，假设 $\rho>n-m$，这样保证 U 是有界的。假设 u(c) 对 c 是递增且凹的，$u'(c)>0$，$u''(c)<0$，这个凹性假设产生了使消费随时间平滑的动力，还假设 u(c) 满足稻田条件：当 $c\rightarrow 0$ 时，$u'(c)\rightarrow\infty$，当 $c\rightarrow\infty$ 时，$u'(c)\rightarrow 0$。

用 A 表示家庭资产，$a(t)=A(t)/L(t)$ 表示家庭人均资产，r 表示外生决定的资产收益率，w 为从事企业生产的人均工资，家庭工资总额为 wL_g，$\prod_n$ 表示家庭经营获得的纯收入。所有家庭收入用作两部分支出：一部分是家庭成员的消费 C；一部分是由转移的城镇的人口所用去的转移成本 D，$d(t)=\frac{D(t)}{m\cdot L(t)}$ 表示人均转移成本，这样农户家庭的总预算约束可以表示为：

$$\dot{A}=wL_g+\prod_n+rA-C-D \tag{3-3}$$

将式（3-3）两边除家庭总人口 L 得：

$$\dot{A}/L=hw+(1-h)\pi_n+ra-c-md \tag{3-4}$$

其中，$\pi_n=\prod_n/L_n$ 表示农户家庭经营的人均纯收入，又因为 $\dot{A}=L\dot{a}+\dot{L}a$，可以得到农户家庭人均流量预算约束：

$$\dot{a}=hw+(1-h)\pi_n+[r-(n-m)]a-c-md \tag{3-5}$$

式（3-5）中我们省略了时间下标，在以后表述中在不引起混乱的情况下，我们也这样表示，式（3-5）表明，当家庭非农劳动占比 h 不变的情况下，家庭人均资产随着企业工资和家庭经营纯收入的增加而增加，人口的最终增长率 n-m 对人均资产变化的影响是反方向的，而在人口转移率不变的情况下，人均转移成本的大小与人均资产是反方向变化的。

一阶条件：根据动态最优控制原理，构建 Hamilton 方程：

$$J=u[c(t)]e^{-[\rho-(n-m)]t}+\lambda\{hw+(1-h)\pi_n+[r-(n-m)]a-c-md\} \tag{3-6}$$

变量 λ 为收入的现值影子价格，它表示 t 时所获得的积累收入以 0 时效用单位衡量的价值，根据 Pontryagin 最大值原理得 U 最大值的一阶条件：

$$\frac{\partial J}{\partial c}=0\Rightarrow\lambda=u'e^{-[\rho-(n-m)]t} \tag{3-7}$$

$$\dot{\lambda}=-\frac{\partial J}{\partial a}\Rightarrow\dot{\lambda}=-u'[r-(n-m)]e^{-[\rho-(n-m)]t} \tag{3-8}$$

横截性条件为：

$$\lim_{t\to\infty}[\lambda(t)\cdot a(t)]=0 \tag{3-9}$$

通过将式（3－7）求 $\dot{\lambda}$ 表达式代入式（3－8）得欧拉方程：

$$\frac{\dot{c}}{c}=-\frac{u'(c)}{u''(c)c}(r-p) \tag{3-10}$$

式（3－10）表示了农户家庭随时间消费的基本条件，如果 $r=\rho$，农户家庭将选择一种均衡的消费组合人均消费的增长率为0，即 $\dot{c}/c=0$，如果消费家庭愿意偏离这一模式，也就是为明天的消费牺牲一些今天的消费，也就是能容忍 $\dot{c}/c>0$，只有在有一个足够高于 ρ 的收益率 r 的情况下才可能产生。将式（3－10）变化一下得到：

$$r=-\frac{u''(c)c}{u'(c)}\cdot\frac{\dot{c}}{c}+\rho \tag{3-11}$$

式（3－11）中的 $\frac{u''(c)c}{u'(c)}\cdot\frac{\dot{c}}{c}$ 就是所要求的 r 的补偿数额，也就是储蓄的收益率必须高出 ρ 这么多，消费者才会选择 $\dot{c}/c$ 的消费增长率。$-\frac{u''(c)c}{u'(c)}$ 表示了效用函数的导数函数 $u'(c)$ 对人均消费 c 的弹性，这个弹性所代表的效用函数的凹性决定了 r 超过 ρ 数额的大小，如果弹性越大，在给定一个 $\dot{c}/c$ 的情况下，所要求的 r 超过 ρ 的数额越大。

边际效用弹性 $-\frac{u''(c)c}{u'(c)}$ 可以表示为跨期替代弹性的倒数，式（3－10）表明为了有一个 r 和 $\dot{c}/c$ 不变的稳态，这一弹性一定要渐近于常数，所以假设效用函数为 CIES（不变跨期替代弹性效用函数）形式：

$$u(c)=\frac{c^{(1-\theta)}-1}{1-\theta} \tag{3-12}$$

其中 $\theta>0$，替代弹性为常数 $1/\theta$，θ 越大，随着 c 的增加，$u'(c)$ 成比例下降就越迅速，从而家庭就越不愿意接受对 c 的持续均衡模式的偏离，在这种效用函数形式下，式（3－10）的最优条件简化为：

$$\frac{\dot{c}}{c}=\frac{1}{\theta}(r-\rho) \tag{3-13}$$

人均消费增长率取决于 θ、r 和 ρ，r 和 ρ 的关系决定了消费者选择一种什么样的消费模式，是一个持续上升的人均消费模式，还是不变或下降的人均消费模式，而这三个参数都是不变的，如果 $r>\rho$，可以保持一个正的人均消费增长率。

可以发现，虽然农户所面临的约束条件与一般消费者不同，但所达到的消费者均衡选择没有本质的区别，只是资产收益率 r 不再是农村经济系统所决定的了，而成为一个外生给定的值。

（三）两种生产行为

对于以小农生产为主的农村家庭来说，涉及生产的有两个方面：一是企业生产，农户有一部分成员去企业工作获得工资收入，再一个方面是农户的家庭经营生产，这两种生产所经营的目标是不一样的，对于农村企业来说，它与城镇厂商或者说一般厂商的本质区别是，它所面对的资本收益率 r 不再是自身所决定的了，而是在固定资本收益率下实现利润最大化目标。而对于家庭经营来说，却不是这样，农村家庭经营的首要目标不是利润最大化，它是在农村企业实现利润最大化吸收一定农村劳动力的情况下，使剩下的农村劳动力实现自我就业，因为它是自我雇佣，不再需要支付工资，它首先要达到的目标是自我就业，这样就有可能造成其人均纯收入低于在企业工作者的工资收入，当低到一定程度的时候，他们被迫向城市部门转移劳动力来化解，这样就形成大量农民工进城现象。

1. 企业生产行为

农村的企业与城镇的或者一般的企业是有区别的，它们多数以非农产业为主，利用资本和雇佣劳动力，以获得利润最大化为目标，企业雇佣劳动力需要支付工资，使用资本要支付利息，同时存在折旧，但是，资本收益率或者利息率不再是内生变量，而是外生的，可以看成是固定不变的。假设厂商的生产函数表示为：

$$Y_g = F(K_g, L_g) \tag{3-14}$$

式（3-14）中，Y_g 表示农村企业的产出流量；K_g 农村企业的资本投入；L_g 为企业的劳动投入；$F_g(\cdot)$ 满足新古典特性，$F'(\cdot)>0$，$F''(\cdot)<0$，F_g 对 K_g 和 L_g 呈现出不变规模报酬，同时又具有正的不断递减的边际产品。将式（3-14）两边同时除以 L_g 得到人均生产函数：

$$y_g = f(k_g) \tag{3-15}$$

其中 $k_g = K_g/L_g$ 为人均资本，y_g 为人均产出。厂商的利润 $\prod_g$ 可以表示为：

$$\prod\nolimits_g = F(K_g, L_g) - \delta K_g - rK_g - wL_g \tag{3-16}$$

其中，δ 为资本折旧率，r 为资本利息率，w 为工资率，将式（3-16）两边除以 L_g 得到人均利润表达式：

$$\pi_g = f(k_g) - (r+\delta)k_g - w \tag{3-17}$$

人均利润为人均产出减去折旧、利息与工资，企业利润最大化的条件：

$$\frac{\partial \pi_g}{\partial k_g} = f'(k_g) - (\delta + r) = 0 \tag{3-18}$$

得到：

$$f'(k_g^*) = r + \delta \tag{3-19}$$

k_g^* 为利润最大化情况下的人均资本，由于 r 和 δ 都是不变的，所以，当企业人均生产函数不发生变化的时候，企业要达到利润最大化，必须要在由式（3-19）的条件所决定的 $k_g = k_g^*$ 的情况下生产，如图 3-1 所示，假设人均生产函数只有在 B 点其斜率达到 $r+\delta$，在资本总量一定的情况下，厂商一定会通过选择劳动的多少，达到在人均生产函数的斜率等于 $r+\delta$ 的 k_g^* 的情况下进行生产，也就是 $K_g/L_g = k_g^*$，这样企业总是选择在人均资本等于 k_g^* 这样一个定值，也就是说，要增加企业就业量，必须增加企业资本总量，或者说增加企业投资，而且就业增长率与企业总资本增长率是相等的。

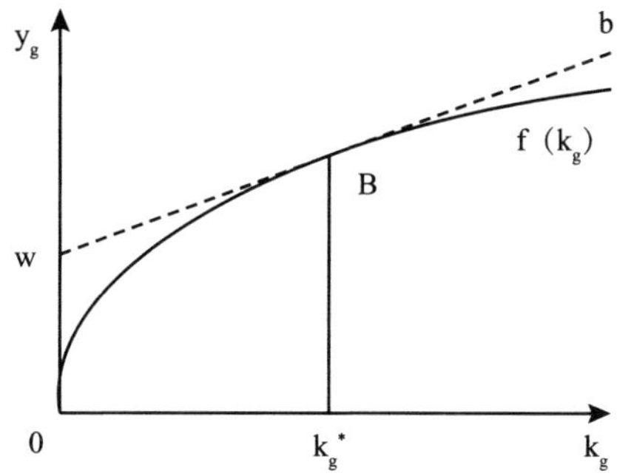

图 3－1　农村企业生产示意

在一个完全竞争市场，最终企业的利润为 0，为使利润为 0，工资要等于劳动的边际产品：

$$f(k_g^*) - k_g^* f'(k_g^*) = f(k_g^*) - (r + \delta) \cdot k_g^* = w \qquad (3-20)$$

这样看来，当农村企业生产函数不发生变化情况下，由于资本收益率是不变的，农村企业劳动工资率也是不变的，图 3－1 纵轴上标出的 w 就是不变的工资率水平。

农村企业在不变资本收益率或者不变利息率和不变工资率的情况下实现利润最大化，唯一的选择就是随资本总量的多少进行雇佣劳动的选择，使人均资本稳定在一定水平上，而剩下的农村劳动力只能去从事家庭经营或者选择进入城镇。

2. 农户家庭生产

农村家庭面对的另一种生产行为是农户的家庭生产经营，家庭生产经营主要以农场经营为主，假设不存在雇佣劳动，家庭经营以自我雇佣为主，不需要支付工资，他生产的目标不再是考虑工资成本的利润最大化，因为家庭经营承担着除赚取收入以外的很多其他功能：（1）家庭经营要满足自我就业，在土地相对固定的情况下，家庭人口经常变化，农村企业劳动力以外的其他农村劳动力只能进入家庭经营，农户首先要通过调整家庭经营方式来实现自我就业。（2）家庭经营具有相对高的稳定性，特别是家庭农业经营，因为，家庭成员去企业赚取工资具有比较高的风险和不稳定性，要面对众多自己无法把握的外部风险，而在家庭经营中，当外面遇到问题的时候，企业工作的成员可以退回到家庭经营，以规避风险。（3）承担一定社会保障的功能，在农村社会保障体系不很完善的情况下，农村企业工作人员也不能享受到完善的社会保障，农业劳动人员更没有很好的社会保障，农民土地的保有和家庭经营的存在，为企业工作人员和家庭经营人员同时提供一定程度的保障，当年龄大了，不能在企业工作的时候，也可以回到家庭经营，因为它能突破很多制约，比如年龄制约相对小得多，时间的制约也小得多，它不需要正点上下班，老人孩子都可以参与到家庭经营。所以，家庭经营不再以考虑生产要素成本下的利润最大化为目标，它已经不同于一般的企业生产，它的人均产出要低于企业的人均产出，但不能说明家庭经营是非理性的，它同样是理性的，是具有效率的，当家庭经营的人均纯收入低到一定程度，农村劳动力可能被迫选择进入城镇，因为转移到城镇是有成本的，所以在这种情况下的城市化属于一种被动城市化。

家庭经营是以土地资本为主一种经营方式，在短期内其资本具有相对固定性，也就是家庭经营要在固定资本的情况下吸收企业以外的农村劳动力，用下面的式子表示家庭经营生产函数：

$$Y_n = G(\overline{K},\ L_n) \tag{3-21}$$

式（3－21）中，Y_n 表示家庭经营产出流量，$\overline{K}$ 为固定不变的农村家庭经营资本，L_n 为家庭经营的劳动投入，G(·) 同样满足前面讲过的新古典特性，投入超过一定水平后，$G'(L_n)>0$，$G''(L_n)<0$，G 对 L_n 具有正的不断递减的边际产品。由于家庭经营自我雇佣，不需要支付工资，所以，家庭经营的纯收入 $\prod_n$ 可以表示为：

$$\prod{}_n = G(\overline{K},\ L_n) - \delta\overline{K} - r\overline{K} \tag{3-22}$$

将式（3－22）两边同时除以 L_n 得到人均纯收入：

$$\pi_n = \frac{\prod_n}{L_n} = \frac{G(\overline{K},\ L_n)}{L_n} - (\delta + r)\cdot\frac{\overline{K}}{L_n} \tag{3-23}$$

图 3 -2（a）表示家庭经营生产函数，当劳动人口很少的时候，劳动力的边际生产力是递增的，当超过一定水平，劳动的边际生产力呈现出递减规律，图 3 -2（b）表示人均产出$\frac{G(\bar{K},\ L_n)}{L_n}$，人均产出等于生产函数上每一点与原点连线的斜率，所以，随着劳动投入的增加，人均产出是先增加后减少，（c）图表示不变的资本总量，是一条水平线，（d）图表示人均资本，它等于资本总量曲线上每一点与原点连线的斜率，随着劳动的增加，人均资本一直是递减的，将（c）图和（d）图综合到一起，可以得到家庭经营人均纯收入与劳动投入之间的关系，如图 3 -3 所示，随着劳动投入的增加，人均纯收入是先增加后减少，但考虑的中国人多地少的特点，一般情况下，人均纯收入会处于递减阶段，之所以出现递减，与人均家庭经营资本的下降有很大关系。

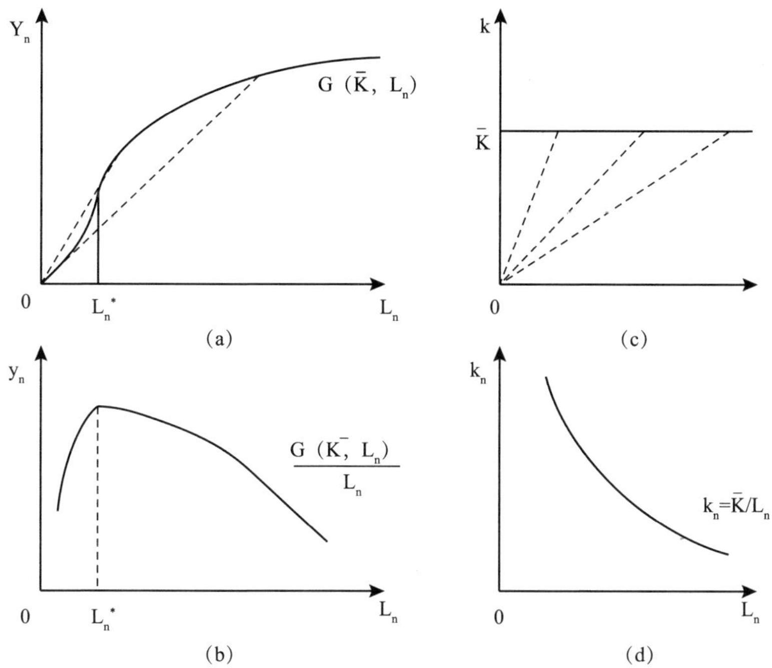

图 3 -2　家庭经营

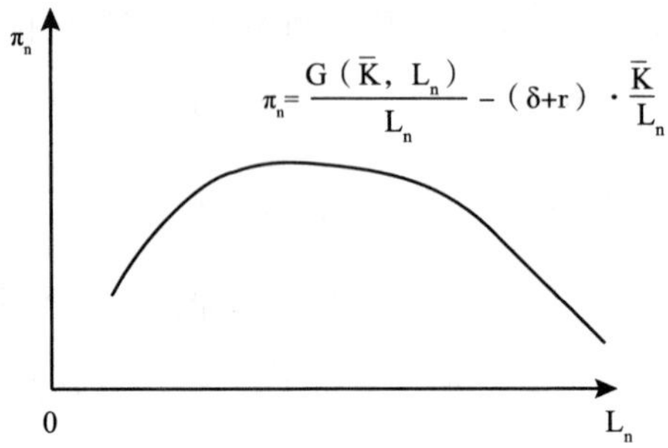

图 3－3　农村家庭人均纯收入

假如不存在城乡劳动人口的转移，在农村企业资本总量一定的情况下，农村企业所能吸收的就业量也是一定的，那么剩余的农村劳动力必须进入家庭经营，这样就会造成家庭经营的人均纯收入低于企业的人均工资水平，而且，这种状况可以长时期的保持：

$$\pi_n=\frac{G(\bar{K}, L_n)}{L_n}-(\delta+r)\cdot\frac{\bar{K}}{L_n}<f(k_g^*)-(r+\delta)\cdot k_g^*=w \qquad (3-24)$$

家庭经营人均纯收入能保持长期低于企业人均工资的另一个原因就是前面讲过的家庭经营所承担的其他功能，但是，所能接受的程度总是有限的，当家庭经营人均纯收入低到一定程度时，人们会选择进入城市寻找机会，当进入城市所获得的预期收入高于家庭经营人均纯收入和转移的人均成本之和的时候，进入城市就成为可能。由于进入城市是具有转移成本的，而进入农村企业是没有成本的，所以进入城市一定程度上是一种被迫转移，因为农村企业吸收劳动力是有限的。

如果转移人口所带走的人均资本小于家庭经营的人均资本，即 $d<\frac{\bar{K}}{L_n}$，则人口转移对于提高家庭经营人均纯收入是有利的，相反，如果转移人口所带走的人均资本大于家庭经营的人均资本，即 $d>\frac{\bar{K}}{L_n}$，则会进一步降低家庭经营人均纯收入，会使农村资本向城市转移，也就是说转移成本的存在削弱了人口转移对于提高家庭经营纯收入的效果，减弱了城市化对于增加农民收入的效应。在这种情况下，要快速转移农村劳动力，需要比较大的城乡收入差距，而进一步扩大的城乡收入差距又成为人口城乡转移的结果，这种恶性循环会造成城乡差距不断扩大。

3. 农村生产均衡

前面分别分析了农村的两种生产行为，农村生产要达到均衡状态出于两个方面的力量：一个方面是随着农村企业资本的不断积累，总资本存量扩大，企业要追求利润最大化，必须是人均资本达到理想状态，这样会增加企业就业人口，从而减少家庭经营人口，提高家庭经营的人均纯收入；另一个方面，家庭经营人员不断向城市转移，也减少了家庭经营人口，有可能提高家庭经营的人均纯收入。通过这两方面的力量共同作用，最终使家庭经营的人均纯收入与企业的工资率水平相等，农村生产达到均衡，均衡条件是：

$$\begin{cases}\pi_n = \dfrac{G[\overline{K},\ (L - L_g^*)]}{L - L_g^*} - (\delta + r) \cdot \dfrac{\overline{K}}{L - L_g^*} = f(k_g^*) - (r + \delta) \cdot k_g^* = w \\ f'(k_g^*) = r + \delta \end{cases} \tag{3-25}$$

第2个式子决定了企业利润最大化下的人均资本，同时也决定了一定资本下的企业均衡劳动数量，第一个式子决定了在均衡企业劳动量下的家庭经营人均纯收入与企业人均工资相等，图3-4描述了这个过程，右边的象限决定了外生资本收益率下的企业人均资本和工资率水平，左边象限的斜线 K_g 表示了企业资本的增长路径，它的斜率等于 k_g^*，工资线W与人均纯收入线 π_n 和 K_g 相交的C点就是农村生产的均衡点，凭借农村企业资本的积累形成对家庭经营劳动的吸收和家庭经营劳动向城市的转移，不断提高家庭经营人均纯收入，最终达到与企业工资率相等。

不过，农村生产达到均衡状态不是短期内所能完成的，由于受到企业资本积累规模和转移成本的双重制约，非均衡状态是一种常态，可以长期保持。

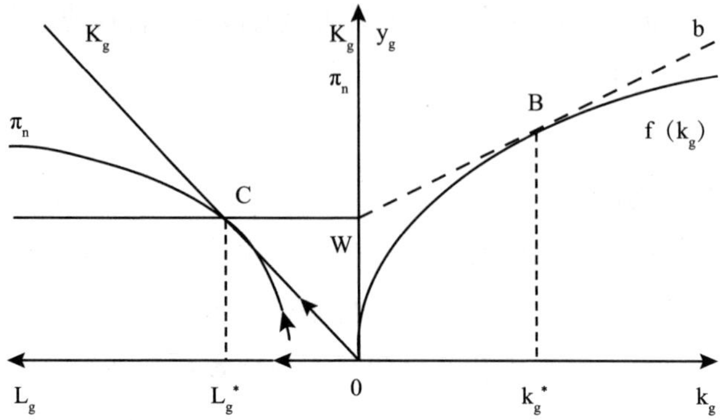

图 3－4　农村生产均衡

4. 人均生产收入

农村居民家庭的人均生产收入应该包括两部分：一部分是企业获得的工资收入，另一部分是家庭经营所获得的纯收入（财产收入不属于生产收入），可以表示为：

$$y = (1 - h) \cdot \pi_n + h \cdot w \quad (3-26)$$

y 为农村家庭人均生产收入，它的大小取决于企业工资率和家庭经营人均纯收入水平，以及两种生产中付出劳动的份额，在未达到均衡状态时，由于企业工资高于家庭经营人均纯收入，所以，如果企业劳动占比越大，家庭人均生产收入水平越高。当达到均衡状态时，人均收入与企业工资率是一致的。人均生产收入的变化速度可以进一步表示为：

$$\dot{y} = \dot{h} \cdot (w - \pi_n) + (1 - h) \cdot \dot{\pi}_n \quad (3-27)$$

未达到均衡状态时，人均生产收入的增长速度受到家庭经营人均纯收入的变化速度和企业劳动所占比例变化速度的影响，当达到均衡状态时，家庭人均生产收入的变化速度为 0，家庭人均生产收入的增长率也变为 0。

二、均衡状态分析

接下来进行稳态分析，并在此基础上做比较静态研究，研究资本收益率和技术水平变化对农民经济行为产生的影响。

（一）稳态分析

前面是将农户家庭消费和两种生产行为分开来研究的，首先在给定了外生资产收益率 r，从竞争性家庭的消费行为开始，然后引进两种生产行为看企业工资率 w 及家庭经营人均纯收入 π_n 的决定，现在把家庭消费和两种生产行为放到一起，分析一个竞争性市场均衡的结构。

将式（3－20）、式（3－23）代入式（3－5）得：

$$\dot{a}=h[f(k_g^*)-(r+\delta)k_g^*]+(1-h)\left[\frac{G(\overline{K},\ L_n)}{L_n}-(r+\delta)\frac{\overline{K}}{L_n}\right]+[r-(n-m)]a-c-md \tag{3-28}$$

在这里，人均资产 a 和企业人均资本不再相等，也不等于家庭经营的人均资本，人均资本的增长率等于：

$$\gamma_a=\dot{a}/a=\frac{h}{a}[f(k_g^*)-(r+\delta)k_g^*]+\frac{(1-h)}{a}\left[\frac{G(\overline{K},\ L_n)}{L_n}-(r+\delta)\frac{\overline{K}}{L_n}\right]+r-(n-m)-\frac{c}{a}-\frac{md}{a} \tag{3-29}$$

当农村生产没有达到均衡状态的时候，由于$\frac{G(\overline{K},\ L_n)}{L_n}-(\delta+r)\cdot\frac{\overline{K}}{L_n}<f(k_g^*)-(r+\delta)\cdot k_g^*$，在同等人均资本的情况下，人均资产的增长率与 h 同方向变化，说明企业就业比例越高，人均资本增长越快，与 m 和 d 反方向变化，说明人口转移带走的资本越多，人均资本增长越慢。当农村生产达到均衡状态时，$\frac{G(\overline{K},\ L_n)}{L_n}-(\delta+r)\cdot\frac{\overline{K}}{L_n}=f(k_g^*)-(r+\delta)\cdot k_g^*$，人均资本增长率变为：

$$\gamma_a=\frac{w-c-md}{a}+r-(n-m) \tag{3-30}$$

当达到稳态时，人均资本增长率为 0，即 $\gamma_a=\dot{a}/a=0$，可以得到人均消费的表达式：

$$c=w-m\cdot d+[r-(n-m)]\cdot a \tag{3-31}$$

如果假设人口自然增长率 n 是外生的，其变化率为 0，人口转移成本 d 也是外生的，它的变化率也等于0，那么人均消费的增长速度可以表示为：

$$\dot{c} = \dot{m} \cdot (a - d) \tag{3-32}$$

式（3－32）说明，如果 $a > d$，也就是人口转移人均成本小于人均资本，人口转移速度的提高，会使人均消费增长速度增加，人口转移对于增加人均消费是有利的，相反，如果 $a < d$，人口转移人均成本大于人均资本，人口转移速度的提高会降低人均消费。由式（3－31）、式（3－32）可得人均消费增长率：

$$\gamma_c = \frac{\dot{c}}{c} = \frac{\dot{m} \cdot (a - d)}{w - md + [r - (n - m)]a} \tag{3-33}$$

式（3－33）说明只要保持 $a > d$，转移成本小于人均资本，保持一个人均消费的增长率是可能的，只有在 $\dot{m} = 0$ 或者 $a = d$ 的情况下，$\gamma_c = 0$，也就是说，如果人口转移率的变化为0，或者人均转移成本与人均资本相等，人均消费增长率是为0的。考虑到式（3－13）消费均衡下的人均消费增长率，当它与式（3－33）所表示的增长率相等的时候，主观消费愿望与客观约束下的消费达到一致：

$$\gamma_c = \frac{\dot{c}}{c} = \frac{\dot{m} \cdot (a - d)}{w - md + [r - (n - m)]a} = \frac{1}{\theta}(r - \rho) \tag{3-34}$$

只有在一种情况下人均消费的增长率为0，即：$r = \rho$；$\dot{m} = 0$ 或者 $a = d$ 这两个条件同时具备的时候，人均消费的增长率为0，而 r 又是外生的，出现这种情况的机率是很小的。

从式（3－34）可以看出，在人均资本增长率等于0的稳态下，人均消费保持一定的增长率是可以实现的，而且可以通过调整人口转移成本改变人口转移率使农民能够达到与主观愿望相一致的消费增长率，另一方面也说明由于转移成本的刚性，农民的消费愿望经常得不到满足。

（二）资本收益率和技术水平的影响

前面都是假设资本收益率和农村生产的技术水平不变的情况，如果外生的资本收益率和农村生产技术发生变化，会对农村人均纯收入发生什么样的影响。先来看资本收益率 r 的影响，如果随着城市资本积累的增加，资本收益率 r 降低，由均衡条件式（3－25）知道，农村企业的人均资本生产函数的斜率变小，如果企业生产技术不发生变化，企业生产的人均资本必然增加，如图 3－5 所示，人均资本从 k_g^* 增加到 $k_g'^*$，企业的人均工资率也必然跟随上升，从 W 上升到 W′，在企业资本总量还来不及增长的时候，人均资本增加必然导致企业就业人口的减少，从 L_g^* 减少到 $L_g'^*$，企业就业人口的减少，必然增加家庭经营人口，导致家庭经营人均纯收入的下降，使家庭经营人均纯收入与企业工资率的差距扩大，在这种情况下，要使经济达到均衡有两条途径：一条是农村家庭经营技术水平提高，使家庭经营人均纯收入增加，π_n 曲线向右上方移动到 π_n'；另一条途径是劳动向城镇转移，减少家庭经营劳动，增加劳动的人均家庭经营纯收入，使 π_n 曲线向右上方移动到 π_n' 的位置，同时，要有资本总量的配合，资本总量曲线从 K_g 旋转到 K_g' 的位置，最终达到家庭经营的人均纯收入与企业的工资率相等。

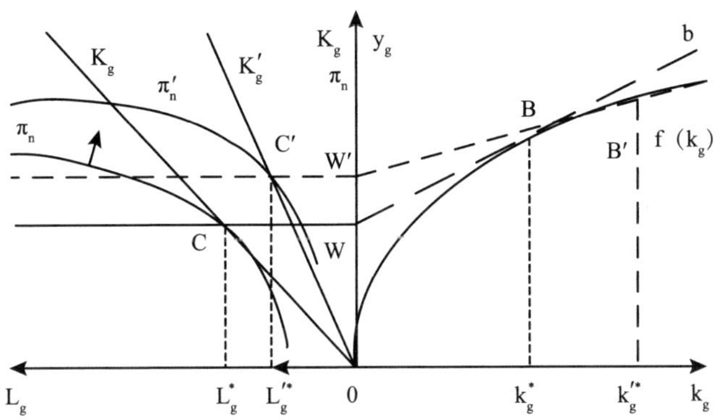

图 3－5　资本收益率对农村生产的影响

如果是农村企业的技术水平提高，导致生产函数的变化，假设技术水平提高，人均生产函数如图 3－6 所示，从 $f(k_g)$ 变为 $f_1(k_g)$，在外生资本收益率不变的情况下，同样要求较高的人均资本量，人均资本从 k_g^* 增加到 $k_g''^*$，企业的人均工资率也必然跟随上升从 W 上升到 W″，面对这种情况，家庭经营所做出的反应与资本收益率下降情况下类似，企业从业劳动下降造成家庭经营劳动数量的增加，降低了家庭经营的人均纯收入，使家庭经营人均纯收入与企业工资率的差距扩大，同样，只能通过前面资本收益率下降情况下的两条途径进行调整，最终通过资本的配合达到一个新的均衡状态。

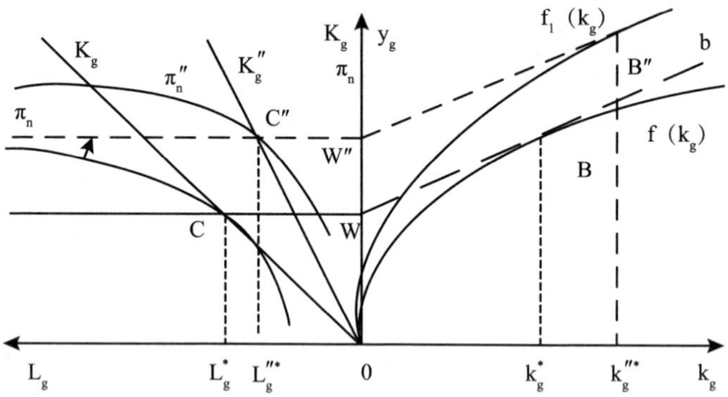

图3-6　企业技术变化对农村生产的影响

以上分析说明，降低企业的资本收益率和提高家庭经营的生产效率，从长远来看是有利于增加农民总收入水平的，但可能需要比较长的时间。

三、来自一些经验事实的证据

由于微观数据的缺乏，本节将列举一些中国宏观方面的经验数据，通过总体数据反映出一些微观证据，既是对前面理论分析的验证，又是对其进行的补充。

（一）农民收入与消费

从统计上来说，农民的收入有两个总量指标：一个是总收入，一个是纯收入。总收入是指调查期内农村住户和住户成员从各种来源渠道得到的收入总和；农民纯收入是指当年农村住户从各个来源得到的总收入减去所花费费用后的剩余部分，纯收入 = 总收入 - 税费支出 - 家庭经营费用支出 - 生产性固定资产折旧 - 赠送农村内部亲友支出。农民人均纯收入是按人口平均的纯收入水平，也就是纯收入总和比上农村总人口，体现的是一个地区农村居民的平均收入水平的高低。按收入的性质可以划分为四类：工资性收入、家庭经营收入、财产性收入和转移性收入。①

从改革开放开始，中国农村居民的人均纯收入基本上还是一直处于上升趋势，从 1978 年的 133.6 元上升到 2009 年的 5153.17 元，当然农民收入受价格指数影响很大，图 3－7 表示出了改革开放以后农村家庭人均纯收入指数，1978 年为 100（按可比价格计算）。从增长速度上看，1984 年以前属于高速增长期，扣除价格因素，每年的增长速度都在 13% 以上，最高年份将近 20%；从 1985～1991 年农民人均纯收入出现徘徊甚至下降，平均实际增长率只有 3.5%，1989 年出现负增长；南方谈话以后，农村人均纯收入又进入回升期，从 1992～1997 年，平均实际增长率达到 5.5%；1998 年开始，

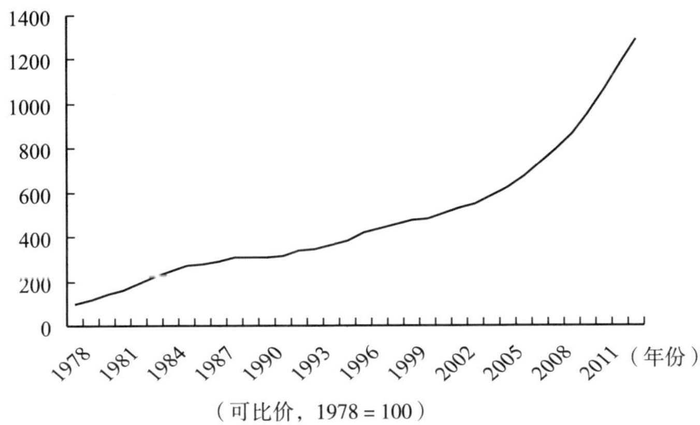

图 3－7　1978～2013 年农村居民家庭人均纯收入指数

① 定义来源于国家统计年鉴说明，工资性收入指农村住户成员受雇于单位或个人，靠出卖劳动而获得的收入。家庭经营收入指农村住户以家庭为生产经营单位进行生产筹划和管理而获得的收入。农村住户家庭经营活动按行业划分为农业、林业、牧业、渔业、工业、建筑业、交通运输业邮电业、批发和零售贸易餐饮业、社会服务业、文教卫生业和其他家庭经营。财产性收入指金融资产或有形非生产性资产的所有者向其他机构单位提供资金或将有形非生产性资产供其支配，作为回报而从中获得的收入。转移性收入指农村住户和住户成员无须付出任何对应物而获得的货物、服务、资金或资产所有权等，不包括无偿提供的用于固定资本形成的资金。

农民收入再次进入一个徘徊期，到 2003 年平均实际增长率不到 4%；2004 年以后，国家一系列惠农政策的实施，农民人均纯收入每年增长率都超过 6%。图 3 - 8 描述了 1978 ~ 2008 年中国农村家庭人均纯收入增长率，可以看出，中国农村居民的人均纯收入增长率波动比较大，其中受国家政策的影响也比较大。

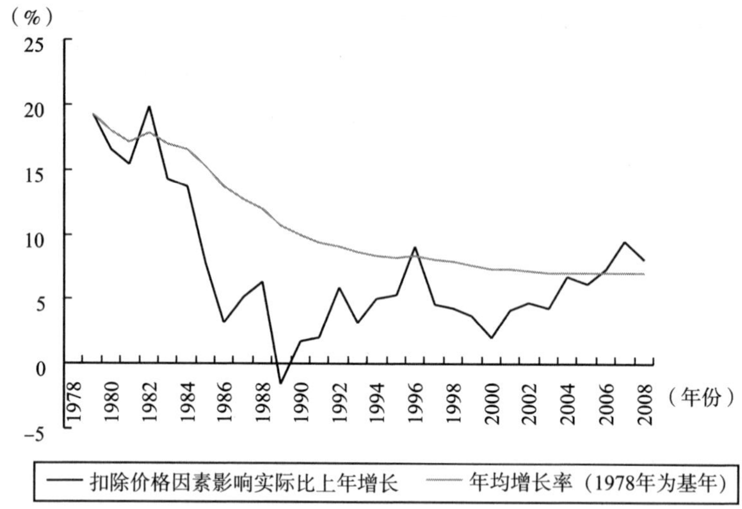

图 3 - 8　1978 ~ 2008 年中国农村家庭人均纯收入增长率

虽然农村居民人均纯收入基本一直处于上升趋势，但是，并没有缓解城乡关系，而是进一步拉大了城乡差别，因为农村收入的增长与整个国民经济增长和城镇收入增长相比一直处于弱势，而不断扩大的收入差距也进一步拉开了生活水平差距，图 3 - 9 表示了中国城乡人均消费支出比，从图 3 - 9 上看，除了 1984 年以前城乡消费支出比有所降低外，以后基本上呈上升趋势，最高的 2003 年达到 3. 35 倍，这还不包括城乡公共消费支出的差别，如果加上会更大。

由于农村经济不再是一个封闭的经济体，而是类似于面对强大城市经济下的一个开放的相对小规模的经济体，城市的消费会对农村造成很强的示范效应，使农民的消费通常会高于一定收入水平下的合理消费，图 3 - 10 也显示出人均消费的增长率绝对不低于人均纯收入的增长率，按照边际消费递减规律，当收入增加引起消费增加的比例是下降的，趋势图显示中国农民消费增长速度并没有下降，也说明了示范效应的存在。但即使在这样的情况下，城乡消费支出差距还如此的大，主要还是由于农民收入水平低和不稳定限制了农民的消费能力，使消费愿望通常不能得到满足。

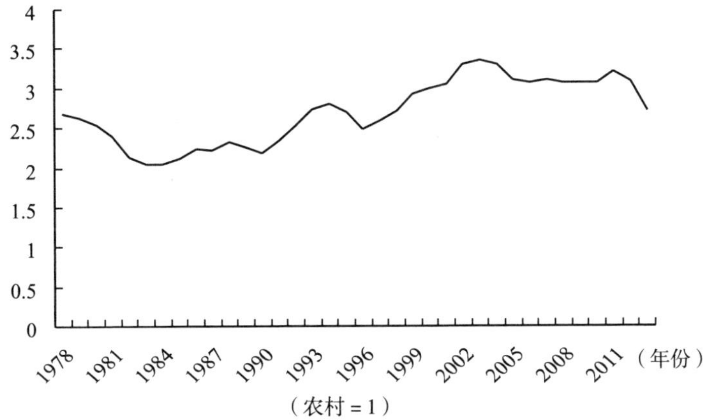

图 3－9　1978～2013 年中国城乡人均消费支出比

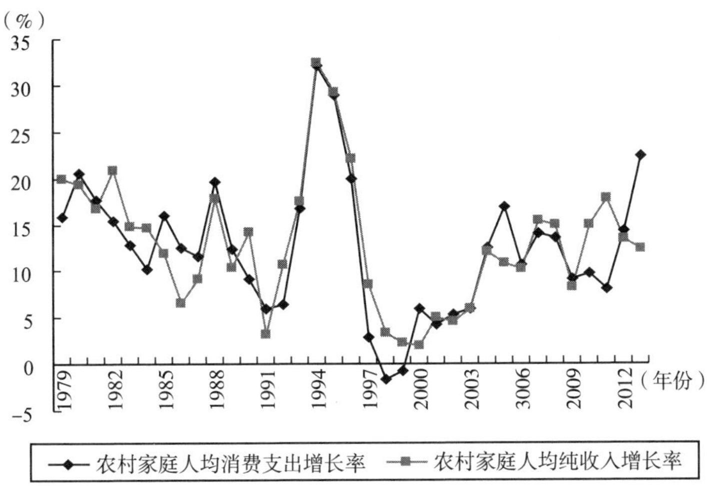

图 3－10　1979～2013 年中国农村人均消费与人均纯收入增长率比较

（二）农民收入的来源结构

从农村家庭人均纯收入的来源结构看，家庭经营一直是中国农业的主要经营方式，改革开放以前集体化过程，家庭经营曾经被集体经营所代替，但是，改革开放以后家庭经营又通过农民的自发选择重新回到了中国的农村，并且重新成为主导经营方式，而且其主体地位短期内不可能改变，在农民纯收入的四种来源中，财产性收入和转移收入占比重很小，而主要来源于家庭经营和工资性收入，从图 3－11 家庭经营和工资性收入趋势图上看，家庭经营收入依然是家庭纯收入中占比最大的部分，只是增长速度慢于工资性收入。

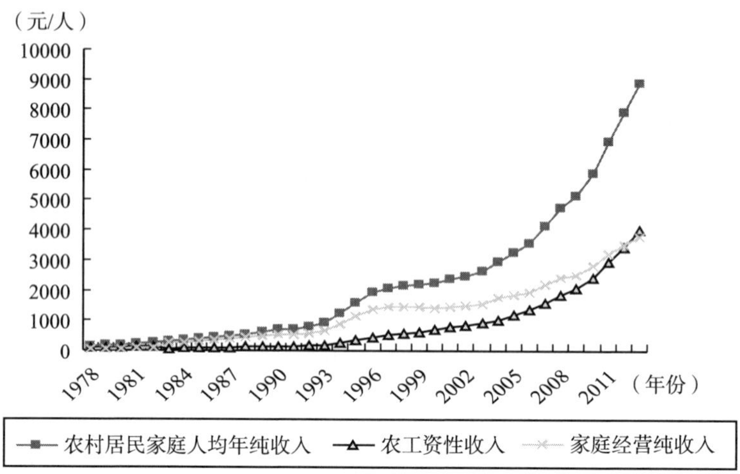

图 3－11　1978～2013 年中国农村家庭人均纯收入趋势

从图 3－12 所示的四种收入来源所占比重来看，从 1983 年以后，家庭经营收入所占比重一直在下降，而工资性收入不断上升，到 2009 年，家庭经营收入所占比重下降到 49%，工资性收入则上升到 40%，两者快要平分秋色了，2013 年工资性收入已经超过家庭经营收入。

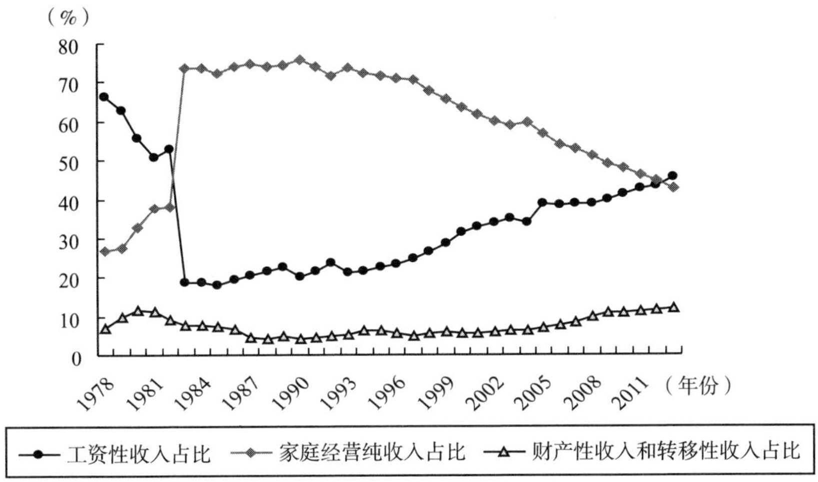

图 3－12　1978～2013 年农村家庭人均纯收入结构变化

从图 3－13 所示的四种收入来源的增长速度看，四种收入的增长方向基本是一致的，增长速度快的时候都快，慢的时候都慢，只是除了个别年份，工资性收入的增长速度都大于其他收入来源的增长速度，家庭经营收入增长最慢。

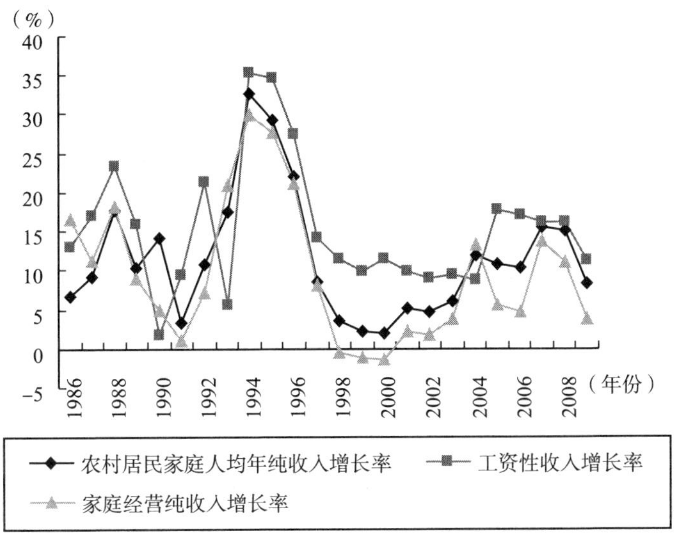

图 3－13　1986～2009 年中国农村家庭人均纯收入名义增长率

可以看出，农村人均纯收入的增长有很大是由工资性收入增长所带动的，说明工资性收入是过去更是未来农民收入提高的源泉，当然工资性收入包括两部分：一部分是企业工资收入，这是主要的部分，还有一少部分是从非企业组织获得的工资，这个比重是很低的，所以，前面的理论分析假设工资收入主要来源于企业经营。进一步说明，进入企业的劳动占农村就业人口的比重越高，农民纯收入增长越快，这是必须在同等的工资水平下才成立的，不同地区比较是不成立的，因为地区之间的工资水平不同。企业就业人口比重的提高对于提高农民收入至关重要，从另一个角度也说明，家庭经营人均纯收入还远远低于企业工资率。表 3－1 列出了四个地区 2009 年的人均收入和消费情况，也可以看出，各个地区各类收入来源中，差别最大的是工资性收入和财产收入，但财产收入的绝对值很低，所占比重很低，所以，对于地区农民收入差距造成最大影响的就是工资性收入，2009 年东部地区来源于工资性收入为人均 3543. 10 元，而西部只有人均 1233. 75 元。

表 3－1　2009 年东、中、西部及东北地区农村居民家庭基本情况　单位：元

项目	东部地区	中部地区	西部地区	东北地区
平均每人总收入	9233. 16	6350. 64	5604. 05	9336. 36
平均每人总支出	7550. 17	5428. 97	5380. 30	9250. 65
平均每人纯收入	7155. 53	4792. 75	3816. 47	5456. 59
工资性收入	3543. 10	1902. 44	1233. 75	1354. 71
家庭经营纯收入	2817. 18	2519. 46	2121. 10	3262. 31
财产性收入	305. 85	90. 62	90. 36	244. 30
转移性收入	489. 40	280. 23	371. 26	595. 27
生活消费总支出	5148. 62	3622. 00	3238. 69	4148. 30

资料来源：《中国统计年鉴》（2010 年），中国统计出版社。

（三）企业工资收入来源比较

上面分析了企业工资收入对于增加农民纯收入的重要性，但是，企业工资收入中还包括两部分，这两部分的性质非常不同，一部分是得自本地企业的工资收入，另一部分部分是去外地打工获得的收入，打工主要是在城镇的企业参加劳动，本来应该属于已经转移出去的劳动人口，或者说是城镇人口，他们的收入不应该算作农民收入，但是，正由于中国的半城市化问题严重，他们的打工收入一直作为农民收入的一部分，这样实际是降低了城乡收入差距的实际值。

图 3－14 描述了 2008 年中国 31 个省份农民家庭人均纯收入与外出从业工资收入占总工资性收入的比重的散点图，可以看出，除了山西省、云南省几个个别的省份，其他基本上表现出外出从业收入占比越大，人均纯收入水平越低，说明外出从业对于显著提高农民人均纯收入缩小差距的效果并不明显。

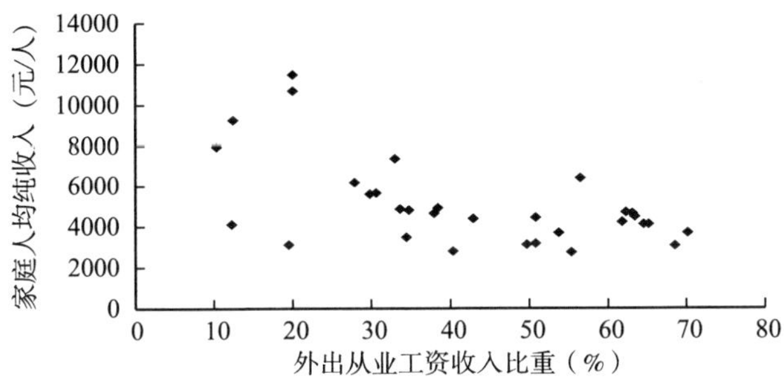

图 3－14 2008 年中国 31 个省份农村外出从业工资收入比重与人均纯收入散点图

图 3－15 描述了 2008 年中国 31 个省份农民家庭人均纯收入与本乡地域从业工资收入占总工资性收入的比重的散点图，可以看出，除了山西省、云南省几个以外，基本上表现出正相关的关系，说明本地农村企业的发展，或者说非农产业的发展有效提升了农民的人均纯收入。

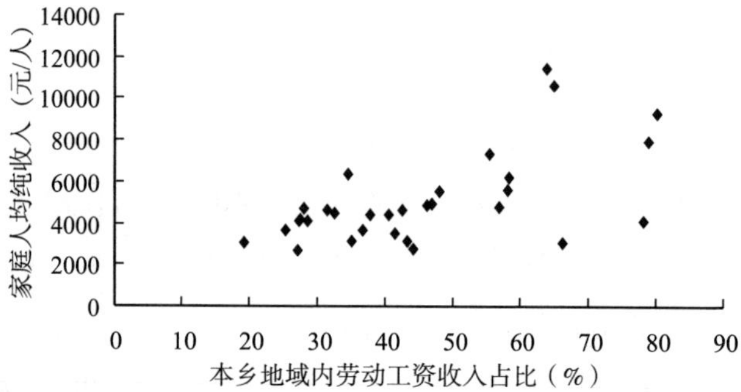

图3－15　2008年中国31个省份本乡工资收入比重与人均纯收入散点图

基本可以说明要有效地提高农民收入，靠半城市化的外出务工是不行的，主要还得依靠农村非农产业的发展，提高农村非农产业从业人口比例。

（四）农村家庭经营结构

农村住户家庭经营活动可以划分为这样一些行业：农业经营、林业经营、牧业经营、渔业经营、工业经营、建筑业经营、交通运输业邮电业经营、批发和零售贸易餐饮业经营、社会服务业经营、文教卫生业经营和其他家庭经营。家庭经营收入也可以按其来源分为这么多种类，在这里我们把家庭经营收入分为两大类：一类是经营第一产业（包括农业、林业、牧业、渔业）的收入，另一类是经营非农产业（第一产业以外的其他产业）的收入。

中国长期以来家庭经营始终以经营第一产业为主，占家庭经营收入比重都在70%以上，而家庭经营非农产业收入占比长期徘徊在20%左右，而在第一产业中长期以农业为主，农业收入占经营第一产业比重平均也在70%以上，图3－16表示了1983～2012年中国农村家庭经营收入结构趋势图，从全国范围来看多年来基本没有大的变化，可能各个地区的情况会相差比较大。

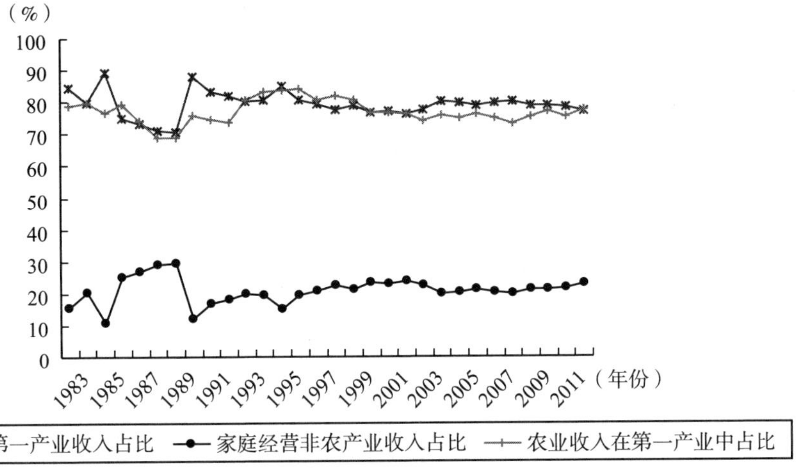

图 3-16 1983~2012 年中国农村家庭经营收入结构

家庭经营非农产业基本都是兼业经营，可以看一下兼业农户的第一产业和非农产业的投入—产出效率，图 3-17 描述了 1983~2008 年中国农村家庭经营第一产业和非农产业的投入—收入状况，可以发现，经营第一产业收入在家庭经营收入占比低于经营第一产业支出在总径庭经营支出中所占比重，而且长期都是这样，说明经营第一产业效率比较低，相反，经营非农产业收入占比长期高于支出占比，说明经营非农产业效率比较高，可惜中国农

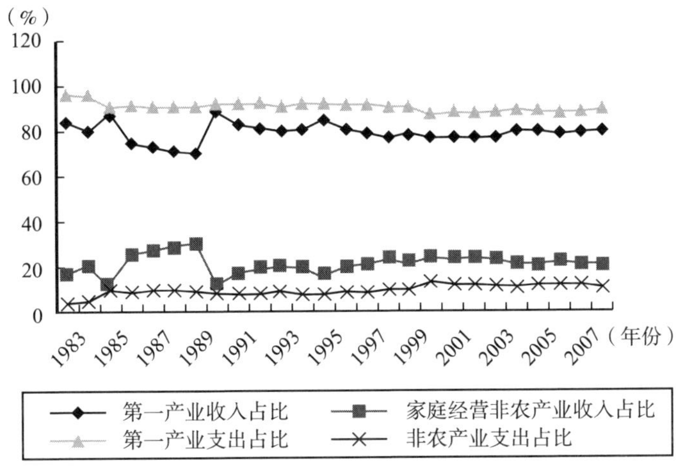

图 3-17 1983~2008 年家庭经营收入—支出比较

户经营非农产业比长期徘徊在20%左右，而且经营非农产业的支出占比更低，只占家庭经营投入的10%左右，没能有效利用兼营非农产业提高收入，可能与非农产业相对风险高有关系，在缺乏社会保障的农村，农民抵御风险的能力很弱，任何风险都有可能给他们造成灭顶之灾。

所以，提供一定的保障，鼓励农户兼业经营，多从事一些非农产业，也是提高农民收入、缓解城乡关系的一条途径，虽然所能起到的作用可能是有限的，毕竟农户的投资能力和抵御风险的能力都是有限的。

前面通过农民家庭行为的理论模型和中国改革开放以后的经验数据说明，面对相对强大的城市工商业来说，农村企业资本收益率具有外生的特点，农村企业只能在固定资本收益率条件下追求利润最大化，而要达到利润最大化，必须根据资本总量来确定雇佣劳动数量，当企业用工数量确定以后，其他的农村劳动力只能在家庭经营和转移到城镇工商业之间选择，又由于转移成本的存在和家庭经营的外延功能，农民容易接受一个低于企业工资的人均家庭经营纯收入，农民总收入水平的提高很大程度上取决于企业劳动所占比重，只有不断增加农村企业投资、扩大农村企业的资本总量，才能吸收更多的劳动力，提高人均家庭经营产出，劳动力转移到城镇对农村所产生的作用，很大程度取决于转移成本的大小，所以降低转移成本对于加快农村生产达到均衡很重要。

从消费支出上来说，农民的消费欲望并不弱，或者说其消费倾向并不低，城镇的消费方式会对农村消费产生比较强的示范效应，但是，由于农民收入水平的限制，使农民的消费意愿很难得到满足，当下重要的不是诱导农民消费，而是应该想办法增加农民收入。有效增加农民收入的途径有三个：一个是发展农村非农产业，主要是农村的企业，要引导增加农村企业的投资，尽量快速地积累企业资本，吸收农村劳动力；二是降低城乡人口转移成本，发挥城市化对于提高农民家庭经营人均纯收入的作用；三是提供保障，鼓励农户兼业经营，增加在家庭经营中非农产业的比重。当然，降低企业的资本收益率和提高农村家庭经营的技术水平从长远来看也是有效增加农民收入的途径。

附表 3－1　　农村居民家庭人均纯收入及构成　　单位：元

年份	农村居民家庭人均年纯收入	农村居民家庭人均年纯收入——工资性收入	农村居民家庭人均年纯收入——家庭经营纯收入	农村居民家庭人均年纯收入——财产性收入	农村居民家庭人均年纯收入——转移性收入
1978	133.60	88.30	35.79	—	—
1979	160.20	100.70	44.00	—	—
1980	191.30	106.40	62.55	—	—
1981	223.40	113.80	84.50	—	—
1982	270.10	142.90	102.80	—	—
1983	309.80	57.50	244.66	—	—
1984	355.30	66.50	285.44	—	—
1985	397.60	72.20	295.98	—	—
1986	423.80	81.60	345.28	—	—
1987	462.60	95.50	383.57	—	—
1988	544.90	117.80	453.40	—	—
1989	601.50	136.50	494.22	—	—
1990	686.31	138.80	518.55	28.96	28.96
1991	708.60	151.92	523.59	—	—
1992	784.00	184.38	561.57	—	—
1993	921.60	194.51	678.48	7.02	41.61
1994	1221.00	262.98	881.85	28.56	47.59
1995	1577.74	353.70	1125.79	40.98	57.27
1996	1926.10	450.84	1362.45	42.59	70.19
1997	2090.10	514.55	1472.72	23.61	79.25
1998	2162.00	573.58	1466.00	30.37	92.03
1999	2210.30	630.26	1448.36	31.55	100.17
2000	2253.42	702.30	1427.27	45.04	78.81
2001	2366.40	771.90	1459.63	46.97	87.90
2002	2475.60	840.22	1486.54	50.68	98.19
2003	2622.20	918.38	1541.28	65.75	96.83
2004	2936.40	998.46	1745.79	76.61	115.54

续表

年份	农村居民家庭人均年纯收入	农村居民家庭人均年纯收入——工资性收入	农村居民家庭人均年纯收入——家庭经营纯收入	农村居民家庭人均年纯收入——财产性收入	农村居民家庭人均年纯收入——转移性收入
2005	3254.93	1174.53	1844.53	88.45	147.42
2006	3587.00	1374.80	1930.96	100.50	180.78
2007	4140.36	1596.22	2193.67	128.22	222.25
2008	4760.62	1853.73	2435.56	148.08	323.24
2009	5153.17	2061.25	2526.78	167.20	397.95
2010	5919.01	2431.05	2832.80	202.25	452.92
2011	6977.29	2963.43	3221.98	228.57	563.32
2012	7916.58	3447.46	3533.37	249.05	686.70
2013	8895.90	4025.40	3793.20	293.00	784.30

资料来源：《中国统计年鉴》，中国统计出版社2014年版。

附表3-2　　农民纯收入结构　　单位：%

年份	工资性收入	家庭经营纯收入	财产性收入	转移性收入
1978	66.1	26.8	—	7.1
1979	62.9	27.5	—	9.7
1980	55.6	32.7	—	11.7
1981	50.9	37.8	—	11.2
1982	52.9	38.1	—	9.1
1983	18.6	73.5	—	7.9
1984	18.7	73.6	—	7.6
1985	18.1	72.2	—	7.4
1986	19.3	73.9	—	6.8
1987	20.6	74.7	—	4.7
1988	21.6	74.0	—	4.4
1989	22.7	74.4	—	5.1
1990	20.2	75.6	—	4.2

续表

年份	工资性收入	家庭经营纯收入	财产性收入	转移性收入
1991	21.4	73.9	—	4.7
1992	23.5	71.6	—	4.9
1993	21.1	73.6	0.8	4.5
1994	21.5	72.2	2.3	3.9
1995	22.4	71.4	2.6	3.6
1996	23.4	70.7	2.2	3.6
1997	24.6	70.5	1.1	3.8
1998	26.5	67.8	1.4	4.3
1999	28.5	65.5	1.4	4.5
2000	31.2	63.3	2.0	3.5
2001	32.6	61.7	2.0	3.7
2002	33.9	60.0	2.0	4.0
2003	35.0	58.8	2.5	3.7
2004	34.0	59.5	2.6	3.9
2005	38.9	56.7	2.7	4.5
2006	38.3	53.8	2.8	5.0
2007	38.6	53.0	3.1	5.4
2008	38.9	51.2	3.1	6.8
2009	40.0	49.0	3.3	7.7
2010	41.1	47.9	3.4	7.7
2011	42.5	46.2	3.3	8.1
2012	43.5	44.6	3.1	8.7
2013	45.3	42.6	3.3	8.8

资料来源：《中国统计年鉴》，中国统计出版社 2014 年版。

附表 3 – 3　中国历年农村居民纯收入增长情况统计（1978～2013 年）　单位：%

年份	扣除价格因素影响实际比上年增长（%）	年均增长率（1978 年为基年）（%）	农村居民家庭人均年纯收入指数（可比价，1978 = 100）
1978	—	—	100.0
1979	19.2	19.2	119.2
1980	16.6	17.9	139.0
1981	15.4	17.1	160.4
1982	19.9	17.8	192.3
1983	14.2	17.0	219.6
1984	13.6	16.5	249.5
1985	7.8	15.2	268.9
1986	3.2	13.6	277.6
1987	5.2	12.6	292.0
1988	6.4	12.0	310.7
1989	-1.6	10.7	305.7
1990	1.8	9.9	311.2
1991	2.0	9.3	317.4
1992	5.9	9.0	336.2
1993	3.2	8.6	346.9
1994	5.0	8.4	364.3
1995	5.3	8.2	383.6
1996	9.0	8.3	418.1
1997	4.6	8.1	437.3
1998	4.3	7.9	456.1
1999	3.8	7.7	473.5
2000	2.1	7.4	483.4
2001	4.2	7.3	503.7
2002	4.8	7.2	527.9
2003	4.3	7.1	550.6
2004	6.8	7.1	588.0

续表

年份	扣除价格因素影响实际比上年增长（%）	年均增长率（1978 年为基年）（%）	农村居民家庭人均年纯收入指数（可比价，1978 = 100）
2005	6.2	7.0	624.5
2006	7.4	7.0	670.7
2007	9.5	7.1	734.4
2008	8.0	7.1	793.2
2009	—	—	860.6
2010	—	—	954.4
2011	—	—	1063.2
2012	—	—	1176.9
2013	—	—	1286.4

资料来源：《中国统计年鉴》，中国统计出版社 2010 年版。

附表 3 - 4　　农村消费情况

年份	农村家庭平均每人年消费性支出（元）	农村家庭人均消费支出增长率（%）	城乡消费比（农村 = 1）	农村家庭人均纯收入增长率（%）
1978	116.06	—	2.68	—
1979	134.51	15.90	2.63	19.91
1980	162.21	20.59	2.54	19.41
1981	190.81	17.63	2.39	16.78
1982	220.23	15.42	2.14	20.90
1983	248.29	12.74	2.04	14.70
1984	273.80	10.27	2.04	14.69
1985	317.42	15.93	2.12	11.91
1986	356.95	12.45	2.24	6.59
1987	398.29	11.58	2.22	9.16
1988	476.66	19.68	2.32	17.79
1989	535.37	12.32	2.26	10.39
1990	584.63	9.20	2.19	14.10

续表

年份	农村家庭平均每人年消费性支出（元）	农村家庭人均消费支出增长率（%）	城乡消费比（农村=1）	农村家庭人均纯收入增长率（%）
1991	619.79	6.01	2.35	3.25
1992	659.21	6.36	2.54	10.64
1993	769.65	16.75	2.74	17.55
1994	1016.81	32.11	2.80	32.49
1995	1310.36	28.87	2.70	29.22
1996	1572.08	19.97	2.49	22.08
1997	1617.15	2.87	2.59	8.51
1998	1590.30	-1.66	2.72	3.44
1999	1577.40	-0.81	2.93	2.23
2000	1670.13	5.88	2.99	1.95
2001	1741.10	4.25	3.05	5.01
2002	1834.30	5.35	3.29	4.61
2003	1943.30	5.94	3.35	5.92
2004	2184.70	12.42	3.29	11.98
2005	2555.40	16.97	3.11	10.85
2006	2829.02	10.71	3.07	10.20
2007	3223.85	13.96	3.10	15.43
2008	3660.68	13.55	3.07	14.98
2009	3993.45	9.09	3.07	8.25
2010	4381.82	9.73	3.07	14.86
2011	4733.35	8.02	3.20	17.88
2012	5414.47	14.39	3.08	13.46
2013	6625.50	22.37	2.72	12.37

资料来源：《中国统计年鉴》，中国统计出版社2010年版。

附表 3-5　　2008 年各地区工资性收入结构　　单位：元/人、%

地区	人均纯收入	工资性收入	在非企业组织中劳动得到收入	在本乡地域内劳动得到收入	外出从业得到收入	本乡地域内劳动得到收入比重	外出从业得到收入比重
全国	4760.62	1853.7	192.3	899.4	762.1	48.52	41.11
北京	10661.92	6389.3	956.5	4154.9	1277.8	65.03	20.00
天津	7910.78	4065.0	437.2	3207.4	420.4	78.90	10.34
河北	4795.46	1979.5	163.8	1126.7	689.1	56.92	34.81
山西	4097.24	1713.6	164.2	1339.4	210.0	78.16	12.25
内蒙古	4656.18	806.5	157.2	342.7	306.6	42.49	38.02
辽宁	5576.48	2035.5	452.6	977.3	605.6	48.01	29.75
吉林	4932.74	810.2	118.4	380.3	311.5	46.94	38.45
黑龙江	4855.59	916.8	184.6	423.4	308.8	46.18	33.68
上海	11440.26	8108.3	1301.7	5187.8	1618.9	63.98	19.97
江苏	7356.47	3895.5	450.9	2157.2	1287.4	55.38	33.05
浙江	9257.93	4587.4	340.9	3677.0	569.5	80.15	12.41
安徽	4202.49	1737.8	183.0	479.5	1075.3	27.59	61.88
福建	6196.07	2421.5	335.8	1412.2	673.5	58.32	27.81
江西	4697.19	1842.4	176.8	516.4	1149.1	28.03	62.37
山东	5641.43	2263.5	255.2	1315.3	693.0	58.11	30.62
河南	4454.24	1499.9	169.0	566.9	764.0	37.80	50.94
湖北	4656.38	1742.3	94.9	548.5	1099.0	31.48	63.08
湖南	4512.46	1990.5	79.8	648.3	1262.5	32.57	63.43
广东	6399.79	3684.5	330.0	1272.7	2081.8	34.54	56.50
广西	3690.34	1283.4	121.6	471.1	690.7	36.71	53.82
海南	4389.97	808.6	133.2	327.5	347.9	40.50	43.02
重庆	4126.21	1764.6	108.0	505.6	1151.1	28.65	65.23
四川	4121.21	1620.4	129.7	444.0	1046.8	27.40	64.60
贵州	2796.93	1002.7	153.4	443.5	405.8	44.23	40.47
云南	3102.60	617.5	87.7	409.1	120.7	66.25	19.55
西藏	3175.82	759.7	105.6	267.5	386.7	35.21	50.90

续表

地区	人均纯收入	工资性收入	在非企业组织中劳动得到收入	在本乡地域内劳动得到收入	外出从业得到收入	本乡地域内劳动得到收入比重	外出从业得到收入比重
陕西	3136.46	1243.6	86.6	538.3	618.6	43.29	49.74
甘肃	2723.79	868.0	151.7	235.2	481.1	27.10	55.43
青海	3061.24	983.2	120.7	188.7	673.8	19.19	68.53
宁夏	3681.42	1260.0	57.5	318.4	884.1	25.27	70.17
新疆	3502.90	422.8	102.2	175.0	145.6	41.39	34.44

资料来源：《中国农村住户调查年鉴2009》。

附表3-6　　2009年中国各地区农村家庭纯收入　　单位：元/人

地区	纯收入	工资性收入	家庭经营纯收入	财产性收入	转移性收入
全国	5153.17	2061.25	2526.78	167.20	397.95
北京	11668.59	7326.19	1539.98	1268.61	1533.81
天津	8687.56	4408.33	3551.58	267.53	460.12
河北	5149.67	2251.01	2440.44	123.90	334.31
山西	4244.10	1789.93	1919.76	205.12	329.29
内蒙古	4937.80	900.42	3277.50	137.34	622.55
辽宁	5958.00	2239.75	3017.31	205.51	495.43
吉林	5265.91	869.02	3436.75	290.86	669.29
黑龙江	5206.76	1019.61	3326.69	241.04	619.42
上海	12482.94	8671.00	590.17	932.81	2288.96
江苏	8003.54	4238.54	2938.67	325.60	500.73
浙江	10007.31	5090.15	3869.56	487.90	559.70
安徽	4504.32	1882.42	2238.62	117.00	266.27
福建	6680.18	2678.35	3330.18	199.93	471.71
江西	5075.01	2018.98	2685.31	80.41	290.31
山东	6118.77	2496.57	3129.28	196.11	296.81
河南	4806.95	1621.75	2890.57	56.01	238.62

续表

地区	纯收入	工资性收入	家庭经营纯收入	财产性收入	转移性收入
湖北	5035.26	1900.54	2828.53	58.37	247.81
湖南	4909.04	2234.01	2257.33	81.19	336.51
广东	6906.93	4089.69	2017.39	357.66	442.19
广西	3980.44	1465.22	2228.23	41.49	245.50
海南	4744.36	972.68	3426.30	56.08	289.30
重庆	4478.35	1919.68	2111.65	67.80	379.23
四川	4462.05	1821.37	2072.88	94.75	473.05
贵州	3005.41	1074.32	1537.57	81.90	311.63
云南	3369.34	684.95	2279.02	127.52	277.85
西藏	3531.72	914.08	1956.50	148.25	512.90
陕西	3437.55	1428.46	1570.16	92.60	346.32
甘肃	2980.10	994.94	1583.23	34.06	367.87
青海	3346.15	1081.59	1666.24	117.00	481.32
宁夏	4048.33	1518.94	2111.60	63.08	354.71
新疆	3883.10	461.49	3069.57	121.26	230.77

资料来源：《中国统计年鉴》中国统计出版社2010年版。

附表3-7　　家庭经营收入结构　　单位：元、%

年份	农村居民家庭人均年纯收入——家庭经营纯收入	家庭经营第一产业收入	家庭经营非农产业收入	第一产业收入占比	家庭经营非农产业收入占比
1983	244.66	206.49	38.17	84.40	15.60
1984	285.44	227.86	57.58	79.83	20.17
1985	295.98	263.81	32.17	89.13	10.87
1986	345.28	258.90	86.38	74.98	25.02
1987	383.57	280.41	103.16	73.11	26.89
1988	453.40	322.06	131.34	71.03	28.97
1989	494.22	348.82	145.40	70.58	29.42
1990	518.55	456.04	62.51	87.95	12.05

续表

年份	农村居民家庭人均年纯收入——家庭经营纯收入	家庭经营第一产业收入	家庭经营非农产业收入	第一产业收入占比	家庭经营非农产业收入占比
1991	523.59	434.30	89.29	82.95	17.05
1992	561.57	458.27	103.30	81.61	18.39
1993	678.48	544.66	133.82	80.28	19.72
1994	881.85	711.90	169.95	80.73	19.27
1995	1125.79	956.46	169.33	84.96	15.04
1996	1362.45	1099.04	263.41	80.67	19.33
1997	1472.72	1168.08	304.64	79.31	20.69
1998	1466.00	1136.21	329.79	77.50	22.50
1999	1448.36	1138.95	309.41	78.64	21.36
2000	1427.27	1090.67	336.60	76.42	23.58
2001	1459.63	1126.55	333.08	77.18	22.82
2002	1486.54	1134.99	351.55	76.35	23.65
2003	1541.28	1195.58	345.70	77.57	22.43
2004	1745.79	1398.05	347.74	80.08	19.92
2005	1844.53	1469.60	374.93	79.67	20.33
2006	1930.96	1521.30	409.66	78.78	21.22
2007	2193.67	1745.12	448.55	79.55	20.45
2008	2435.56	1945.85	489.71	79.89	20.11
2009	2526.78	1988.17	538.61	78.68	21.32
2010	2832.80	2231.01	601.79	78.76	21.24
2011	3221.98	2519.91	702.07	78.21	21.79
2012	3533.37	2722.20	811.17	77.04	22.96

资料来源：《中国统计年鉴》，中国统计出版社 2013 年版。

附表 3 -8　　家庭经营费用支出结构　　单位：元/人、%

年份	家庭经营费用支出	第一产业支出	农业支出	非农产业支出	第一产业支出占比	非农产业占比	农业支出占第一产业比重
1978	16.8	14.6	1.6	2.2	86.90	13.10	10.96
1979	19.4	18.0	3.0	1.4	92.78	7.22	16.67
1980	25.3	23.6	5.9	1.7	93.28	6.72	25.00
1981	30.1	27.8	8.2	2.3	92.36	7.64	29.50
1982	35.6	33.3	7.8	2.3	93.54	6.46	23.42
1983	80.3	77.7	47.5	2.6	96.76	3.24	61.13
1984	95.7	92.0	56.7	3.7	96.13	3.87	61.63
1985	121.4	110.7	59.5	10.7	91.19	8.81	53.75
1986	132.7	121.3	67.8	11.4	91.41	8.59	55.89
1987	150.6	137.1	79.7	13.5	91.04	8.96	58.13
1988	194.6	176.8	96.1	17.8	90.85	9.15	54.36
1989	221.9	202.6	117.0	19.3	91.30	8.70	57.75
1990	241.1	223.4	130.4	17.7	92.66	7.34	58.37
1991	267.3	246.8	142.9	20.5	92.33	7.67	57.90
1992	292.3	269.6	151.0	22.7	92.23	7.77	56.01
1993	330.0	299.3	165.3	30.7	90.70	9.30	55.23
1994	458.6	423.6	229.9	35.0	92.37	7.63	54.27
1995	621.7	575.6	321.5	46.1	92.58	7.42	55.85
1996	709.4	650.0	378.2	59.4	91.63	8.37	58.18
1997	706.3	646.3	348.9	60.0	91.51	8.49	53.98
1998	652.5	589.6	317.6	62.9	90.36	9.64	53.87
1999	599.7	544.7	304.1	55.0	90.83	9.17	55.83
2000	654.3	571.7	315.8	82.6	87.38	12.62	55.24
2001	696.0	612.7	325.5	83.3	88.03	11.97	53.13
2002	731.0	643.5	336.6	87.5	88.03	11.97	52.31
2003	755.4	667.6	347.6	87.8	88.38	11.62	52.07
2004	923.9	829.2	435.0	94.7	89.75	10.25	52.46

续表

年份	家庭经营费用支出	第一产业支出	农业支出	非农产业支出	第一产业支出占比	非农产业占比	农业支出占第一产业比重
2005	1189. 7	1058. 3	540. 9	131. 4	88. 96	11. 04	51. 11
2006	1242. 3	1093. 5	598. 9	148. 8	88. 02	11. 98	54. 77
2007	1432. 7	1270. 5	674. 6	162. 2	88. 68	11. 32	53. 10
2008	1704. 5	1531. 5	798. 3	173. 0	89. 85	10. 15	52. 13

资料来源：《中国农村住户调查年鉴2009》。

附表3－9　　家庭经营第一产业收入结构　　单位：元、%

年份	农村居民家庭人均年纯收入的家庭经营农业收入	农村居民家庭人均年纯收入的家庭经营林业收入	农村居民家庭人均年纯收入——牧业收入	农村居民家庭人均年纯收入的家庭经营渔业收入	家庭经营第一产业收入	农业收入在第一产业中占比
1983	162. 67	3. 76	38. 81	1. 25	206. 49	78. 78
1984	181. 86	4. 81	39. 55	1. 64	227. 86	79. 81
1985	202. 10	6. 16	51. 96	3. 59	263. 81	76. 61
1986	205. 03	5. 87	43. 28	4. 72	258. 90	79. 19
1987	207. 80	6. 57	60. 48	5. 56	280. 41	74. 11
1988	222. 16	7. 75	84. 37	7. 78	322. 06	68. 98
1989	240. 19	8. 13	93. 15	7. 35	348. 82	68. 86
1990	344. 59	7. 53	96. 81	7. 11	456. 04	75. 56
1991	323. 53	8. 48	94. 10	8. 19	434. 30	74. 49
1992	337. 91	9. 60	101. 90	8. 86	458. 27	73. 74
1993	438. 48	12. 63	84. 39	9. 16	544. 66	80. 51
1994	590. 42	12. 90	97. 62	10. 96	711. 90	82. 94
1995	799. 44	13. 52	127. 81	15. 69	956. 46	83. 58
1996	924. 40	16. 13	141. 01	17. 50	1099. 04	84. 11
1997	943. 01	19. 37	184. 72	20. 98	1168. 08	80. 73
1998	927. 25	18. 67	167. 85	22. 44	1136. 21	81. 61
1999	918. 27	21. 58	174. 30	24. 80	1138. 95	80. 62

续表

年份	农村居民家庭人均年纯收入的家庭经营农业收入	农村居民家庭人均年纯收入的家庭经营林业收入	农村居民家庭人均年纯收入——牧业收入	农村居民家庭人均年纯收入的家庭经营渔业收入	家庭经营第一产业收入	农业收入在第一产业中占比
2000	833.93	22.44	207.35	26.95	1090.67	76.46
2001	863.62	22.10	211.96	28.87	1126.55	76.66
2002	866.67	25.53	210.62	32.17	1134.99	76.36
2003	885.70	29.28	245.68	34.92	1195.58	74.08
2004	1056.50	34.13	271.08	36.34	1398.05	75.57
2005	1097.71	45.77	283.60	42.52	1469.60	74.69
2006	1159.56	54.97	265.58	41.19	1521.30	76.22
2007	1303.76	59.19	335.06	47.11	1745.12	74.71
2008	1426.96	66.18	397.52	55.19	1945.85	73.33
2009	1497.93	69.63	360.36	60.25	1988.17	75.34
2010	1723.49	87.68	355.56	64.28	2231.01	77.25
2011	1896.67	99.49	462.54	61.21	2519.91	75.27
2012	2106.83	103.75	440.97	70.65	2722.20	77.39

资料来源：《中国统计年鉴》，中国统计出版社 2013 年版。

第四章　城乡劳动力流动机理与整合机制

劳动力在部门间的充分流动是实现要素合理配置和形成良好城乡互动关系的关键。新中国成立初期为优先发展重工业所实行的户籍制度和制定的一系列城市偏向政策造成了严重的城乡分割局面，农村剩余劳动力的流动一再受到各种限制。随着统筹城乡发展战略的提出，政府逐渐放松对劳动力流动的限制，但户籍制度惯性的影响以及劳动力就业歧视的现象仍然存在。此外，随着大量的农村劳动力进入城镇务工，导致农村由于缺人而发展缓慢，城乡差距不断扩大，乡村振兴的道路充满挑战。分析劳动力流动的原因和影响以及构建劳动力流动模型的研究已有很多，本章在微观基础上，分析劳动力的流动机理，并通过构建城镇正规部门、城镇非正规部门、农村农业部门以及农村非农业部门四部门劳动力流动模型实现劳动力的整合，为统筹城乡发展和实现乡村振兴提供理论基础。

一、城乡劳动力配置现状

新中国成立后，为了优先发展重工业，中国政府采取了一系列限制劳动力流动的政策，其中，户籍制度造成的城乡分割局面至今仍没有得到彻底的改变。改革开放后，中国劳动力流动经历了几个阶段。改革开放初期，依然实行之前严格的户籍制度和就业制度，劳动力流动受到限制。1984 年中共中央规定：允许农民自带口粮到城镇落户经商。1984～1988年，这一阶段放松了对劳动力流动的严格控制。1989年国务院办公厅发布《关于严格控制民工外出的紧急通知》是对前一阶段政策的微调。前一阶段放松劳动力流动的限制后，大量农村劳动力外出打工，给流入地带来很多压力，为缓解大量劳动力流入对地区发展的恶性影响，政府出台文件规范农村劳动力的流动，严格控制劳动力的盲目流动。1992年以后，关于劳动力流动的文件主要是规范劳动力有序流动，在流入地和流出地都形成良好的秩序。2000年以后，为了改善由于历史上户籍制度以及城市偏向政策因素造成的城乡差距不断扩大的局面，提出重视小城镇的建设、统筹城乡发展等，逐渐打破户籍制度的限制，引导劳动力合理流动，同时也不断加强对劳动力合法权益的保护以及给劳动力提供相应的保障等。

（一）四部门劳动力分布

本章将劳动力就业分为四个部门，分别是城镇正规部门、非正规部门、农村非农产业和农业。城镇正规部门包括国有单位、集体单位、股份合作单位、联营单位、有限责任公司、股份有限公司、港澳台商投资单位、外商投资单位；城镇非正规部门包括私营企业（城镇）和个体（城镇）；农村非农业部门包括私营企业（农村）和个体（农村）；农村农业部门主要是从事农业经营的劳动力。

图4－1选取1990～2016年的劳动力就业情况绘制了柱状图。由于1990年前后的统计口径发生了变化，因此只选取了1990年后的各部门数据。从图4－1中可以看出，1990～2016年，农业部门从业劳动力占所有劳动力总数的比例不断减少，城镇正规部门和非正规部门以及农村非农业部门劳动力占比不断增加，表明农村农业部门的劳动力不断向非农业部门和城镇非正规部门转移，有些农村人口通过获得学历提升自身素质的方式进入城镇正规部门内。此外，在私营企业从事工作的劳动力越来越多，表明随着经济的发展，人们的就业观念发生变化，不再刻意追求“铁饭碗”的工作，越来越多的劳动力选择更能灵活适应市场的私营企业或者进行个体经营或做自由职

业者。随着经济的发展，有更多非正规部门的职业可供劳动力选择。

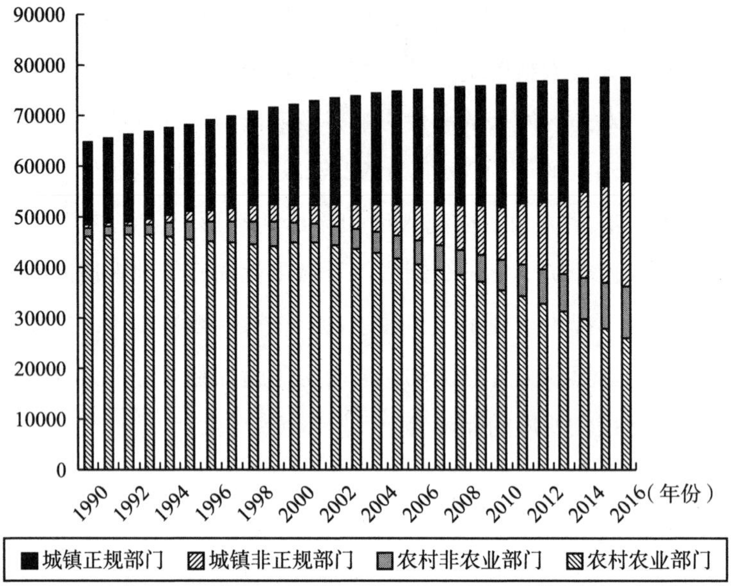

图4－1　1990～2016年四部门劳动力就业人数

资料来源：根据《中国统计年鉴》数据整理绘制。

1990年，全国96.48%劳动力集中在城镇正规部门内和农村农业部门，其中从事农业生产的劳动力占比为71.20%，不论城镇还是乡村的私营企业和个体经营的劳动力都较少；到2016年，26.70%的劳动力在城镇正规部门工作，26.69%的劳动力从事城镇私营企业或个体经营，在农业部门工作的劳动力占比为33.54%，在城镇正规部门和在城镇非正规部门劳动力就业的比例接近，在这几十年间从事农业的劳动力减少近一半，此外，随着对农村建设的逐渐重视，农村非农产业不断发展，从1990年农村非农部门就业劳动力占就业劳动力总数的2.48%上升到2016年的13.08%，但可以看出，农村非农部门劳动力就业占比仍然较低。

（二）城乡劳动力收入

就四部门来看城镇正规部门的人均工资收入远远高于城镇非正规部门，

而且差距一直在拉大，如图4－2所示，农村包括的农业就业和非农就业，由于收入上不容易区分，但总的农村人均劳动性收入（劳动力从事家庭经营和工资的收入）等更是远远低于城镇部门（见表4－1）。

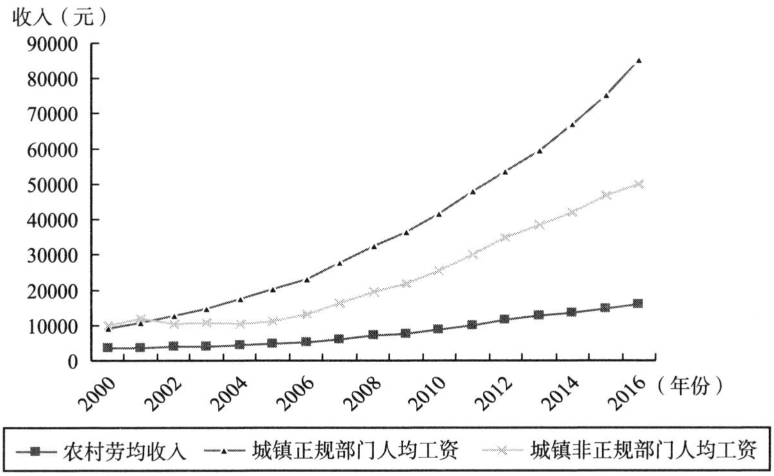

图4－2　城乡工资收入趋势

表4－1　　2000～2016年城乡部门劳动力工资收入　　单位：元

年份	农村劳均收入	城镇正规部门人均工资	城镇非正规部门人均工资
2000	3517	9237	9888
2001	3648	10646	11888
2002	3784	12767	10444
2003	3978	14731	10670
2004	4423	17366	10211
2005	4867	20162	11230
2006	5332	23190	13262
2007	6107	27609	16280
2008	6949	32376	19591
2009	7441	36658	21633
2010	8530	41464	25253

续表

年份	农村劳均收入	城镇正规部门人均工资	城镇非正规部门人均工资
2011	10025	47843	29961
2012	11319	53437	34694
2013	12707	59428	38306
2014	13678	66983	42224
2015	14832	75389	46945
2016	15916	85372	49759

资料来源:《2017 年中国统计年鉴》，劳动力劳均收入是将农村人均工资收入和人均家庭经营收入相加，乘以农村人口数，再除以农村从业人数所得。

(三)城乡劳动力素质

城乡劳动力素质差别很大，根据表 4－2 可以看出，城镇劳动力的受教育水平比农村劳动力受教育水平高约 1.2～1.4 倍，随着时间的推移，城乡受教育差距逐渐拉大；而在劳动力流动过程中，农村的优质劳动力不断流失，进入城镇非正规部门的劳动力的受教育水平比农村劳动力的受教育水平高约 1.2 倍。农村劳动力性别比接近 1，说明农村男女劳动参与率接近，而城镇男性劳动力参与率高于女性参与率；从进城农民工的性别比可以看出，进城打工的劳动力以男性居多。

表 4－2　　城乡劳动力受教育年限

年份	劳动力受教育年限			劳动力性别比（女性为 1）		
	农村劳动力受教育水平	城镇就业人口受教育水平	进城农民工	农村劳动力	城市劳动力	进城农民工
2001	6.9	8.0	9.5	1.05	1.64	1.43
2002	6.9	8.2	9.5	1.05	1.65	1.50
2003	7.0	8.5	9.5	1.05	1.64	1.56
2004	7.1	8.6	9.6	1.04	1.62	1.63

续表

年份	劳动力受教育年限			劳动力性别比（女性为1）		
	农村劳动力受教育水平	城镇就业人口受教育水平	进城农民工	农村劳动力	城市劳动力	进城农民工
2005	6.9	9.9	9.6	1.00	1.64	1.69
2006	7.1	10.0	9.6	1.01	1.63	1.75
2007	7.2	10.0	9.6	1.02	1.65	1.82
2008	7.4	10.0	9.6	1.02	1.66	1.88
2009	7.5	10.1	9.7	1.02	1.69	1.87
2010	7.7	10.6	9.6	1.03	1.69	2.06
2011	7.7	11.2	9.7	1.05	1.75	2.13
2012	7.7	11.2	9.7	1.05	1.79	2.17
2013	7.8	11.2	9.7	1.05	1.86	2.20
2014	7.8	11.4	9.7	1.06	1.79	2.23
2015	7.8	11.6	9.9	1.04	1.77	2.21

资料来源：2001～2015年乡村劳动人口和进城农民工的受教育水平、性别比的数据来自：匡远凤《选择性转移、人力资本不均等与城乡收入差距》；2004～2015年城镇就业人员的各项数据根据匡远凤的算法，结合《中国人口和就业统计年鉴》的数据计算得出；2001～2004年城镇就业人员的各项数据根据趋势外推法得到。

通过1990～2016年劳动力在城乡四部门间就业的数据可以看出，农村非农业部门占比较小，农村劳动力选择外出城镇非正规部门打工造成劳动力流失；近几年，城乡收入差距在不断扩大，城镇正规部门的收入远高于其他三个部门，导致农村劳动力希望通过受教育提高自身素质以进入城镇正规部门，长此以往，农村不仅损失有用劳动力，还会损失大量资本；此外，流入城镇的劳动力受教育水平高，且男性居多，而留在农村的劳动力生产率较低，农村出现“空心化”的现象。

二、四部门劳动力流动模型

本部分将城乡所有企业分为四大部门来讨论劳动力的流动。农村两部门分别为农业部门和非农业部门。其中，农业部门以家庭农场经营为主，农业生产受到土地和自然气候的制约，土壤肥力及自然气候好时，农产品产量高收成好；遇到自然灾害时期，农产品产量大幅下降，此时会产生大量的农业剩余劳动力，此部分劳动力数量超过农村非农部门的就业吸纳量，因而选择进入城镇非正规部门打工；此外，由于中国农村人多地少的现状，也促使农业剩余劳动力流向城镇。综合以上情况得出，农业部门的劳动力流动性较强。非农部门主要是农村企业，进行非农生产。非农部门根据资本规模，结合劳动力的边际生产率雇佣劳动力，在资本规模既定的情况下，劳动力的雇佣数量有限；此外，非农部门雇佣劳动力时有合同约束，因此非农部门的劳动力流动性相较于农业部门弱。

城镇所有的企业分为正规部门和非正规部门。正规部门对劳动力素质要求较高，学历文凭以及各类资格证是进入正规部门的必备条件之一，因而进入“门槛”较高；城镇正规部门的工资较高，有比较完善的社会保障制度，企业员工享受较好的福利待遇，劳动力的权益受到劳动法保护，因此，正规部门的劳动力流动性弱。相比之下，非正规部门的进入“门槛”低，只对劳动力的身体健康状况有一定的要求，而学历等劳动力的其他方面素质不作为进入城镇非正规部门的必备条件；非正规部门和劳动力之间一般签订短期合同，对劳动力的长期约束力不强；此外，非正规部门的社会保障制度不完善，劳动力得到的福利待遇少，因而非正规部门的流动性较强。

农村非农业部门劳动力流向城镇非正规部门受到转移成本的限制，城镇非正规部门劳动力流动到农村非农业部门或者农业部门可能是因为城镇就业压力增大或生活成本提高。农村农业部门劳动力转移到城镇非正规部门的主要原因是，农业部门收入远低于非农业部门的工资，且非农业部门在资本规模既定的情况下雇佣劳动力数量一定，对农业剩余劳动力的容纳量有限，此时农业部门的劳动力属于被迫转移；当城镇非正规部门不能容纳更多劳动力时，部分劳动力又回到农村进行农场经营。非农业部门及非正规部门劳动力向正规部门转移通常需要学历等劳动力各方面素质能力的支撑，劳动力转移难度较大，流动性弱。具体见图 4 - 3。

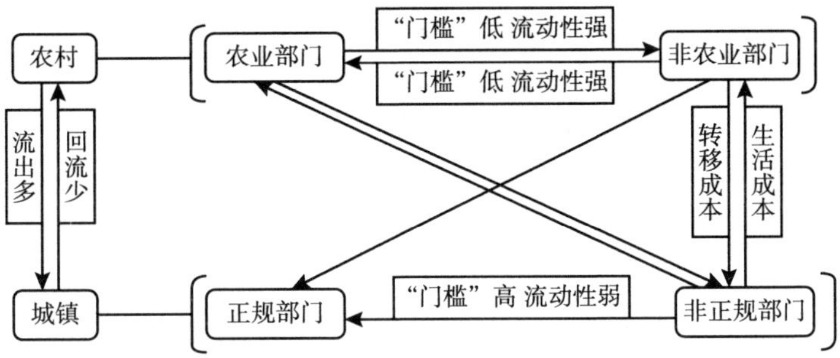

图4－3　四部门劳动力流动

（一）农村两部门劳动力流动模型

依附自然的农村小农经济可看作是小型开放国家，被动接受由城市经济决定的资本收益率 r。农村家庭收入来源主要有三种途径：一是在农村企业工作获得工资，农村企业按照固定资本收益率下企业利润最大化原则雇佣劳动力；二是从事家庭经营获得收入，家庭经营主要以家庭农业经营为主，兼少量非农业务经营。家庭经营的主要目标是吸纳剩余劳动力，本质是自我雇佣。因此，家庭人均纯收入可能小于农村企业的工资，致使这些劳动力有向城市流动的动因；三是资产的利息收益。假设一个不断扩展的典型农村家庭，且代际间的传递和资产的转移是无限的。家庭人口的变化由两个因素决定：一是出生率和死亡率决定的人口自然增长率 n，二是农村向城镇人口转移率 m。由此，农村家庭人口变化率为（n－m）。

1. 资产积累方程

假设转移到城镇的人口的收入不再算作农村家庭的收入。假设所有的农村家庭人口为劳动力，t 期在农村企业工作的劳动力为 $L_g(t)$，从事家庭生产的劳动力为 $L_n(t)$。用 h 表示从事农村企业工作人员数占家庭人员的比重。t 期农村劳动力总量表示为：

$$L(t) = L_g(t) + L_n(t) \tag{4-1}$$

用 A 表示家庭资产，人均资产为 $a(t) = A(t)/L(t)$。从事农村企业生产

的人均工资为 w_g，则工资总额为 w_gL_g。家庭经营纯收入为 $\prod_n$。所有家庭收入支出分为两部分：一是家庭消费 C，人均消费为 $c(t)=C(t)/L(t)$；二是转移到城镇的人口用去的转移成本 D，人均转移成本为 $d(t)=\frac{D(t)}{m \cdot L(t)}$。农村家庭资本积累方程表示为：

$$\dot{A} = w_gL_g + \prod_n + rA - C - D \tag{4-2}$$

农村家庭人均资本积累方程表示为：

$$\dot{a} = hw_g + (1-h)\pi_n + [r-(n-m)]a - c - md \tag{4-3}$$

其中，$\pi = \prod_n / L_n$，表示农户家庭经营的人均纯收入。式（4-2）和式（4-3）省略了时间下标。式（4-3）表明在从事农村企业工作的劳动力比例 h 一定的情况下，农村家庭人均资本积累随工资和家庭经营收入的增加而增加；人均资本积累与家庭人口变化率呈反向变化；随着人均消费和转移成本的上升，人均资本积累减少。

2. 农村两种生产函数分析

（1）农村企业生产函数分析。

农村企业不同于城镇企业，主要以非农产业为主。企业投入资本和劳动力进行生产，其中使用资本需要支付利息，给劳动力支付工资，此外存在资本折旧。由于资本收益率外生决定，可以看作是固定不变的。企业的目标是在固定资本收益率下实现利润最大化。企业的生产函数为：

$$Y_g = F(K_g,\ L_g) \tag{4-4}$$

Y_g 表示农村企业的总产出流量，K_g 表示企业生产投入的资本，L_g 表示企业生产投入的劳动力。假设生产函数 F（·）满足新古典生产函数的一切假定，即生产函数规模报酬不变，且边际产品不断递减。人均生产函数表示为：

$$y_g = f(k_g) \tag{4-5}$$

其中，y_g 为人均产出流量，人均资本 $k_g = K_g/L_g$。企业利润可表示为：

$$\prod_g = F_g(K_g, L_g) - \delta K_g - rK_g - w_g L_g \tag{4-6}$$

其中，δ 为资本折旧率，r 为资本利息率，w_g 为在企业工作的劳动力工资。企业人均利润为：

$$\pi_g = f(k_g) - \delta k_g - rk_g - w_g \tag{4-7}$$

根据企业利润最大化条件$\frac{\partial \pi_n}{\partial k_g} = 0$，得出：$f'(k_g^*) = \delta + r$　　(4-8)

k_g^* 为企业利润达到最大时的人均资本量，由于 r 是外生的，且假设资本折旧率固定，因此，在企业生产函数不变时，企业在 $k_g = k_g^*$ 的条件下雇佣劳动力，也决定了就业劳动力数量只有在资本规模扩大的情况下才会增加。劳动力的增加速率与资本规模扩大速率一致。

在完全竞争市场中，企业达到均衡时利润为0，由此可得出：

$$w_g = f(k_g^*) - (\delta + r)k_g^* \tag{4-9}$$

在既定人均资本规模 k_g^* 下，企业按照利润最大化原则进行劳动力的雇佣。在资本收益率和工资率既定的情况下，未被企业雇佣的劳动力进行家庭经营或者转移到城镇。

（2）农村家庭经营分析。

农村家庭经营以农业为主，兼营少量非农业务。其主要目的是吸收未被企业雇佣的剩余劳动力。家庭生产经营相对农村企业在时间上更加灵活自由，对劳动力自身素质要求不如企业严格，且家庭经营收入受自然影响较大。家庭经营主要投入要素是劳动力和土地，土地要素有不同于资本和劳动力的特殊性，其供给量相对固定。此外，根据一系列中国的土地制度和土地政策，农用地不能转作建设用地等，可以保障外出到城镇打工的劳动力在城镇就业形势严峻的情况下，回到农村继续进行家庭农场经营，因此，农村的土地在一定程度上起到了减小风险和社会保障的作用。

家庭经营的生产函数为：$Y_n = G(\overline{K}, L_n)$　　(4-10)

家庭经营产出总流量为 Y_n，$\overline{K}$ 为固定的农村家庭经营资本，L_n 为家庭经营的劳动力投入量。G(·) 满足新古典企业特性。家庭收入表示为：

$$\prod_n = G(\overline{K}, L_n) - \delta\overline{K} - r\overline{K} \tag{4-11}$$

人均纯收入表示为：

$$\pi_n = \frac{G(\overline{K},\ L_n)}{L_n} - (\delta + r) \cdot \frac{\overline{K}}{L_n} \tag{4-12}$$

由于土地这一生产要素的特殊性，最初随着劳动力投入的增加，劳动力的边际产量增加，在投入劳动力达到一定程度，劳动力和土地的比例发生变化，进入边际产品递减阶段，此时家庭经营的人均纯收入递减。此时，如果农村企业扩大资本总量，可雇佣更多劳动力或者随着劳动力向城镇的转移，家庭经营的劳动力减少到边际产品为 0 的时候，家庭经营纯收入可以实现再度上升。

当农村企业工资与家庭经营纯收入相等时，实现劳动力流动的均衡，由以上模型推导可以得出，劳动力流动均衡在短期内很难实现，受到人均资本量和转移成本的双重制约。

3. 稳态分析

把家庭人均资本流量和人均工资和人均纯收入结合在一起，分析竞争性市场的情形。由上述分析可得出：

$$\dot{a} = h[f(k_g^*) - (r+\delta)k_g^*] + (1-h)\left[\frac{G(\overline{k},\ L_n)}{L_n} - (r+\delta)\frac{\overline{K}}{L_n}\right] + [r-(n-m)]a - c - md \tag{4-13}$$

人均资产的增长率为：

$$\gamma = \frac{\dot{a}}{a} = \frac{h}{a}[f(k_g^*) - (r+\delta)k_g^*] + \frac{(1-h)}{a}\left[\frac{G(\overline{k},\ L_n)}{L_n} - (r+\delta)\frac{\overline{K}}{L_n}\right] + [r-(n-m)] - \frac{c+md}{a} \tag{4-14}$$

由上式可知，当农村劳动力流动没有达到均衡时，由于$\frac{G(\overline{k},\ L_n)}{L_n} - (r+\delta)\frac{\overline{K}}{L_n} < f(k_g^*) - (r+\delta)k_g^*$，在同等人均资产的情况下，劳动力在农村企业中占的比例 h 与人均资产积累同向，即其他条件不变的情况下，在企业中工作的劳动力比例越大，人均资产增长率越快；人均资产增长率随着转移成本

的上升以及转移速率加快而下降。

当农村两部门劳动力流动达到均衡时，即通过劳动力的部门间流动和向城镇转移，农村两部门的工资率相等，即$\frac{G(\bar{k},\ L_n)}{L_n}-(r+\delta)\frac{\bar{K}}{L_n}=f(k_g^*)-(r+\delta)k_g^*=w_g$，则有：

$$\gamma=\frac{w_g-c-md}{a}+r-(n-m) \quad (4-15)$$

人均资产增长率达到稳态时，即 $\gamma=0$，假设人口自然增长率 $n=0$，可得出：

$$\dot{m}=\frac{w_g+ra-c}{d-a} \quad (4-16)$$

其中，$\dot{m}$ 表示人口转移率，$\dot{m}$ 与转移成本和人均消费反方向变化，与工资率和资产积累呈同方向变化。农村企业工资高会促使劳动力被迫向城镇转移，但会受到转移成本的制约，若资产积累较多，可以部分抵消转移成本制约的影响，促进劳动力向城镇转移，这时的转移可以理解为农村劳动力为追求城镇的基础设施和生活便利的主动转移。

（二）三部门劳动力流动模型

三部门劳动力流动模型在农村农业部门（家庭经营）和非农业部门（农村企业）的基础上加入城市非正规部门。农村从事家庭经营的劳动力在纯收入远小于农村企业工资的情况下，会向城镇非正规部门转移。在三部门劳动力流动模型构建中纳入城镇非正规部门进行分析，涉及城镇和农村两大区域。假设资本可以在农村和城镇间自由流动，资本收益率 r 外生且给定。

与两部门劳动力流动模型一致，农村家庭收入来源主要有四种途径：一是在农村企业工作获得工资，农村企业按照固定资本收益率下企业利润最大化原则雇佣劳动力；二是从事家庭经营获得收入，家庭经营主要以家庭农业经营为主，兼少量非农业务经营。家庭经营的主要目标是吸纳剩余劳动力，本质是自我雇佣。因此，家庭人均纯收入可能小于农村企业的工资，致使这些劳动力有向城市流动的动因；三是资产的利息收益；四是转移到城镇的劳动力进入城镇非正规部门，城镇非正规部门根据资本规模，在利润最大化原则下雇佣劳动力，支付给劳动力工资。由于中国曾经实行的严格的户籍制度造成城乡分割和农村劳动力就业歧视的制度惯性短期内难以消除，进入城镇非正规部门的劳动力工资会有一定程度的折扣，这一折扣用户籍折扣系数 b 表示，进入城镇非正规部门劳动力的工资为 $(1-b)w_j$。

此外，假设一个不断扩展的典型农村家庭，且代际间的传递和资产的转移是无限的。家庭人口的变化由两个因素决定：一是出生率和死亡率决定的人口自然增长率 n，二是农村向城镇人口转移率 m，转移人口均进入城镇非正规部门，由此，农村家庭人口变化率为 $(n-m)$。

1. 资产积累方程

假设所有的农村家庭人口为劳动力，t 期在农村企业工作的劳动力为 $L_g(t)$，从事家庭生产的劳动力为 $L_n(t)$。用 h 表示从事农村企业工作人员数占家庭人员的比重。t 期农村劳动力总量表示为：

$$L(t)=L_g(t)+L_n(t) \tag{4-17}$$

由上述假设，农村转移到城镇的劳动力全部进入城镇非正规部门，则城镇非正规部门劳动力为 $L_j(t)=m\cdot L(t)=m\cdot[L_n(t)+L_g(t)]$。用 A 表示家庭资产，人均资产为 $a(t)=A(t)/L(t)$。从事农村企业生产的人均工资为 w_g，则工资总额为 w_gL_g。家庭经营纯收入为 $\prod_n$。在城镇非正规部门的人均工资为 $(1-b)w_j$，相应的工资总额为 $(1-b)w_jL_j$。所有家庭收入支出分为三部分：一是家庭消费 C，人均消费为 $c(t)=C(t)/L(t)$；二是转移到城镇的人口用去的转移成本 D，人均转移成本为 $d(t)=\frac{D(t)}{m\cdot L(t)}$；三是家庭教育支出 E，人均教育支出为 $e(t)=\frac{E(t)}{m\cdot L(t)}$，农村家庭资本积累方程表示为：

$$\dot{A}=w_gL_g+\prod_n+(1-b)w_jL_j+rA-C-D-E \tag{4-18}$$

农村家庭人均资本积累方程表示为：

$$\dot{a} = hw_g + (1-h)\pi_n + (1-b)mw_j + (r-n)a - c - md - me \qquad (4-19)$$

其中，$\pi = \prod_n / L_n$，表示农户家庭经营的人均纯收入。式（4－18）和式（4－19）省略了时间下标。式（4－19）表明在从事农村企业工作的劳动力比例 h 和劳动力转移率 m 一定的情况下，农村家庭人均资本积累随工资和家庭经营收入以及城镇非正规部门工资的增加而增加；人均资本积累与人口自然增长率呈反向变化；随着人均消费、转移成本以及教育支出的上升，人均资本积累减少。

2. 劳动力生产函数分析

（1）农村企业生产函数分析。

三部门劳动力流动模型中关于农村企业的假设同两部门劳动力流动模型一致，农村企业不同于城镇企业，主要以非农产业为主。企业投入资本和劳动力进行生产，其中使用资本需要支付利息，给劳动力支付工资，此外存在资本折旧。由于资本收益率外生决定，可以看作是固定不变的。企业的目标是在固定资本收益率下实现利润最大化。企业的生产函数为：

$$Y_g = F(K_g, L_g) \qquad (4-20)$$

Y_g 表示农村企业的总产出流量，K_g 表示企业生产投入的资本，L_g 表示农村企业生产投入的劳动力。同样假设生产函数 F（·）满足新古典生产函数的一切假定，即生产函数规模报酬不变，且边际产品不断递减。人均生产函数表示为：

$$y_g = f(k_g) \qquad (4-21)$$

其中，y_g 为人均产出流量，人均资本 $k_g = K_g/L_g$。企业利润可表示为：

$$\prod_g = F_g(K_g, L_g) - \delta K_g - rK_g - w_g L_g \qquad (4-22)$$

其中，δ 为资本折旧率，r 为资本利息率，w_g 为在企业工作的劳动力工资。企业人均利润为：

$$\pi_g = f(k_g) - \delta k_g - rk_g - w_g \qquad (4-23)$$

根据企业利润最大化条件$\frac{\partial \pi_n}{\partial k_g} = 0$，得出：$f'(k_g^*) = \delta + r$　　　　(4－24)

k_g^* 为企业利润达到最大时的人均资本量，由于 r 是外生的，且假设资本折旧率固定，因此，在企业生产函数不变时，企业在 $k_g = k_g^*$ 的条件下雇佣劳动力，也决定了就业劳动力数量只有在资本规模扩大的情况下才会增加。劳动力的增加速率与资本规模扩大速率一致。

在完全竞争市场中，企业达到均衡时利润为 0，由此可得出：

$$w_g = f(k_g^*) - (\delta + r)k_g^* \tag{4-25}$$

在既定人均资本规模 k_g^* 下，企业按照利润最大化原则进行劳动力的雇佣。在资本收益率和工资率既定的情况下，未被企业雇佣的劳动力进行家庭经营或者转移到城镇。

（2）农村家庭经营分析。

农村家庭经营以农业为主，兼营少量非农业务。其主要目的是吸收未被企业雇佣的剩余劳动力。家庭生产经营相对农村企业在时间上更加灵活自由，对劳动力自身素质要求不如企业严格，且家庭经营收入受自然影响较大。家庭经营主要投入要素是劳动力和土地，土地要素有不同于资本和劳动力的特殊性，其供给量相对固定。此外，根据一系列中国的土地制度和土地政策，农用地不能转做建设用地等，可以保障外出到城镇打工的劳动力在城镇就业形势严峻的情况下，回到农村继续进行家庭农场经营，因此，农村的土地在一定程度上起到了减小风险和社会保障的作用。

家庭经营的生产函数为：$Y_n = G(\overline{K}, L_n)$ （4-26）

家庭经营产出总流量为 Y_n，$\overline{K}$ 为固定的农村家庭经营资本，L_n 为家庭经营的劳动力投入量。G（·）满足新古典企业特性。家庭收入表示为：

$$\prod_n = G(\overline{K}, L_n) - \delta\overline{K} - r\overline{K} \tag{4-27}$$

人均纯收入表示为：

$$\pi_n = \frac{G(\overline{K}, L_n)}{L_n} - (\delta + r) \cdot \frac{\overline{K}}{L_n} \tag{4-28}$$

由于土地这一生产要素的特殊性，最初随着劳动力投入的增加，劳动力的边际产量增加，在投入劳动力达到一定程度，劳动力和土地的比例发生变化，进入边际产品递减阶段，此时家庭经营的人均纯收入递减。此时，如果农村企业扩大资本总量，可雇佣更多劳动力或者随着劳动力向城镇的转移，家庭经营的劳动力减少到边际产品为 0 的时候，家庭经营纯收入可以实现再度上升。

当农村企业工资与家庭经营纯收入相等时，实现劳动力流动的均衡，由以上模型推导可以得出，劳动力流动均衡在短期内很难实现，受到人均资本量和转移成本的双重制约。

（3）城镇非正规部门生产函数分析。

城镇非正规部门的特点是：进入“门槛”低，对劳动力素质要求不高，有基本的身体素质即可，学历等能力不是能否进入城镇非正规部门的决定因素，因而城镇非正规部门的流动性较强；此外，由于中国曾经实行的严格的户籍制度造成城乡分割和农村劳动力就业歧视的制度惯性短期内难以消除，进入城镇非正规部门的劳动力工资会有一定程度的折扣，进入城镇非正规部门劳动力的工资为 $(1-b)w_j$。由上述假设，农村转移到城镇的劳动力全部进入城镇非正规部门，则城镇非正规部门劳动力量为 $L_j(t)=m\cdot L(t)=m\cdot[L_n(t)+L_g(t)]$。企业投入资本和劳动力进行生产，其中使用资本需要支付利息，给劳动力支付工资，此外存在资本折旧。由于资本收益率外生决定，可以看作是固定不变的。企业的目标是在固定资本收益率下实现利润最大化。企业的生产函数为：

$$Y_j=F(K_j,\ L_j) \tag{4-29}$$

Y_j 表示城镇非正规部门的总产出流量，K_j 表示企业生产投入的资本，L_j 表示农村企业生产投入的劳动力。同样假设生产函数 $F(\cdot)$ 满足新古典生产函数的一切假定，即生产函数规模报酬不变，且边际产品不断递减。人均生产函数表示为：

$$y_j=f(k_j) \tag{4-30}$$

其中，y_j 为人均产出流量，人均资本 $k_j=K_j/L_j$。企业利润可表示为：

$$\prod\nolimits_j = F_j(K_j,L_j)-\delta K_j-rK_j-(1-b)w_jL_j \tag{4-31}$$

其中，δ 为资本折旧率，r 为资本利息率，$(1-b)w_j$ 为在企业工作的劳动力工资。企业人均利润为：

$$\pi_j = f(k_j) - \delta k_j - rk_j - (1-b)w_j \tag{4-32}$$

根据企业利润最大化条件$\frac{\partial \pi_n}{\partial k_j}=0$，得出：$f'(k_j^*) = \delta + r$ (4-33)

k_j^* 为企业利润达到最大时的人均资本量，由于 r 是外生的，且假设资本折旧率固定，因此，在企业生产函数不变时，企业在 $k_j = k_j^*$ 的条件下雇佣劳动力，也决定了就业劳动力数量只有在资本规模扩大的情况下才会增加。劳动力的增加速率与资本规模扩大速率一致。

在完全竞争市场中，城镇非正规部门达到均衡时利润为 0，由此可得出：

$$(1-b)w_j = f(k_j^*) - (\delta + r)k_j^* \tag{4-34}$$

在既定人均资本规模 k_j^* 下，企业按照利润最大化原则进行劳动力的雇佣。城镇非正规部门可以吸纳的劳动力受到资本收益率和工资率既定的约束。

3. 稳态分析

把家庭人均资本流量和人均工资和人均纯收入结合在一起，分析竞争性市场的情形。由上述分析可得出：

$$\dot{a} = h[f(k_g^*) - (r+\delta)k_g^*] + (1-h)\left[\frac{G(\bar{k}, L_n)}{L_n} - (r+\delta)\frac{\bar{K}}{L_n}\right] + m[f(k_j^*) - (\delta+r)k_j^*] + (r-n)a - c - md - me \tag{4-35}$$

人均资产的增长率为：

$$\gamma = \frac{\dot{a}}{a} = \frac{h}{a}[f(k_g^*) - (r+\delta)k_g^*] + \frac{(1-h)}{a}\left[\frac{G(\bar{k}, L_n)}{L_n} - (r+\delta)\frac{\bar{K}}{L_n}\right] + \frac{m}{a}[f(k_j^*) - (\delta+r)k_j^*] + [r-n] - \frac{c+md+me}{a} \tag{4-36}$$

由前述模型可知，当农村劳动力流动没有达到均衡时，由于$\frac{G(\bar{k}, L_n)}{L_n} - (r+\delta)\frac{\bar{K}}{L_n} < f(k_g^*) - (r+\delta)k_g^* \leqslant f(k_j^*) - (r+\delta)k_j^*$，在同等人均资产的情况

下，劳动力在农村企业中占的比例 h 与人均资产积累同向，即其他条件不变的情况下，在农村企业中工作的劳动力比例越大，人均资产增长率越快；人均资产增长率随着转移成本和教育支出的上升而下降；人均资产增长率和转移速率的关系受到城镇非正规部门与转移成本和教育支出之间关系的影响，即当 $d+e<f(k_j^*)-(\delta+r)k_j^*$ 时，人均资产增长率随转移速率的提高而增加。

当三部门劳动力流动达到均衡时，即通过劳动力的部门间流动和向城镇转移，农村两部门的工资率相等，即 $\frac{G(\bar{k},\ L_n)}{L_n}-(r+\delta)\frac{\bar{K}}{L_n}=f(k_g^*)-(r+\delta)k_g^*=f(k_j^*)-(r+\delta)k_j^*=w_g$，则有：

$$\gamma=\frac{w_g-c+m(w_g-d-e)}{a}+r-n \tag{4-37}$$

人均资产增长率达到稳态时，即 $\gamma=0$，假设人口自然增长率 $n=0$，可得出：

$$\dot{m}=\frac{ra+w_g-c}{d+e-w_g} \tag{4-38}$$

其中，$\dot{m}$ 表示人口转移率，$\dot{m}$ 与工资率和资产积累呈同方向变化。农村企业工资高会促使从事家庭经营的劳动力向农村企业和城镇非正规部门转移，但会受到转移成本和教育成本的制约，若资产积累较多，可以部分抵消转移成本制约的影响，促进劳动力向城镇转移，这时的转移可以理解为农村劳动力为追求城镇的基础设施和生活便利的主动转移。

（三）四部门劳动力流动模型

四部门劳动力流动模型在农村农业部门（家庭经营）和非农业部门（农村企业）以及城镇非正规部门的基础上加入城市正规部门。农村从事家庭经营的劳动力在纯收入远小于农村企业工资且农村企业在既定资本规模下不能再吸纳劳动力的情况下，会向城镇非正规部门转移，随着劳动力自身素质的提高，以及城市正规部门更多工作福利的吸引，会导致部分劳动力流入城镇正规部门。假设资本可以在农村和城镇间自由流动，资本收益率 r 外生且给定。

在四部门劳动力流动模型中，家庭收入来源主要有五种途径：一是在农村企业工作获得工资，农村企业按照固定资本收益率下企业利润最大化原则雇佣劳动力。二是从事家庭经营获得收入，家庭经营主要以家庭农业经营为主，兼少量非农业务经营。家庭经营的主要目标是吸纳剩余劳动力，本质是自我雇佣。因此，家庭人均纯收入可能小于农村企业的工资，致使这些劳动力有向城镇流动的动因。三是资产的利息收益。四是转移到城镇的劳动力进入城镇非正规部门且这部分劳动力占转移到城镇劳动力的比例为（$1-\beta$），城镇非正规部门根据资本规模，在利润最大化原则下雇佣劳动力，支付给劳动力工资。五是转移到城镇正规部门的劳动力获得工资收入，这部分劳动力的占比为 β。

此外，仍然假设一个不断扩展的典型农村家庭，且代际间的传递和资产的转移是无限的。家庭人口的变化由两个因素决定：一是出生率和死亡率决定的人口自然增长率 n，二是农村向城镇人口转移率 m，转移人口均进入城镇，由此，农村家庭人口变化率为（$n-m$）。

1. 资产积累方程

假设所有的农村家庭人口为劳动力，t 期在农村企业工作的劳动力为 $L_g(t)$，从事家庭生产的劳动力为 $L_n(t)$。用 h 表示从事农村企业工作人员数占家庭人员的比重。t 期农村劳动力总量表示为：

$$L(t)=L_g(t)+L_n(t) \tag{4-39}$$

t 期转移到城镇的劳动力为 $mL(t)$，其中转移到城镇正规部门的劳动力为 $L_p=\beta mL(t)$，转移到城镇非正规部门的劳动力为 $L_j=(1-\beta)mL(t)$。用 A 表示家庭资产，人均资产为 $a(t)=A(t)/L(t)$。从事农村企业生产的人均工资为 w_g，则工资总额为 w_gL_g。家庭经营纯收入为 $\prod_n$。由于存在工资歧视，在城镇非正规部门的人均工资为（$1-b$）w_j，相应的工资总额为（$1-b$）w_jL_j，其中 b 表示户籍折扣系数。城市正规部门的人均工资为 w_p，工资总额为 w_pL_p。所有家庭收入支出分为三部分：一是家庭消费 C，人均消费为

$c(t)=C(t)/L(t)$；二是转移到城镇的人口用去的转移成本 D，人均转移成本为 $d(t)=\frac{D(t)}{m\cdot L(t)}$；三是家庭教育支出 E，由于进入城市正规部门劳动力在教育支出的成本比平均水平多，设进入城镇正规部门劳动力在教育上的支出是平均水平的 s 倍，人均教育支出为 $e(t)=\frac{E(t)}{m\cdot L(t)}$，因此农村家庭资本积累方程表示为：

$$\dot{A}=w_gL_g+\prod\nolimits_n+w_jL_j+w_pL_p+rA-C-D-E \tag{4-40}$$

农村家庭人均资本积累方程表示为：

$$\dot{A}=hw_g+(1-h)\pi_n+(1-\beta)mw_j+\beta mw_p+(r-n)a-c-md-(1+s)me \tag{4-41}$$

其中，$\pi=\prod_n/L_n$，表示农户家庭经营的人均纯收入。式（4-40）和式（4-41）省略了时间下标。式（4-41）表明在从事农村企业工作的劳动力比例 h 和劳动力转移率 m 一定的情况下，农村家庭人均资本积累随工资和家庭经营收入以及城镇非正规部门和正规部门工资的增加而增加；人均资本积累与人口自然增长率呈反向变化；随着人均消费、转移成本以及教育支出的上升，人均资本积累减少。

2. 生产函数分析

（1）农村企业生产函数分析。

三部门劳动力流动模型中关于农村企业的假设同两部门劳动力流动模型一致，农村企业不同于城镇企业，主要以非农产业为主。企业投入资本和劳动力进行生产，其中使用资本需要支付利息，给劳动力支付工资，此外存在资本折旧。由于资本收益率外生决定，可以看作是固定不变的。企业的目标是在固定资本收益率下实现利润最大化。企业的生产函数为：

$$Y_g=F(K_g,\ L_g) \tag{4-42}$$

Y_g 表示农村企业的总产出流量，K_g 表示企业生产投入的资本，L_g 表示农村企业生产投入的劳动力。同样假设生产函数 F(·) 满足新古典生产函数的一切假定，即生产函数规模报酬不变，且边际产品不断递减。人均生产函数表示为：

$$y_g = f(k_g) \tag{4-43}$$

其中，y_g 为人均产出流量，人均资本 $k_g = K_g/L_g$。企业利润可表示为：

$$\prod_g = F_g(K_g, L_g) - \delta K_g - rK_g - w_g L_g \tag{4-44}$$

其中，δ 为资本折旧率，r 为资本利息率，w_g 为在企业工作的劳动力工资。企业人均利润为：

$$\pi_g = f(k_g) - \delta k_g - rk_g - w_g \tag{4-45}$$

根据企业利润最大化条件$\frac{\partial \pi_n}{\partial k_g}=0$，得出：

$$f'(k_g^*) = \delta + r \tag{4-46}$$

k_g^* 为企业利润达到最大时的人均资本量，由于 r 是外生的，且假设资本折旧率固定，因此，在企业生产函数不变时，企业在 $k_g = k_g^*$ 的条件下雇佣劳动力，也决定了就业劳动力数量只有在资本规模扩大的情况下才会增加。劳动力的增加速率与资本规模扩大速率一致。

在完全竞争市场中，企业达到均衡时利润为 0，由此可得出：

$$w_g = f(k_g^*) - (\delta + r)k_g^* \tag{4-47}$$

在既定人均资本规模 k_g^* 下，企业按照利润最大化原则进行劳动力的雇佣。在资本收益率和工资率既定的情况下，未被企业雇佣的劳动力进行家庭经营或者转移到城镇。

（2）农村家庭经营分析。

农村家庭经营以农业为主，兼营少量非农业务。其主要目的是吸收未被企业雇佣的剩余劳动力。家庭生产经营相对农村企业在时间上更加灵活自由，对劳动力自身素质要求不如企业严格，且家庭经营收入受自然影响较大。家庭经营主要投入要素是劳动力和土地，土地要素有不同于资本和劳动力的特殊性，其供给量相对固定。此外，根据一系列中国的土地制度和土地政策，农用地不能转做建设用地等，可以保障外出到城镇打工的劳动力在城镇就业形势严峻的情况下，回到农村继续进行家庭农场经营，因此，农村的土地在一定程度上起到了减小风险和社会保障的作用。

家庭经营的生产函数为：$Y_n = G(\bar{K}, L_n)$　　(4-48)

家庭经营产出总流量为 Y_n，$\bar{K}$ 为固定的农村家庭经营资本，L_n 为家庭经营的劳动力投入量。G(·) 满足新古典企业特性。家庭收入表示为：

$$\prod_n = G(\bar{K}, L_n) - \delta\bar{K} - r\bar{K} \tag{4-49}$$

人均纯收入表示为：

$$\pi_n = \frac{G(\bar{K}, L_n)}{L_n} - (\delta + r) \cdot \frac{\bar{K}}{L_n} \tag{4-50}$$

由于土地这一生产要素的特殊性，最初随着劳动力投入的增加，劳动力的边际产量增加，在投入劳动力达到一定程度劳动力和土地的比例发生变化，进入边际产品递减阶段，此时家庭经营的人均纯收入递减。此时，如果农村企业扩大资本总量，可雇佣更多劳动力或者随着劳动力向城镇的转移，家庭经营的劳动力减少到边际产品为 0 的时候，家庭经营纯收入可以实现再度上升。当农村企业工资与家庭经营纯收入相等时，实现劳动力流动的均衡，由以上模型推导可以得出，劳动力流动均衡在短期内很难实现，受到人均资本量和转移成本的双重制约。

(3) 城镇非正规部门生产函数分析。

城镇非正规部门的特点是：进入“门槛”低，对劳动力素质要求不高，有基本的身体素质即可，学历等能力不是能否进入城镇非正规部门的决定因素，因而城镇非正规部门的流动性较强；此外，由于中国曾经实行的严格的户籍制度，造成城乡分割和农村劳动力就业歧视的制度惯性短期内难以消除，进入城镇非正规部门的劳动力工资会有一定程度的折扣，进入城镇非正规部门劳动力的工资为 $(1-b)w_j$。由上述假设，农村转移到城镇的劳动力全部进入城镇非正规部门，则城镇非正规部门劳动力量为 $L_j(t) = (1-\beta)m \cdot L(t) = (1-\beta)m \cdot [L_n(t) + L_g(t)]$。企业投入资本和劳动力进行生产，其中使用资本需要支付利息，给劳动力支付工资，此外存在资本折旧。由于资本收益率外生决定，可以看作是固定不变的。企业的目标是在固定资本收益率下实现利润最大化。企业的生产函数为：

$$Y_j = F(K_j, L_j) \quad (4-51)$$

Y_j 表示城镇非正规部门的总产出流量，K_j 表示企业生产投入的资本，L_j 表示农村企业生产投入的劳动力。同样假设生产函数 F(·) 满足新古典生产函数的一切假定，即生产函数规模报酬不变，且边际产品不断递减。人均生产函数表示为：

$$y_j = f(k_j) \quad (4-52)$$

其中，y_j 为人均产出流量，人均资本 $k_j = K_j/L_j$。企业利润可表示为：

$$\prod_j = F_j(K_j, L_j) - \delta K_j - rK_j - (1-b)w_jL_j \quad (4-53)$$

其中，δ 为资本折旧率，r 为资本利息率，$(1-b)w_j$ 为在企业工作的劳动力工资。企业人均利润为：

$$\pi_j = f(k_j) - \delta k_j - rk_j - (1-b)w_j \quad (4-54)$$

根据企业利润最大化条件$\frac{\partial \pi_n}{\partial k_j} = 0$，得出：$f'(k_j^*) = \delta + r$ (4-55)

k_j^* 为企业利润达到最大时的人均资本量，由于 r 是外生的，且假设资本折旧率固定，因此，在企业生产函数不变时，企业在 $k_j = k_j^*$ 的条件下雇佣劳动力，也决定了就业劳动力数量只有在资本规模扩大的情况下才会增加。劳动力的增加速率与资本规模扩大速率一致。

在完全竞争市场中，城镇非正规部门达到均衡时利润为0，由此可得出：

$$(1-b)w_j = f(k_j^*) - (\delta + r)k_j^* \quad (4-56)$$

在既定人均资本规模 k_j^* 下，企业按照利润最大化原则进行劳动力的雇佣。城镇非正规部门可以吸纳的劳动力受到资本收益率和工资率既定的约束。

(4) 城镇正规部门生产函数分析。

城镇正规部门的特点是：进入“门槛”高，对劳动力素质要求高，有基本的身体素质即可，学历和工作能力通常是能否进入城镇非正规部门的必备条件之一，且城镇正规部门会签订劳动合同，有社会保障福利，因而城镇正规部门的流动性较弱；此外，在正规部门工作的劳动力受到户籍制度惯性和歧视的影响较小，基本可以忽略，因此在城镇部门工作的工资收

入设为 w_p，w_p 包含正规部门工作的各种福利待遇以及社会保障等。由上述假设，农村转移到城镇的劳动力全部进入城镇正规部门的比例为 β，则城镇非正规部门劳动力数量为 $L_p(t) = \beta m \cdot L(t) = \beta m \cdot [L_n(t) + L_g(t)]$。企业投入资本和劳动力进行生产，其中使用资本需要支付利息，给劳动力支付工资，此外存在资本折旧。由于资本收益率外生决定，可以看作是固定不变的。企业的目标是在固定资本收益率下实现利润最大化。企业的生产函数为：

$$Y_p = F(K_p, L_p) \tag{4-57}$$

Y_p 表示城镇正规部门的总产出流量，K_p 表示企业生产投入的资本，L_p 表示农村企业生产投入的劳动力。同样假设生产函数 F（·）满足新古典生产函数的一切假定，即生产函数规模报酬不变，且边际产品不断递减。人均生产函数表示为：

$$y_p = f(k_p) \tag{4-58}$$

其中，y_p 为人均产出流量，人均资本 $k_p = K_p/L_p$。企业利润可表示为：

$$\prod_p = F_p(K_p, L_p) - \delta K_p - rK_p - w_p L_p \tag{4-59}$$

其中，δ 为资本折旧率，r 为资本利息率，w_p 为在企业工作的劳动力工资。企业人均利润为：

$$\pi_p = f(k_p) - \delta k_p - rk_p - w_p \tag{4-60}$$

根据企业利润最大化条件 $\frac{\partial \pi_n}{\partial k_p} = 0$，得出：$f'(k_p^*) = \delta + r$　　(4-61)

k_p^* 为企业利润达到最大时的人均资本量，由于 r 是外生的，且假设资本折旧率固定，因此，在企业生产函数不变时，企业在 $k_p = k_p^*$ 的条件下雇佣劳动力，也决定了就业劳动力数量只有在资本规模扩大的情况下才会增加。劳动力的增加速率与资本规模扩大速率一致。

在完全竞争市场中，城镇非正规部门达到均衡时利润为 0，由此可得出：

$$w_p = f(k_p^*) - (\delta + r)k_p^* \tag{4-62}$$

在既定人均资本规模 k_j^* 下，企业按照利润最大化原则进行劳动力的雇佣。城镇非正规部门可以吸纳的劳动力受到资本收益率和工资率既定的约束。

3. 稳态分析

把家庭人均资本流量和人均工资和人均纯收入结合在一起，分析竞争性市场的情形。由上述分析可得出：

$$\dot{a}=h[f(k_g^*)-(r+\delta)k_g^*]+(1-h)\left[\frac{G(\bar{k},\ L_n)}{L_n}-(r+\delta)\frac{\bar{K}}{L_n}\right]$$
$$+(1-\beta)m[f(k_j^*)-(\delta+r)k_j^*]+\beta m[f(k_p^*)-(\delta+r)k_p^*]$$
$$+(r-n)a-c-md-(1+s)me \tag{4-63}$$

人均资产的增长率为：

$$\gamma=\frac{\dot{a}}{a}=\frac{h}{a}[f(k_g^*)-(r+\delta)k_g^*]+\frac{(1-h)}{a}\left[\frac{G(\bar{k},\ L_n)}{L_n}-(r+\delta)\frac{\bar{K}}{L_n}\right]$$
$$+\frac{(1-\beta)m}{a}[f(k_j^*)-(\delta+r)k_j^*]+\frac{\beta m}{a}[f(k_p^*)-(\delta+r)k_p^*]$$
$$+[r-n]-\frac{c+md+(1+s)me}{a} \tag{4-64}$$

由前述模型可知，当农村劳动力流动没有达到均衡时，由于$\frac{G(\bar{k},\ L_n)}{L_n}-(r+\delta)\frac{\bar{K}}{L_n}<f(k_g^*)-(r+\delta)k_g^*\leqslant f(k_j^*)-(r+\delta)k_j^*<f(k_p^*)-(r+\delta)k_p^*$，在同等人均资产的情况下，劳动力在农村企业中占的比例 h 与人均资产积累同向，即其他条件不变的情况下，在农村企业中工作的劳动力比例越大，人均资产增长率越快；人均资产增长率随着转移成本和教育支出的上升而下降；人均资产增长率和转移速率的关系受到城镇部门与转移成本和教育支出之间关系的影响，即当 $d+e<f(k_j^*)-(\delta+r)k_j^*$ 时，人均资产增长率随转移速率的提高而增加；此外，在城镇正规部门工作的劳动力比例越大，人均资产积累率越大。

当四部门劳动力流动达到均衡时，即通过劳动力的部门间流动和向城镇转移，农村两部门的工资率相等，即$\frac{G(\bar{k}, L_n)}{L_n} - (r+\delta)\frac{\bar{K}}{L_n} = f(k_g^*) - (r+\delta)k_g^* = f(k_j^*) - (r+\delta)k_j^* = f(k_p^*) - (r+\delta)k_p^* = w_p$，则有：

$$\gamma = \frac{w_p - c + m[w_p - d - (1+s)e]}{a} + r - n \tag{4-65}$$

人均资产增长率达到稳态时，即 $\gamma = 0$，假设人口自然增长率 $n = 0$，可得出：

$$\dot{m} = \frac{ra + w_p - c}{d + (1+s)e - w_p} \tag{4-66}$$

其中，$\dot{m}$ 表示人口转移率，$\dot{m}$ 与工资率和资产积累呈同方向变化。农村企业工资高会促使从事家庭经营的劳动力向农村企业和城镇非正规部门转移，但会受到转移成本和教育成本的制约，若前期资产积累较多，可以部分抵消转移成本和教育成本制约的影响，促进劳动力向城镇转移，这时的转移可以理解为农村劳动力为追求城镇的基础设施和生活便利以及教育医疗养老等福利的主动转移。

（四）劳动力流动模型综合分析

从农村两部门劳动力流动入手进行模型构建，先考虑劳动力在家庭经营（主要是农业生产）中的自我雇佣和在农村企业中工作，农村非农业部门在资本收益率既定情况下，按照利润最大化原则进行劳动力的雇佣，结合家庭资产积累方程，讨论达到均衡时的情况。进一步加入城市非正规部门和正规部门，构建出四部门劳动力流动模型，并进行稳态时分析。通过模型构建发现：部门间工资差异是劳动力流动的原因，同时，劳动力从农村向城镇转移时受到转移成本和教育成本支出的限制。劳动力的回流可能的原因是城镇生活成本较高，以及城镇所能容纳的劳动力有限。

除农业部门外，其他三个部门在资本收益率既定的情况下，所能雇佣的劳动力受到资本规模的限制。实现劳动力就业率的上升需要扩大资本规模。这一结论为乡村振兴提供了理论基础：随着农村非农部门资本规模的扩大，吸纳劳动力的数量增多，进行家庭经营的劳动力不会再被迫向城镇转移。即为避免农村劳动力的外流，同时吸引部分在城镇没能实现就业的劳动力，需要在乡村地区发展产业，实现劳动力的就地转移。这样才能更好地实现城乡互动和乡村振兴。

三、城乡劳动力整合机制

（一）劳动力整合机制分析

1. 效用与补贴

大量研究表明农村非农部门及城镇部门的高工资是吸引农业劳动力流动的主要原因。由于进入城镇工作存在转移成本及各项生活成本，农业劳动力流动时优先考虑农村非农业部门；非农业部门在既定资本规模的情况下能够雇佣的劳动力数量有限，剩余的劳动力进入城镇非正规部门工作。在研究如何将农村劳动力留在农村，实现劳动力的整合问题时，需要对剩余农业劳动力的流动原因和个性特征进行分析。

图 4 -4 显示了随着家庭资产的变化，农村劳动力选择从事农业生产和非农业生产的数量变化状况，其中，非农业生产包括在农村非农业部门工作及在城镇非正规部门工作。纵轴表示从事农业生产的劳动力数量，横轴表示从事非农业生产的劳动力数量。A_iB_i 表示农村所有家庭资产积累曲线，曲线 i 表示农村家庭效用曲线。A_1B_1 表示农村家庭最初的资产积累曲线，与曲线 1 相切于 E_1，此时农村所有从事非农业生产的劳动力数量为 L_z^1，进行农业生产的劳动力的数量为 L_n^1。假定非农业生产的工资收入高于农业收入，且进行非农业生产的工资收入都计入家庭资产积累中。随着农村家庭外出打工人数的增加，家庭资产积累增多，曲线 A_1B_2 表示新的家庭资产积累曲线，与效用曲线 2 相切于 E_2，进行非农业生产的劳动力增加为 L_z^2，进行农业生产的劳动力大量减少为 L_n^2。

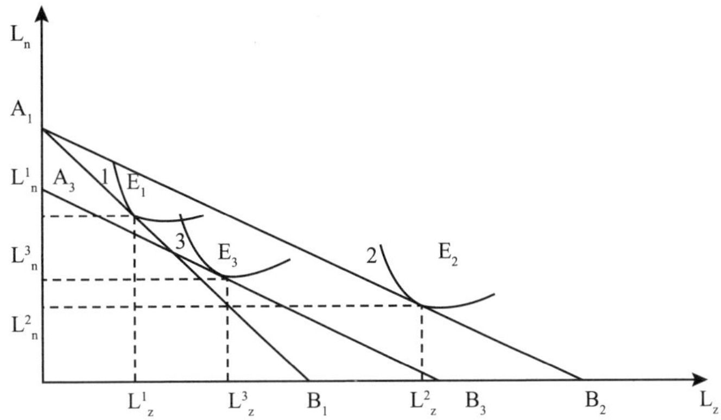

图 4－4 资本效用

部门间收入差距是劳动力流动的主要原因，从图 4－4 中可以看出，依靠劳动力自发流动会导致从事非农业生产的劳动力逐渐增多，从事农业生产的劳动力数量不断减少。在农村非农企业资本规模一定，对劳动力雇佣数量较少的情况下，大量农业剩余劳动力流向城镇。为了将农村劳动力留在农业，政府可以采取对农村低收入家庭进行补贴的方式。补贴后的家庭资产积累曲线变为 A_3B_3，家庭效用曲线为曲线 3，二者相切于 E_3。此时进行农业生产的劳动力数量变为 L^3_n，从事非农业生产的劳动力数量变为 L^3_z。从图中可以看出，政府对农村低收入家庭的补贴可以使从事农业生产的劳动力增加，进行非农经营的劳动力数量减少。补贴后留在农村的劳动力数量增加，政府补贴对劳动力留在农村有正的激励效应，但不能直接得出进行非农生产的劳动力数量减少的原因，无法判断是因为农村非农部门劳动力数量减少还是进入城镇的劳动力数量减少。

2. 补贴与风险

政府对低收入家庭的补贴数额以及补贴后是否会有更多的农村劳动力留在农村非农业部门，都需要结合劳动力自身特点进行分析。农业剩余劳动力对城镇部门工资有一定的预期，农业剩余劳动力转移到城镇需要负担转移成本和生活成本等各类成本，政府补贴需要至少能够覆盖农业剩余劳动力的工资预期和各类成本的差额。

可以将农业剩余劳动力分为三类：一类是风险偏好型劳动力，一类是风险规避型劳动力，还有一类是风险中性型劳动力。风险偏好型劳动力会主动选择富有挑战性的工作，在没有外界约束的情况下，风险偏好型劳动力会因追求高工资和良好的公共基础设施以及享受更好的教育资源而流向城镇部门工作。风险规避型劳动力为规避仅进行农业生产可能面临的收入风险，会进入农村非农业部门工作，在非农业部门没有多余岗位的情况下，被迫选择去城镇非正规部门工作，目的是为提高家庭收入，增加家庭在经济上的抗风险能力。风险中性型劳动力可能在周围亲友的劝说下进入城镇部门工作，在城镇或农村工作对这类型劳动力来说无差异。

结合图4－4可以看出，最初进行非农业生产的劳动力数量为L_z^1，随着家庭资产积累得越来越多，且有更多的农业剩余劳动力流入城镇部门，达到均衡时，进行非农业生产的劳动力数量增加至L_z^2，政府对低收入家庭进行补贴后，进行非农业生产的劳动力数量减少至L_z^3。通过对劳动力类型的分析可以看出，在政府进行补贴之后，风险规避者和风险中性者因为对城镇没有偏好而选择留在农村，从事农业生产或者在农村非农业部门工作。假定人口自然增长率n为0，在一定时期劳动力总量不变，经过上述分析得出在城镇部门工作的劳动力数量（$L_z^2-L_z^3$），在农村非农业部门工作的劳动力数量为L_z^3。因此，只有风险偏好型劳动力在政府补贴之后仍然选择在城镇工作，风险规避型以及风险中性型劳动力在政府补贴后会选择在农村非农部门或农业部门工作。此外，由于（$L_z^3-L_z^1$）>0，说明政府进行补贴后，留在农村非农业部门的劳动力数量增加。

图4－5中的曲线分别是风险偏好型劳动力、风险中性型劳动力以及风险规避型劳动力的效用曲线。综合以上情况可以得出，政府补贴数额至少应满足：$A+S=P\times(A+W_{预期}-C_{转移})+(1-P)\times A$，即$S=P\times(W_{预期}-C_{转移})+(1-P)\times 0$，其中A表示家庭资产，S表示政府补贴，P表示农业剩

余劳动力转移到城镇的概率，$W_{预期}$表示劳动力对进入城镇工作的工资预期，$C_{转移}$表示从乡到城转移过程中产生的各项成本，包括学习新知识新技能的成本以及在城镇居住的生活成本。据此得出，政府对农村低收入家庭人均补贴S，可以使部分农业剩余劳动力留在农村。

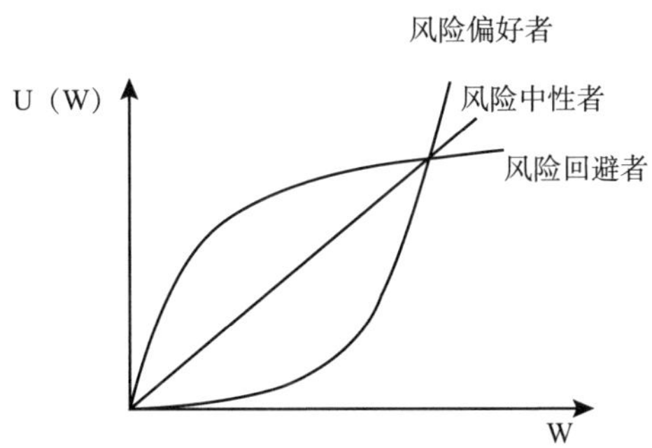

图4－5　风险偏好

3. 工资、资本和就业量

图4－6表示农村非农部门资本规模、劳动力工资、企业利润以及企业雇佣劳动力数量之间的关系。根据四部门劳动力流动模型中的假定：农村非农业部门在资本规模既定时，雇佣劳动力数量固定，不能持续吸纳农业剩余劳动力。资本规模为K_1时，农村非农业部门劳动力流动达到均衡时的工资为W_1，此时，农村非农业部门的利润函数为$\prod_g^1$，能够吸纳的农业剩余劳动力数量为L_1。在技术不变的情况下，农村非农业部门投资增加，非农业部门的资本规模扩大为K_2，企业利润增加为$\prod_g^2$，劳动力的工资增加为W_2，此时能够容纳的劳动力数量为L_2。随着企业规模的扩张和企业集聚以及技术进步，企业生产更有效率，非农业部门的资本扩张为K_3，农村非农业部门劳动力均衡时劳动力的工资为W_3，此时非农业部门的劳动力就业量增加到L_3。

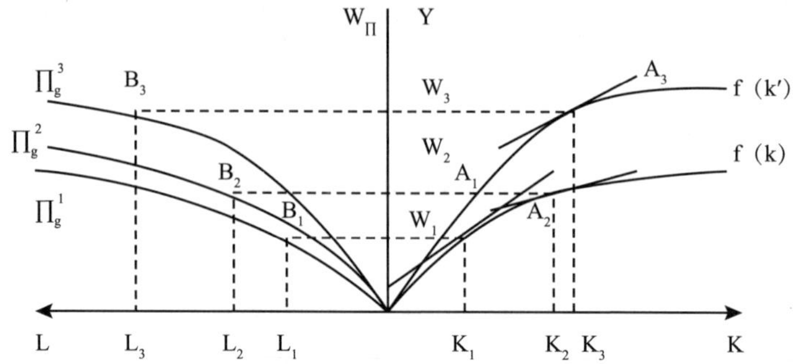

图 4 -6　资本规模、工资与非农就业

如图 4 -6 所示，随着农村非农业部门的资本规模扩大，劳动力的工资和就业数量都会增加，留在农村的劳动力逐渐增多；随着企业的集聚，农村非农产业逐渐发展，对于农业剩余劳动力的吸纳能力增强，且工资收入也增加，城镇非正规部门的高工资失去对风险规避型劳动力的吸引力。此外，随着农村非农产业的发展，农村非农业部门逐渐承担一些社会责任，修建道路或者一些公共基础设施，政府和企业合作提供一些公共物品，提高良好的教育和医疗设施，此外，需要政府积极发挥作用在完善社会保障制度及福利制度方面的作用。农村经过一系列的发展后，城市逐渐失去原有优势和对劳动力的吸引力，部分追求更好工作机遇以及良好公共基础设施的风险偏好型劳动力会考虑留在农村。具体见图 4 -7。

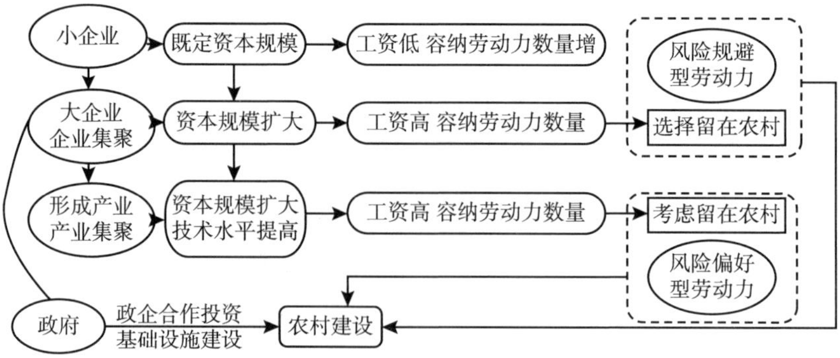

图 4 -7　农村留人机制

（二）启示与政策建议

近三十年劳动力在四部门就业比例的变化一定程度上说明了劳动力的流动方向，2016 年城镇正规部门和非正规部门吸纳劳动力的规模大致相当，农村非农产业劳动力就业占比偏低，农村农业部门的劳动力逐渐向农村非农部门、城市非正规部门和正规部门转移。进一步构建四部门劳动力流动模型，将家庭资产积累和各部门生产函数结合并进行稳态分析，得出部门间工资差异是劳动力主动或被动选择转移的原因之一，在既定资本收益率的条件下，企业对劳动力的雇佣数量受到资本规模的限制，因而企业劳动力就业增长率和资本规模增长率一致，农村非农企业无法雇佣的劳动力开始向城镇部门转移，转移过程中受到转移成本和自身素质的约束，当出现城镇部门出现就业压力时，部分劳动力可以退回到农村进行农业生产。

1. 增加农村非农产业投资

四部门劳动力流动模型乡村振兴战略提供了理论基础。乡村振兴首要解决农村无人的局面，思路是实现农村劳动力在农村的就地转移，且要减少从事人均收入低于企业工资的农业经营，这就需要扩大农村非农企业的资本规模，使得农村非农企业增强对劳动力的吸纳能力，进一步发展乡村产业，吸纳城镇非正规部门的劳动力流入农村非农业部门。通过发展乡村产业解决农村无人建设的困局。

2. 增加农村基础设施投入

农村基础设施落后和公共服务缺乏也是造成人才流失、产业凋零的重要原因，扩大农村非农企业资本规模可以有两种途径：一是政府支持投资建设，由于以往用 GDP 考核政府官员政绩的政策，政府在制定经济政策时常都会偏向城市发展，若想实现政府发展乡村产业需要设计新的考核制度对政府的绩效进行衡量；二是有一定资本积累的个人可以到农村进行投资，由于资本具有掠夺的本质，为避免个人投资造成对农村资源的掠夺，解决对策是使资本再用于农村，即投资者留在农村。这需要政府加大对农村基础设施建设和公共服务完善的力度。有便利的基础设施以及可以享受教育养老等公共服务，才能真正实现把人和资本留住，实现乡村振兴。

3. 规范非正规部门

城市非正规部门作为城乡之间劳动力转移的最重要途径，短期内不会改变，依然是农村劳动力流失的主要方式，因为非正规部门的不规范和制度方面的缺陷，一方面因福利保障的缺乏，导致转移成本增加，带走的农村资源就多，而且带动的非劳动力非常有限，老人孩子被留在了农村，另一方面由于其就业的不稳定性，半城市化问题严重，导致农民工的钟摆式迁移，降低了城镇化质量，所以，要通过改变非正规部门的制度设置，促使改变人口转移方式，使劳动力转移过程中带动更多的非劳动力转移，提升转移人口的市民化程度。

4. 融合城乡劳动力市场

长期计划经济的惯性和制度障碍，城乡劳动力市场分割严重，就业风险比较大，统一的劳动力市场和公平竞争的就业环境，完善就业保障制度，对于保障农民的权益和城乡劳动力资源的配置非常重要。降低城镇正规部门、非正规部门之间的“门槛”，降低城乡之间劳动力转移的成本，增加农村非农就业的灵活性，鼓励农民兼业，都会提高城乡劳动力资源配置效率，促进农村发展。

第五章　城乡资本流动机理与整合机制

农业部门作为各国经济的基础，在社会和市场中起着非常重要的作用，是各国经济发展的基石。农业生产的特性决定了其创造利润的能力在三次产业中处于下游水平。所以，基本上所有模型对于农业的设定都是没有规模效应的，而这个设定也说明了在城市和乡村的生产要素竞争中，乡村一定处于不利地位。中国作为一个人口大国，农业生产的压力非常大，农业的兴衰关系着社会的平稳运行和市场的健康发展。资本作为生产过程中最为活跃的生产要素，一方面对产出起着极其重要的作用，另一方面，其流动趋向也是各个社会生产部门生命力的强弱情况的一个晴雨表，资本的流动速度和在各部门的最终配置情况能够反映出市场的活跃程度和市场运行效率。

但是，在资本的流动过程中，市场的不完美之处会被放大，使得情况进一步恶化。资本投入不足，是导致乡村经济循环利润率低下的一个重要原因，而乡村经济陷入低水平循环又会导致劳动力流失，最终导致贫困产生。贫困是限制生产力解放的巨大障碍，围绕贫困问题，存在着为数众多的研究，这些研究分别从各个学科的角度对贫困问题进行了剖析。马克思曾在《1844 年经济学哲学手稿》中提出，异化劳动是造成无产阶级贫困的本质和根源，“生产的财富越多，他的产品的力量和数量越大，他就越贫穷”，这就是说，随着资本的不断聚集、技术不断进步和生产效率的逐步提高，在生产过程中资本会逐步替代劳动力，产生出相对过剩劳动力，导致失业和贫困。马克思的理论从本质上分析了资本主义私有制下的异化劳动现象，并进一步解释了贫困产生的根源——劳动与资本的对立。但是，这一理论的适用范围是经济发展阶段较高的国家和地区，而在现阶段的我国并不适用。当前，我国经济发展离高级阶段还有很大距离，加大资本投入不会替代劳动力，反而会有利于就业增加。在我国农村地区，由于缺乏资本的支撑而导致的发展动力不足是贫困的重要成因之一。因此，增加资本投入、发展农村金融成为更好地解决“三农”问题的关键发力点。另外，纳尔逊的“低水平均衡陷阱”理论中也表明，资本稀缺是制约落后地区经济发展的主要障碍。要想摆脱“低水平均衡陷阱”，进而缓解贫困，只有通过大规模投资加速产出增长才能实现。

鉴于此，本章将在阐述城乡资本流动现状的基础上，分析农村资本流出的途径和机制，并试图通过市场一般均衡的研究，找到一种可以发挥市场决定性作用的资源配置机制，通过市场力量来推动生产要素的双向流动，并适度引导资本向农村流动，最终实现城乡间要素的合理配置。

一、文献研究

在现有文献中，学界对于资本要素对农村发展的重要性方面的认识是较为统一的，但是在资本的具体来源、资本市场的运行效率以及等方面的讨论存在着多样性。

一部分学者探讨了金融市场和资本要素对农村经济发展的贡献，并且观点较为一致，普遍认为现有的农村金融市场对农业生产的贡献不足，尤其是乡镇企业等非农业生产部门从银行等正规渠道得到融资的机会偏少，这些现象最终促成了农村非正规金融市场的出现。亚龙（Yaron，1998）和佐勒（Zoller，2003）的研究都认为，金融机构的地区化发展可以促进农村经济更快增长，并在很大程度上减少贫困的发生。①

① Jacob Yaron, McDonald Benjamin and Stephanie Charitonenko, Promoting Efficient Rural Financial Intermediation, The World Bank Research Observer, Vol. 13, No. 2 (Aug., 1998), pp. 147 – 170.

一部分学者围绕农业部门资本市场的运行效率方面进行了许多探讨，并且观点较为统一：农业部门的资本市场运行效率比较低。[①] 格利（Gurley，1955）和肖（Shaw，1956）在研究金融发展问题时，通过建立一个从简单向复杂、由初始向高级逐步演进的金融发展模型，证明了经济发展阶段越高、金融的作用越强这一命题。诺思（North，1971）认为自发的机构演变可以使机构更效率地适应市场变化。[②] 马克利（Markley，1984）研究认为，机构的独立性有助于金融市场的运行效率。[③] 本奇文加·史密斯（Bencivenga Smith，1991）研究指出，当事人随机的流动性导致金融机构交易成本增加，从而影响了金融机构的流动性。[④] 杜塔·卡普尔（Dutta Kapur，1998）认为，人们更倾向于持有流动资产，这源于当事人的流动性和未来消费的不确定性，这两方面因素同时会导致人们减少融资需求。这些原因合在一起，导致正规金融机构很难为农业部门提供服务，最终使得正规金融市场发展不完全，继而进一步限制了农村资本聚集的效率。加尔比斯（Galbis，1977）强调了金融中介的出现对提高市场效率的作用。江美芳（2011）指出，中国农业部门的金融中介角色一般是由非正规市场提供的，国有大型商业银行在这个市场的角色缺失造成了金融活动的交易成本提升，不利于正规金融市场的运作。

在资本要素的来源方面，一部分学者探讨了金融政策、财政支农政策的有效性。加尔比斯（Galbis，1977）认为，在经济发展过程中，由于存在低效率循环路径均衡，导致低效率生产部门长期占用大量资源，从而使经济发展长期陷于低水平循环，很难突破到高级循环路径上，也就是使经济增长出

---

① JG Gurley，ES Shaw，Financial Aspects of Economic Development，American Economic Review，1955，45（4）：515－538.

② North，Understanding the Process of Economic Change，Princeton University Press，2005，65（2）：602－604.

③ Deborah Morentz Markley，The Impact of Institutional Change in the Financial Services Industry on Capital Markets in Rural Virginia American Journal of Agricultural Economics，Vol. 66，No. 5，Proceedings Issue（Dec.，1984），pp. 686－693.

④ Bencivenga，Smith，Financial Intermediation and Endogenous Growth，The Review of Economic Studies，Vol. 58，Issue 2，1 April 1991，pp. 195－209.

现“瓶颈”，而要突破这种“瓶颈”，只能通过金融政策来刺激市场资源配置行为的转向，才能在短时间内实现资本聚集，从而提高生产率。如果政府没有采取类似的措施，将极难改善现有的低水平循环，久而久之可能出现“金融抑制”现象，表现为金融资产的价格过低、存在资本套利空间，从而导致资本的进一步流失。①

一般认为，中国经济具有较为明显的二元经济特征，即在经济发展的过程中，无论从发展速度还是发展质量上，与农村相比，城市都具有较明显的优势。在资本要素方面，农业生产天然存在的弱质性，使得农村吸引资本的能力相对比较低下，而政府在解决农村资本要素短缺问题的时候，一直倾向于使用见效较快的扶农政策，即通过财政渠道对农业进行支持，而且支持力度逐年提高。现有文献针对这种现象进行了分析，例如，有学者（Jia & Guo，2008）认为，中国农村资本不足的原因在于农村金融体系的不完善，而这种缺陷进一步带来了市场失灵和道德风险，由于信息不对称以及村民参与积极性低等原因，政府以直接配置资本的方式来解决农村资本不足问题的做法很难达到预期目的，反而会加剧道德风险问题。又如，江美芳（2011）指出，财政支农方法只能解决现有问题，并不是长远之计，这对培育农村资本市场并无益处，而且这种资本配置策略会导致资本要素使用过程中出现道德风险和逆向选择问题，从而使得农业生产中资本的使用效率进一步降低。②

二、农村资本外流的渠道与现状

关于农村资本外流渠道，一般认为包括财政、金融和价格三个渠道。以下将分别介绍这三大渠道资本外流的机理，其中，关于财政渠道和金融渠道

---

① V. Galbis，Financial Intermediation and Economic Growth in Less Developed Countries：A Theoretical Approach，A Survey of Issues and Evidence 1980，pp. 71 – 84.

② 江美芳：《农村的金融发展与经济增长——基于江苏省农户的调查分析》，苏州大学博士学位论文，2011 年。

资本外流规模的计算方法和结果，主要借鉴了自周振、伍振军、孔祥智（2015）的研究成果。①

（一）财政渠道

简单地说，财政渠道指的是农业税收和财政支农支出。其中，最直接的农村资本流出源于政府向农业收取的各种农业税费，这些农业税费是财政渠道下外流农村资本的主要部分。同时，也存在大量资本流入农村的现象，这就是以财政支农等方式注入农村的资本。农业税费和财政支农二者的差额，构成了财政渠道下农村资本的净流出。

1. 农业税

农业税费所包含的项目较多，而改革开放以来农业税费的制度又曾发生过多次调整，所以农业税费构成和变化情况较为复杂。首先来看农业税收。按纳税主体划分，对农村生产经营活动征收的税大体分为两类，即以个体农户为主的农业各种农业税和以乡镇企业为主的营业税类税收。农业各税的组成成分如表5-1所示：

表5-1　　农业各税组成

税种	含义	征收对象	征收年份
农牧业税	包括农业税和牧业税。前者指国家向一切从事农业生产、有农业收入的个人和单位征收的一种税；后者指在半农半牧区和牧业区，对从事畜牧业生产的个人和单位征收的一种税	前者向所有从事农业生产、有农业收入的个人和单位征收。 后者向半农半牧区和牧区从事牧业生产，或者牧养规定应税牲畜的个人和单位征收	至2005年，2006年废止
农业特产税	对从事农业特产生产经营而且取得收入的个人和单位征收的税	从事农业特产生产经营并取得收入的单位和个人	1983～2005年，2006年废止

① 周振、伍振军、孔祥智：《中国农村资本净流出的机理、规模与趋势：1978～2012年》，载《管理世界》2015年第1期。

续表

税种	含义	征收对象	征收年份
契税	以房屋买卖，房屋赠予和房屋交换，以及土地使用权出售、赠予和交换等方式转移变动的不动产作为征税对象征收的财产税，由产权承受人缴纳	转移土地、房屋权属后承受所有权的单位和个人，即产权承受人（新业主）。其中，个人指个体经营者等；单位是指事业单位、企业单位、军事单位、国家机关和社会团体以及其他组织	1986 年至今
耕地占用税	依据实际占用耕地面积，对包括占用耕地建房在内的从事非农业建设的个人和单位，按规定一次性征收的税种	境内占用耕地从事非农业建设的个人和单位。分为三类：（1）农村居民和其他公民；（2）乡镇集体企业、事业单位；（3）企业、行政单位、事业单位	1987 年至今
烟叶税	对收购烟叶的单位征收的一种税	收购烟叶的单位——烟草公司	2006 年至今

从定义上看，农业各税包括农牧业税、农业特产税、烟叶税、耕地占用税和契税，这些都是与农村生产经营有关的税收。我们来看各税的征收对象。农牧业税和农业特产税的征收对象显然是农民，但烟叶、税契税和耕地占用税的征收对象则不完全是农民，所以这几种税并非全部参与了农村资本外流。具体而言，第一，烟叶税的征收对象是收购烟叶产品的单位，实际的纳税人即为烟草公司，在不考虑税负转嫁问题的情况下，可以排除烟叶税与农村资本外流的关系。第二，耕地占用税的征收对象包括企业、行政单位、事业单位和其他公民，以及农村居民和乡镇集体企业，可见其征收对象并不都是处于农村，而且，由于近年来城市对耕地的征用越来越多，在征用后由农村居民、乡镇企业负担的比重并不高，因此，许多研究者指出把耕地占用税作为农村资本外流的渠道并不合适，应当在统计中予以排除，这一做法已经为许多研究者采用。第三，契税统计的是农村契税，所以可以认为契税属于农村资本的流出渠道。将总的农业各税减去烟叶税和耕地占用税，差额即是与农村资本外流有直接关系的农业税收。

2. 营业税

以乡镇企业为主的营业税类税收，虽然其纳税主体不是农民，但由于乡镇企业属于农村经济，所以对乡镇企业的征税也应纳入农村资本外流的考察范围。另外需要注意，农民上缴的各种杂费造成了资本流出的后果，也应当统计在内，不过，由于这部分数据缺乏直接的统计资料，有研究者建议可以用农业财政收入与农业各税的差额来表示，此处采用了这一办法。

3. 财政支农

最后是财政支农形成的资本流入。改革开放前，城镇化过程是作为一个政策工具服务于重工业优先发展战略，城镇化的过程实质上就是采取各种方式将农业剩余转移到城市和工业的过程，更谈不上财政对农业的支持。改革开放后，特别是21世纪以来，在“工业反哺农业”“以工促农”等精神的指引下，国家对农业的支持力度逐步加大，各种财政支农的投入也大幅度增长，这些财政支农资本构成了农村资本流入的重要部分。

4. 财政资本净流出情况

结合以上各项内容，可以计算农村资本的净流出情况，计算方法如下：

农村资本净流出 = 资本流出相关农业各税 + 乡镇企业上缴税收 − 财政支农支出

= 农业各税 + 乡镇企业上缴税收 − 耕地占用税 − 烟叶税

− 财政支农支出

图5－1反映了1978～2012年的财政渠道下农村资本外流的数据，表中价格已经换算为2012年价格。

针对以上数据中比较重要的几项，即资本流出相关农业各税、乡镇企业上缴税收、农村行政收费、财政支农和资本净流出情况，表5－1给出了折线图。

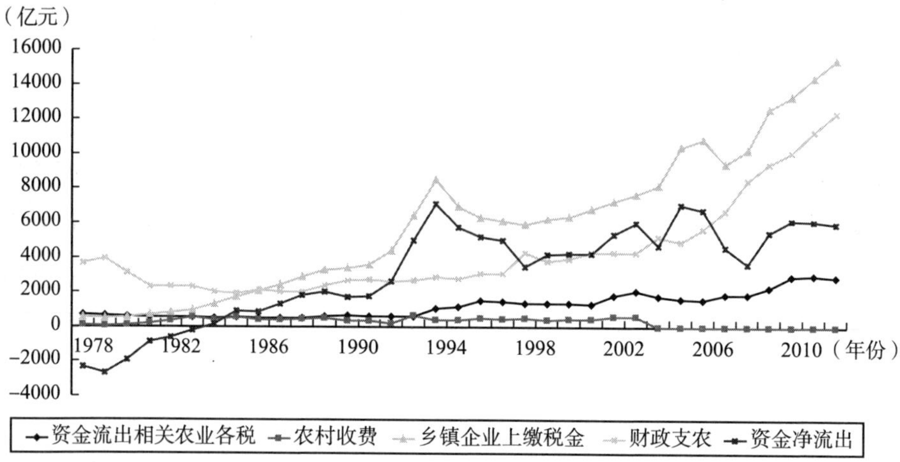

图 5-1　财政渠道下农村资本外流的主要项目（1978～2012 年）

对以上数据和图形进行分析，可以得出以下几方面结论：

（1）净流出的总量。1978～2012 年，通过财政渠道的农村资本净流出总数为 110269.1 亿元，年均 3150.55 亿元。具体而言，1984 年以前，财政渠道流出的农村资本数值为负，这说明在经济转轨初期尚有通过财政渠道对农村的资本注入。1984～1994 年，资本呈现出净流出的态势，且逐年增加，特别是 1994 年达到了这一段时期的顶峰。之后，1994～1998 年资本净流出逐年下降。但好景不长，从 1998 年开始，通过财政渠道的农村资本外流数量再次上升，在 2005 年、2006 年又一次达到高峰。虽然 2008 年之后这一数量有所下降，但近年来却又呈现出上升趋势。

（2）资本流出相关农业各税。1978～2012 年，这一项目呈现出缓慢上升的趋势，其总量为 43131.18 亿元，在全部资本外流总量中的占比高达 39.1%，从而构成了财政渠道下农村资本外流的一个主要组成部分。

（3）乡镇企业上缴税金。1978～2015 年，乡镇企业上缴税金呈现上升趋势，除个别年份外，大部分时期都处于不断增长中。这反映出乡镇企业经营规模不断扩大的事实，也反映出财政渠道中通过乡镇企业上缴税金流出的资本不断扩大的事实。实际上，乡镇企业上缴税金的总量高达 208392.02 亿元，是资本净流出的 1.88 倍有余，可见是财政渠道下资本外流的最主要部分。

（4）农村收费。无论是从数量还是从趋势图来看，与其余诸项相比，农村收费的数量均显微小。特别是从 2004 年后，农村逐渐实现了“费改税”改革，这一部分资本流出遂逐渐消亡。其总量为 10308. 51 亿元，仅占净流出总量的 9%，且已基本消亡，所以可以认为在讨论今后的农村资本外流时，不必考虑农村收费这一项。

（5）从财政支农来看，从 1978 年到 1988 年的十年间，财政支农一直在缓慢减少，之后开始缓慢增加，直到 2006 年开始迅速增长，并与乡镇企业上缴税金的增速基本持平。其总量为 151562. 6 亿元，同样高达资本净流出的 1. 37 倍。可见，历年来的财政支农资本在相当大的程度上弥补了通过农业税收、乡镇企业税收直接流出的农村资本导致农村资本流出。但即便如此，其绝对数量仍小于直接流出数量，从而有了高达 110269. 1 亿元的净流出。

（二）金融渠道

金融渠道指通过各种金融机构的存贷款差而造成农村资本外流的渠道。这些金融机构实际上主要指向中国农业银行、农村信用合作社（包括农村合作银行）以及中国邮政储蓄银行。金融渠道对于农村资本外流的作用方式，概括起来就是存多贷少，即大量吸收农村的闲散资本，这些资本大多流向城市经济或非农经济，而面向农村经济和农业的贷款则少之又少，这样就造成了极大的资本外流。

具体而言，首先是中国农业银行。中国农业银行是我国农村金融体系中唯一的四大国有商业银行之一。农行原来是由国有独资商业银行，2009 年改制为现代化股份制商业银行后，开始按商业银行的思维经营，逐渐发展为国际化大型商业银行，并陆续在上海证券交易所、香港联交所挂牌上市，其总市值位居全球上市银行第 5 位。不过，辉煌背后，却是改制前后农行的“离乡进城”“弃农从商”，在广大的农村地区裁员撤店，剥离了政策性支农功能，并将主要服务对象定为工商业，从而使涉农贷款业务在贷款业务总额中所占的比重逐年减小，由此导致农村资本大量外流。

然后是农村信用合作社和农村合作银行。农村信用合作社成立的本意，便是发展农村合作金融、为农村经济提供金融支持，将农村的资本用于发展农村经济。但现实却是，农村信用合作社长期以来都不具有合作金融的性质，其所吸收的资本并非用于支持农村经济发展，而在相当程度上蜕变为单一的资本流出渠道。其原因是，中央银行以转存商业银行、上缴存款准备金的形式拿走了大量农信社的信贷资本，另外，通过购买金融债券和国债等方式流出了很大一部分资本。同时，近十几年，许多农村信用社进行了商业化改制，变成了农村商业银行和村镇银行。这些机构逐利性更加强烈，无疑加剧了农村资本外流。

最后是中国邮政储蓄银行。中国邮政储蓄银行是农村金融系统中仅次于中国农业银行的大型银行，它依托邮政业务，在全国范围内广泛分布。据统计，邮政储蓄银行有营业网点 2 万多个，几乎覆盖全国所有县级行政区，与农村居民的经济生活联系十分密切，在农村金融体系中占据重要地位。但是，邮储银行在广大农村地区相当长一段时间内都是只存不贷，直到 2007 年才开始发放小规模的农村贷款，这种情形导致邮储银行成为农村资本“抽水机”，导致大量农村资本外流。

此外，事实上其他几大国有商业银行同样因存多贷少而造成了农村资本外流，还有研究者认为保险业也是农村资本外流的一条渠道（武翠芳，2009），[①] 但是鉴于其规模与上述三大金融机构相比较小，故在此不将其加入金融渠道的计量范围。测算通过金融渠道发生的农村资本外流，常用的思路为以某一期期末的存贷款差减去上一期的存贷款差额（宋宏谋，2002）。[②] 其原理是：首先假设一个金融机构每年都有充足的存款准备金，那么每年的准备金数量稳定不变，以及每年的资本全部来自存款，且只有三个用途，即留作准备金、贷出和流出，从而有 $S_t = E_t + D_t + F_t$ 成立，式中各量分别表示：S_t——本期期末存款余额、E_t——准备金、D_t——贷款余额和 F_t——资本流出余额。该关系在上一期同样成立，为 $S_{t-1} = E_{t-1} + D_{t-1} + F_{t-1}$。两式相

① 武翠芳：《中国农村资本外流研究》，中国社会科学出版社 2009 年版。

② 宋宏谋：《中国农村金融发展问题研究》，中国社会科学院研究生院，2002 年。

减，可得 $(S_t - E_t) - (S_{t-1} - E_{t-1}) = F_t - F_{t-1}$，即两年的存贷款差额之差等于两年资本流出之差。而两年资本流出之差额即为第二年新增的资本净流出。据此可以计算出历年通过各金融机构发生的农村资本净流出，全部换算为2012年的价格。将各金融机构的资本流出按年度绘制出折线图（见图5－2）：

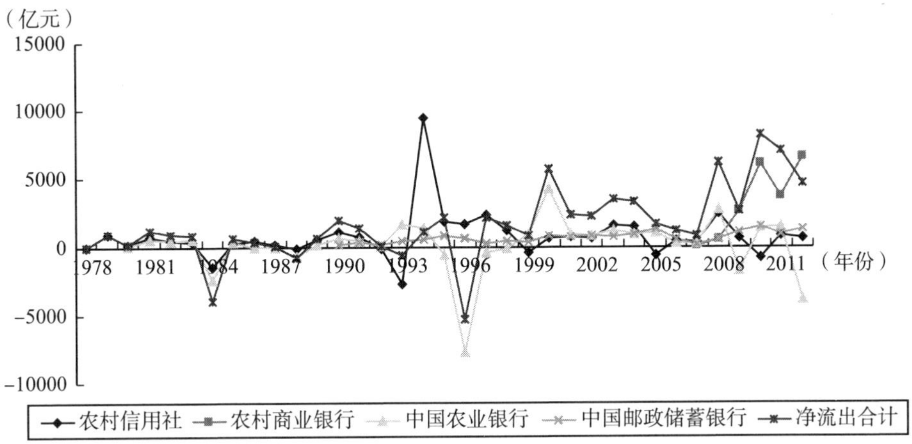

图5－2　金融渠道下的农村资本外流（1978～2012年）

分析这些数据和图表，可得出以下基本结论：

（1）从1978～2012年，通过金融渠道发生的农村资本外流总量达66256.89亿元，年均流出1893.05亿元。特别是直到2007年，之前的变化幅度均较小，而从2008年开始，净流出总量开始在剧烈升降中达到顶点，随后又开始下降。且这一时段通过邮政储蓄银行和农村信用社流出的资本数量较为稳定，通过农业银行发生的资本外流甚至开始下降，只有农村合作银行的资本外流逆势上升，反映出新兴的农村合作银行成为下一个农村“资本抽水机”令人警惕的前景。

（2）这35年间，除2006年才进入统计数据的农村合作银行和个别年份外，通过各金融机构发生的农村资本外流波动幅度不大，或处于波动上升的状态。因此，各年份的净流出总量与各金融机构各量变化较同步。

（3）从1978～2012年，通过农村商业银行、中国农业银行、农村信用社、中国邮政储蓄银行发生的农村资本外流总量分别为 26357. 86 亿元、19645. 02 亿元、4701. 44 亿元、15552. 58 亿元，在总量中的占比分别为 39. 8%、29. 6%、7. 1%、23. 5%。可见，除出现较晚近的农村合作银行外，农村金融体系中的三大金融机构——中国农业银行、农村信用社、中国邮政储蓄银行均在金融渠道的资本流出中占有重要地位，其中又以农村信用社为最。这印证了农村信用社不仅长期不能起到“合作”的作用，反而扮演了农村“资本抽水机”角色的观点。

（三）价格渠道

价格渠道，是指工农业产品价格剪刀差（以下简称工农业剪刀差）导致的净流出。工农业剪刀差是对工农业产品的价格差对其实际价值差的偏离的形象比喻。以一定的时刻为基期，画出工农业产品的价格随时间推移的变动情况，如果出现工业品价格相对越来越高、农业产品价格相对越来越低的情况，像张开的剪刀一般，就称这种特征叫工农业剪刀差。工农业剪刀差政策下，农业产品价格被人为压低，国家得以以低于农业产品价值的价格收购农业产品，使得农业剩余被源源不断地收走，是一种间接隐秘的农村资本外流方式。

在计划经济时期，为了优先实现工业化战略，国家有意压低农业产品价格，工农业剪刀差广泛存在，导致资本流出数额巨大。改革开放后，国家逐渐减少农业产品的统购，扩大其市场交易，工农业剪刀差现象有所缓解。1991 年国家完全放开粮食价格、1993 年全面废除粮食配额制度后，有人认为工农业剪刀差就此消失，也有意见认为直到 1997 年全面放开工业品价格、初步建立以市场机制为基础性资源配置方式时，工农业剪刀差消失才最终消失，还有一些研究者认为工农业剪刀差长期存在，直至当前和今后。出现上述意见分歧的原因是工农业剪刀差是个抽象概念，在将其具体化的过程中不同研究者的理解和定义不同。加之统计口径、计算方法等方面的差异，使这个问题复杂化，形成了不同的研究结果。而且随着研究的深入，剪刀差的含义也发生了外延，有学者提出了更广义的“工农剪刀差”体系，包括工农业发展剪刀差、工农产品价格剪刀差、工农收入支出剪刀差等概念。①

总结起来，工农业剪刀差至少存在着三种计算方法：一种方法是把工农业劳动比折合为无差别的劳动，其根据等量劳动创造等量价值的原理，一般以工人劳动为基准，把农民劳动折合为工人劳动，进而计算工农业产品中价值量的大小，然后根据价格偏离价值的大小计算出剪刀差。一种方法是以价值规律为基础，用国家计划价格和市场价格的偏差来计算。还有一种方法是根据“商品价值 = 产品成本 + 合理盈利”的公式，依照成本核算资料，先分别计算工农产品的价值，然后同各自的现行价格进行比较。②

在这几种观点中，与农村资本外流的相关性较高的是第一种，因此此处采取严瑞珍等（1990）的方法来测算通过价格渠道发生的资本外流。③ 该方法叫作“比值剪刀差动态变化相对基期求值法”，其具体做法是：

第一步，首先，按照社会必要劳动时间决定价值的理论，根据 1982 年第三次全国人口普查资料求出工农业劳动力受教育年限的差别，然后乘以教育费用，进一步计算出工、农业劳动力在熟练程度上的折合系数值。其次，通过半、辅农业劳动力折合出相当于工业的整劳力（注意要考虑到农业中剩余劳动力的存在），进而求出此部分劳动力的折合系数。最后，综合这两部分劳动力折合系数，求出农业劳动力折合成工业劳动力的整体折合系数，其数值是 0.45，意思是指一个农民在劳动能力上大体相当于 0.45 个工人，这是一个平均值。

第二步，首先分别用工业和农业劳动力数量和上面得到的折合系数求得总可比劳力数量，以及工、农占可比劳力的比重。然后分别乘上工农业净产值之和，得出工农业各自新创造的价值，并将其与工农业物质费用分别相加，于是得到工农业产品价值。接下来，以农业品价值减去农业总产值，得出价格转移总额，这个数值除以农业总产值之比再乘以农副产品收购额，就

① 祝树金、钟腾龙：《中国工农剪刀差系统模型构建及实证研究》，载《经济问题探索》2014 年第 2 期。

② 王海涛：《我国工农业产品价格剪刀差的客观性及测算》，载《当代经济》2013 年第 19 期。

③ 严瑞珍、龚道广、周志祥、毕宝德：《中国工农业产品价格剪刀差的现状、发展趋势及对策》，载《经济研究》1990 年第 3 期。

是1982年当年剪刀差的绝对额，这个数值是288亿元。

第三步，首先根据剪刀差的各影响因素的作用，提出“工农产品综合比价比值指数”概念，定义为：

$$\text{工农产品综合比价比值指数} = \frac{IP}{AP} \div \frac{IV}{AV} = \frac{IP}{AP} \times \frac{AV}{IV} = \frac{IP}{AP} \times \frac{IL}{AL}$$

其中，IP代表工业品价格指数，AP代表农产品价格指数；IV代表工业品价值指数，AV代表农产品价值指数；IL代表工业劳动生产率指数，AL代表农业劳动生产率指数。意义：如果公式右边的四项指数是以价格符合价值的时点（具体时点未必可知）为基期，那么工农产品综合比价比值指数就是100，表示没有剪刀差；如果这个指数大于100，表示有剪刀差；如果这个指数小于100，表示有反剪刀差。然后把它代入1982年的数据，就能够算出1982年的工农产品综合比价比值指数是141.57%，然后，任何一年相对于基期——1982年的工农业产品综合比价比值指数，去乘以141.27%，就得到了该年的工农产品综合比价比值指数。之后，用该指数可进一步求得剪刀差差幅年度差异系数和目标年的剪刀差差幅，进而与农副产品收购总额进行运算，即可得出剪刀差的绝对量，即本书所指的通过价格渠道发生的资本外流。

严瑞珍等（1990）采用该方法计算了几个重要年份的剪刀差的绝对量，周振等（2015）按该方法计算了1978～1997年历年的通过价格渠道发生的资本外流。剪刀差绝对额单位为亿元，全部换算为2012年价格，其他均为相对比值。同样，可以将剪刀差绝对额和相对量画在折线图5－3中。

从数据中可以看出，1978～1997年，通过价格渠道发生的农村资本外流总计约为90101.59亿元，年均流出4505.08亿元。从图中可以看出，工农业剪刀差的相对值从1978年开始直到80年代末，首先随着农村经济体制改革的推进有了一个较长时间的下降，但即使最低点仍高达7.1倍，农村经济长期被强制输出的严重性可见一斑。然后从1987年开始，工农业剪刀差开始急剧回升直至1992年，达到18.1倍，几乎与1978年齐平。最后1993年开始又开始下降，直至考察期末的1997年，工农业剪刀差降至最低点2.2倍，之后可以从定性上认为政策性的工农业剪刀差不再重要。还能看出，工农业剪刀差造成的绝对额变化与相对量具有明显的同步性。

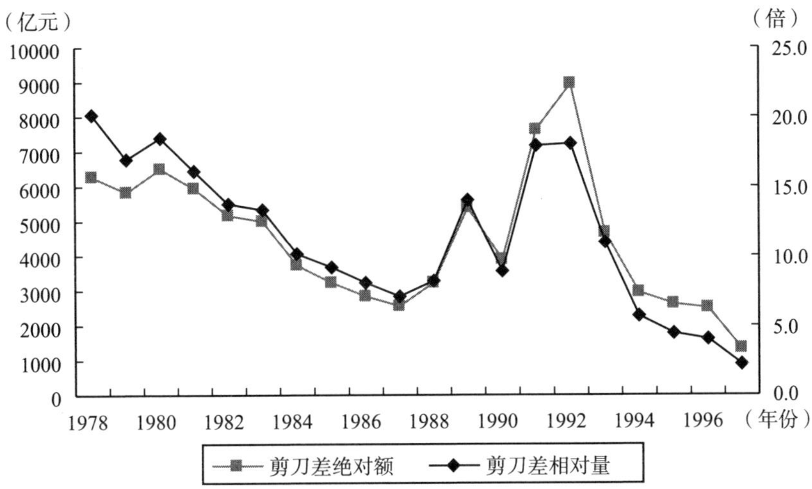

图 5－3　价格渠道下的农村资本外流（1978～1997 年）

将上述三大渠道的数据进行汇总，1978～2012 年的 35 年间，通过这三大渠道发生农村资本外流总量约为 266627.58 亿元，年平均净流出 7617.93 亿元。财政、金融、价格三大渠道的资本流出量分别为 110269.10 亿元、66256.89 亿元、90101.59 亿元，占比分别为 41.6%、24.8%、33.8%。三大渠道均在农村资本外流过程中发挥了不可替代的作用。

（四）城乡资本配置差别

农村经济在近四十年中发生了巨大的资本净流出，但显然不可能是农村资本从头到尾都在流失，而是流入流出同时进行，净流出只是二者相抵消的结果而已。农村资本的输入渠道，主要包括农业贷款、财政支农资本、农户自有资本、民间资本以及部分外资（李富有、郭小叶，2016）。[①] 显然，其中主要的资本输入渠道即为财政支农和金融机构提供的农业贷款。它们为资

① 李富有、郭小叶：《我国农村信贷结构与农村经济增长关系研究》，载《管理学刊》2016 年第 1 期。

本短缺的农村经济带来了宝贵的资本支持，如果没有这两项，本身在与城市经济竞争中就处于弱势地位的农村经济，将更加局促甚至陷入萧条。但即使如此，作为弥补农村资本外流的政策措施，财政系统和金融系统在反哺农村的过程中所奉行的仍然是城市偏向原则。具体而言，政府在制订财政支出计划时，仍然是以城市为投资重点；金融系统在确定贷款条件时，为农村设置了更高的“门槛”和预留了更少的资本。这就使得财政和金融系统对农村的支援从根本上从属于将农村资本抽离农村以支援城市的总体方针，无法对农村资本外流的现状做出有效的改变，让对农村的支援更多地带有“施舍”而不是“补偿”的意味。这种弥补措施某种意义上可看作农村资本外流的另一种途径。为分析这一方面的作用，需要进一步考察财政和金融系统在城乡资本配置上的区别政策。

第一是财政系统。表 5 - 2 表示的是历年的财政支农支出和国家财政总支出各自的增速，以及前者在后者中的占比。因为《中国农村统计年鉴》从 2013 年开始不再设置“财政支农”项目，改用农林水支出表征国家财政对农村经济的支持，所以表 5 - 2 也使用统计年鉴中的“农林水支出”代替 2013 ~ 2016 年的财政支农数据。

表 5 - 2　　全国财政总支出和财政支农支出的比重及增速　　单位：亿元、%

年份	全国财政支出	支农支出	比重	全国财政支出增速	支农支出增速
1978	1122.1	150.7	13.4		
1979	1272.5	174.3	13.7	13.40	15.68
1980	1228.8	150.0	12.2	-3.43	-13.96
1981	1138.4	110.2	9.7	-7.36	-26.53
1982	1230.0	120.5	9.8	8.05	9.35
1983	1409.5	132.9	9.4	14.59	10.29
1984	1701.0	141.3	8.3	20.68	6.32
1985	2004.3	153.6	7.7	17.83	8.70
1986	2204.9	184.2	8.4	10.01	19.92

续表

年份	全国财政支出	支农支出	比重	全国财政支出增速	支农支出增速
1987	2262. 2	195. 7	8. 7	2. 60	6. 24
1988	2491. 2	214. 1	8. 6	10. 12	9. 40
1989	2823. 8	265. 9	9. 4	13. 35	24. 19
1990	3083. 6	307. 8	10. 0	9. 20	15. 76
1991	3386. 6	347. 6	10. 3	9. 83	12. 93
1992	3742. 2	376. 0	10. 0	10. 50	8. 17
1993	4642. 3	440. 5	9. 5	24. 05	17. 15
1994	5792. 6	533. 0	9. 2	24. 78	21. 00
1995	6823. 7	574. 9	8. 4	17. 80	7. 86
1996	7937. 6	700. 4	8. 8	16. 32	21. 83
1997	9233. 6	766. 4	8. 3	16. 33	9. 42
1998	10798. 2	1154. 8	10. 7	16. 94	50. 68
1999	13187. 7	1085. 8	8. 2	22. 13	-5. 98
2000	15888. 5	1231. 5	7. 8	20. 48	13. 42
2001	18902. 6	1456. 7	7. 7	18. 97	18. 29
2002	22053. 2	1580. 8	7. 2	16. 67	8. 52
2003	24649. 9	1754. 5	7. 1	11. 77	10. 99
2004	28486. 9	2337. 6	8. 2	15. 57	33. 23
2005	33930. 3	2450. 3	7. 2	19. 11	4. 82
2006	40422. 7	3137. 0	7. 9	19. 13	28. 03
2007	49781. 4	4318. 3	8. 7	23. 15	37. 66
2008	62592. 7	5955. 5	9. 5	25. 74	37. 91
2009	76299. 9	7253. 1	9. 5	21. 90	21. 79
2010	89874. 2	8579. 7	9. 5	17. 79	18. 29
2011	109247. 7	10497. 7	9. 6	21. 56	22. 36
2012	125953. 0	12387. 6	9. 8	15. 29	18. 00
2013	140212. 1	13349. 6	9. 5	11. 32	7. 77

续表

年份	全国财政支出	支农支出	比重	全国财政支出增速	支农支出增速
2014	151785.6	14173.8	9.3	8.25	6.17
2015	175877.8	17380.5	9.9	15.87	22.62
2016	187841.1	18441.7	9.8	6.80	6.11

注：来源于历年《中国农村统计年鉴》。

从表5－2中可以看出，1978～2015年38年间财政支农的变化情况，进而分析出财政支出对农村的分配情况。

首先，就财政支农支出数额在国家财政总支出数额中所占的比重来说，除最初的几年外，其余年份均在10%的水平上浮动，且大多数年份低于10%。特别是2000年之后的一段时间，大部分时间低于8%的水平。这一方面说明了国家财政在支农支出的分配方面保持着一定的稳定性，另一方面也显示出数量上的长期地位。大部分发达市场经济国家的财政总支出中用于农业的支出占比时常高达25%以上，与之相比，我国在农业上的财政支出尚有较大差距。财政支出总量一定，除用于农村就是用于城市，而支农支出占比不高，表明财政支出的大部分数量是投向城市的。从所能获得的财政支出总量上，农村与城市相比就处于劣势地位。

其次，财政支农支出的增速方面，38年间的财政总支出和支农支出的数量变化均发生了明显的波动。就二者的关系而言，有些年份二者具有较高的同步性，但有些年份并不同步，出现了支农支出增速高于或低于同期财政总支出增速的现象。这反映出，财政总支出和支农支出之间具有复杂的关系，带来的结果便是国家财政对农业的支持力度存在一定的不稳定性，有可能会与农村经济的稳步发展发生脱节，从而产生不利影响。另一方面，通过简单的描述统计可知，财政总支出增速的方差小于财政支农增速的方差，而财政总支出支农支出所占比重不高，所余大部分为投向城市的财政支出，可知城市所得财政支出具有比农村所得财政支出更高的稳定性。这一事实说明，农村所获取的财政支持，其稳定性也同样低于城市所获取的财政支持，这是农村劣势地位的又一个体现。

另外是金融系统。表 5 - 3 是历年金融机构的农业贷款占贷款总额的比重。从 1997 年开始，乡镇企业贷款被列入到金融机构贷款项目中，因此从 1997 年开始增加乡镇企业贷款及其比重两项。2010 年时统计口径发生了变化，使得乡镇企业贷款的数量与之前有较大差距。

表 5 - 3　金融机构贷款、农业贷款、乡镇企业贷款总额和比重　单位：亿元、%

年份	金融机构贷款总额	农业贷款	农业贷款比重	年份	金融机构贷款总额	农业贷款	乡镇企业贷款	农业贷款比重	乡镇企业贷款比重
1978	1850. 0	115. 6	6. 25	1997	74914. 1	3314. 6	5035. 8	4. 42	6. 72
1979	2039. 6	136. 7	6. 70	1998	86524. 1	4444. 2	5580. 0	5. 14	6. 45
1980	2414. 3	175. 9	7. 29	1999	93734. 3	4792. 4	6161. 3	5. 11	6. 57
1981	2764. 6	189. 7	6. 86	2000	99371. 1	4889. 0	6060. 8	4. 92	6. 10
1982	3180. 6	212. 5	6. 68	2001	112314. 7	5711. 5	6413. 0	5. 09	5. 71
1983	3589. 9	231. 2	6. 44	2002	131293. 9	6884. 6	6812. 3	5. 24	5. 19
1984	4766. 1	368. 1	7. 72	2003	158996. 2	8411. 4	7761. 6	5. 29	4. 88
1985	5905. 6	416. 6	7. 05	2004	178197. 8	9843. 1	8069. 2	5. 52	4. 53
1986	7590. 8	570. 4	7. 51	2005	194690. 4	11529. 9	7901. 8	5. 92	4. 06
1987	9032. 5	685. 8	7. 59	2006	225347. 2	13208. 2	6222. 0	5. 86	2. 76
1988	10551. 3	814. 2	7. 72	2007	261690. 9	15429. 3	7112. 6	5. 90	2. 72
1989	14360. 1	1955. 2	13. 62	2008	303467. 8	17628. 8	7454. 3	5. 81	2. 46
1990	17680. 7	2412. 8	13. 65	2009	399684. 8	21622. 5	9029. 3	5. 41	2. 26
1991	21337. 8	2976. 0	13. 95	2010	510651. 0	26043. 2	65581. 2	5. 10	16. 40
1992	26322. 9	3868. 5	14. 70	2011	585339. 6	31023. 0	90446. 0	5. 30	15. 50
1993	32943. 1	4839. 1	14. 69	2012	670277. 8	36195. 0	109272. 0	5. 40	16. 20
1994	40658. 3	4644. 5	11. 42	2013	670277. 8	36195. 0	109272. 0	5. 40	16. 20
1995	50538. 0	3019. 1	5. 97	2014	763508. 5	45047. 0	127978. 0	5. 90	12. 70
1996	61152. 8	7123. 0	11. 65	2015	837296. 9	53587. 0	140796. 4	6. 40	16. 80

注：来源于历年《中国金融统计年鉴》。

从表5－3中可以看到1978～2015年农村经济的两大组成部分农业和农村非农产业在金融机构贷款分配中的地位。首先，对农业而言，其所能获取的金融机构贷款的总量在这38年间虽然存在反复，但总体上呈现出递增的趋势。这固然反映出农村所得贷款在总量上的进步性，但是一旦从比重上进行考察，就可以发现其中的问题。从农村贷款在金融机构贷款中所占比重来看，农村贷款的比重经历了一个先增加后减少并保持较低位置稳定的过程。1978～1996年，除1995年外，农业贷款的比重一直处于上升中，并于1996年达到了历史的最高峰，即11.65%。这个比重不可谓不高。但从1997年开始，农业贷款发生了绝对量和比重双双跳水的事件。在这之后，农业贷款的绝对量又开始逐年递增，比重也开始缓慢地上升，但始终停留在5%～6%的区间，直至2015年才终于突破6%的关口。可见，农业贷款在金融系统的信贷分配中始终被置于次要地位。

与农业贷款相比，乡镇企业贷款的意义更重要。乡镇企业作为农村经济中非农产业的典型代表，其发展对农村经济的顺利发展具有决定性作用。由于乡镇企业经营的绝大多数是非农产业，与农业相比更富有资本密集型的性质，所以对资本的需求也更旺盛，而如果乡镇企业能够得到充足的资本支持，无疑会更有利于农村地区的发展。从表中可以看出，从开始统计乡镇企业贷款的1997年开始，乡镇企业贷款从总量上不断增加，但其在金融机构贷款中所占比重则走过了先下降后上升的轨迹。特别是近年来，农村企业贷款所占比重不断提高，对农村企业而言是利好的现象。但与城市工商业和服务业相比，农村企业所占的仍是少量，不能满足其发展的需求。

另一方面，李茂林（2014）的研究得出，如果用农业贷款与农业国内生产总值的比值表示农村信贷比率，用非农业贷款和非农业国内生产总值的比值表示城市信贷比率，就可以从城乡各自的信贷比的对比中反映出城乡在信贷分配上的对立关系。[①] 表5－4为1995～2014年我国城市及农

① 李茂林：《我国银行信贷资源配置对城乡收入差距的影响研究》，贵州财经大学硕士学位论文，2016年。

村的信贷比率和存贷差。

表 5－4　　城乡信贷比率　　单位：%

年份	农村信贷比率	城市信贷比率	年份	农村信贷比率	城市信贷比率
1995	24.87	97.65	2005	51.43	112.70
1996	30.69	99.46	2006	54.94	110.33
1997	22.96	110.94	2007	53.89	103.83
1998	29.99	117.96	2008	52.31	101.93
1999	32.45	118.76	2009	61.38	123.84
2000	32.71	112.12	2010	56.87	119.08
2001	36.19	113.56	2011	51.47	119.89
2002	41.63	119.86	2012	52.07	125.09
2003	48.39	127.14	2013	53.42	129.65
2004	45.97	121.59	2014	55.51	136.01

注：李茂林：《我国银行信贷资源配置对城乡收入差距的影响研究》，贵州财经大学硕士学位论文，2016 年。

从表 5－4 中可以清晰地看到，从 1995 年开始，除 2009 年外，农村信贷比始终小于 60% 的水平。虽然从整体来看呈现逐年上升的趋势，但 2004 年之前均低于 50%，之后均停留在 50%～60%，且近年来甚至还出现了下降的趋势。与之形成鲜明对比的是，城市的信贷比除 1995 年、1996 年两年以外，无不高于 100%，而且除少数几年之外，均保持在 120%～130% 的高位，且近年来都呈现出持续上升的趋势。即使是在 2009 年农村信贷比达到最高值 61.38% 的时候，这个数值也比城市信贷比（1995 年达到最低值 97.65%）低了 36 个百分点。另外，这一时期城乡信贷比的平均值分别为 116.07% 和 44.46%，城市信贷比是农村信贷比的将近 3 倍。将城市与农村的信贷比相比较，城市与农村在获取信贷资源上的地位高下立见。

这些数据可以作为前文所述的金融渠道的“抽水机”作用的一个有力佐证，更强调了在贷款也就是资本的注入方面城市与农村的不同境遇。长期以来，各商业银行在农村的贷款远远小于从农村吸收的存款，二者相差的部分便是投入城市的贷款，由此出现了城市的信贷比高于100%的现象。也就是说，农村经济扩大再生产所需要的资本，实际上只能得到与其所创造的价值相比很低的数量，而城市却可以坐享其成。这无比深刻地显示了城乡在获得银行信贷中的悬殊地位。

综合以上分析可知，在财政系统和金融系统的资本分配上，农村与城市的地位有着巨大的差别。城市长期以来受到政策和市场的偏爱，无论是财政资本的分配还是信贷资源的分配，均为城市设置了各种便利条件，使城市能较容易地获取资本支持。而农村恰恰相反，财政系统不以农村为投资重点，金融系统不以农村为放贷重点，实际上实行歧视性政策。农村经济本身即具有脆弱性，已有若干渠道导致了大量的资本流出，而在仅有的资本注入过程中还要受到有意识的限制，无疑是对农村资本外流的推波助澜。

三、农村资本外流的原因与机理

（一）农村资本外流的原因

从以上情况可以看出，我国农村资本外流数量基本上呈现出逐年递增的趋势，这种现象背后必然存在深刻的原因，而且原因并不单一。在这些原因中，既有现实的原因，又有历史的原因，既有市场的原因，又有政策的原因，既有微观主体的原因，又有宏观的原因。需要注意的是，在这些原因起作用的过程中，有一个农村的经济主体均以不同方式参与其中，这就是农村非农产业。

1. 城乡二元体制与城市偏向政策

长期以来，城乡二元体制已经成为中国经济的一个基本特点。在这种二元经济体制下，市场被划分为城市与乡村两个相互对立又密切联系的经济体系，在这两个相对独立的经济体系中，各种政策存在着巨大的差别，尤其体现在政治经济政策方面，这一巨大差别为农村资本外流入城市创造了基本的土壤。

城乡二元体制是具有深远的历史渊源的。在传统的中国自然经济中，城乡之间的经济关系十分独立，虽然统治者主观上并不想实行城乡分治，但客观上却存在着城乡分治的条件和基础。在农村，人口数目较少的地主阶级占有绝大多数的土地，而广大农民阶级却少地甚至无地。农业的整体生产力水平也十分低下，由于中国人口数目多，农民没有动力进行劳动节约型的农业技术改良。在这种封建生产关系下，农业的发展仅仅依靠自身的积累会极度缓慢，除非有外界力量的干预。一旦近代工业开始在城市起步，其先天的优势就会使其比农业发展速度更快、发展前景更广阔。这样，城乡对立的条件已经基本成熟。这也是近代史上所发生的事实。近代以来，随着资本主义工商业在沿海、沿边地区的发展，城市工商业逐渐发展起来。此时的中国政府，虽然也像封建统治者一样没有城乡分治的意愿，但无奈城乡的对立的局面已经自然地出现，城乡二元体制已经初见端倪。

新中国成立后，发生了决定性的变化，即城乡分治由自然发生上升为国家意志。进一步地，城乡对立被制度固定下来，即形成了城乡二元体制。新中国成立后，巩固政权、维护国家统一和民族独立成为首要目标，国防建设和工业化成为经济建设的核心。但当时的条件却是国际上受到封锁，国内工业基础薄弱，本身即需要大量的资本投入。在这种情况下，只有通过将农业剩余转移到工业上才能维持一定的资本投入供给。因此，国家不得不牺牲农村经济的利益来优先发展工业，进而保证国家的整体利益，其具体做法便是城乡分治。这既是政府明确的主观意志，又客观上极大地固化并深化了城乡发展的不平衡。

改革开放以来，特别是冷战结束后，国际形势趋于缓和，国家开始有意识地改变这种城市偏向，在利益分配中改善对农村的分配。然而，实际层面的国际竞争并未松懈，反而愈演愈烈，综合国力的增强没有一天可以耽误，所以时至今日农村仍然在不断地付出，利益分配中的改善是相对的。这种情况短时期内不会改变，城乡二元经济体制将长期存在。

城乡二元经济体制既是一个历史现象，又是一个现实考量。在城乡二元经济体制下，政治、经济、社会等方面的建设都围绕着先发展城市经济和非农产业来开展，各行各业都统一服务于城市化战略，农村的发展从属于城市的发展。城乡资本流动的各种渠道都被用于将农村资本和农业剩余转移到城市来，农村资本持续发生源源不断的外流。前面所述各种渠道的资本外流，如农业税费和差别定价这样的行政手段、市场经济中的金融机构的"抽水机"作用，都是这样的经济体制下经济运行的具体机制。只要存在这样的制度基础，就必然导致这样的渠道行为。可以说，城乡二元经济体制是农村资本外流的根本原因。

国家的城市优先、集中力量实现工业化的城市工业化原则的实践，所依靠的运作机制是人为地建立一个城乡分割的经济体制，亦即城乡二元体制。城乡二元经济体制并不是原生的，只是经过长期有意识地建立之后，才作为一个结果被巩固下来。在此过程中，对城乡进行人为的分割从一种不是既成现实，而是需要目标的权宜之计，逐渐变成了事实，随之产生的便是国家层面的城市偏向的建立。

国家层面的城市偏向，指的是各级政府在其所能掌握的资源配置和政策制定中，有意识地将资源和机会等有利因素向城镇方面分配和集中。如果说改革开放前面临国际冲突危险的时期所进行的城乡分治是一种被动的无奈之举，那么改革开放后沿用下来的城乡分治则是一种主动的行为。多年来，"城市经济发达，技术水平高，回报率高，发展前景广阔；农村经济落后，技术水平低，回报率低，发展前景狭窄"从现象变成观念，深植于决策者的思维中。当对发展经济的追求被前所未有地激发起来时，只有城市经济能担负起这个重任，政府越来越依赖于城市经济的发展，也越发愿意为城市经济发展创造条件而逃避促进农村经济发展的责任。这样，除了城乡二元经济体制提供了客观上农村经济受抑制的土壤，还有城市偏向也成为与之相互呼应相互促进的主观因素，这些因素从根本上决定了农村经济的地位的低下。

2. 农村经济天然的脆弱性

农村经济不仅包括纯粹的农业，还包括农村的非农产业。农业的弱质性与农村非农产业的弱势性，共同构成了农村经济的脆弱性。

首先是农业的弱质性。农业的弱质性，指的是由农业本身的性质决定的其生产效率低、风险高、要素回报率低、发展缓慢、发展空间狭小等特性。农业弱质性有其特殊的根源，即农业的生产对象是生命有机体，在生产过程中其自然属性的影响远远超过社会经济属性的影响。农业生产是利用生命有机体生长繁殖的自然规律作用来获得农产品的过程，环境条件的好坏是这一过程的结果的决定性因素。而环境条件的好坏又有极大的不确定性，农产品的数量和质量就同样带有极大的不确定性，即“靠天吃饭”。产品的不确定性一经参与经济运行，就会转变成产业的风险性。农业这一产业的风险性是根植于生产环节的，它会传导至农业的消费、交换、流通等各个环节。另外，由于农产品在人类的需求层次中居于最基础的层次，所以农产品的需求弹性很小。“恩格尔定律”表明，伴随着收入水平的提高，人们的食品开支占总支出的比重不断下降。这个理论说明，农产品市场极易饱和，发生生产过剩。这两种因素决定了农业具有明显的弱质性。

如此的先天不足，使得农业在与工业的竞争中处于不利地位。相比于工业，农业生产效率低、风险高、资本回报率低，在市场经济条件下没有投资会愿意进入这样的行业。农业的发展急需资本的支持，农村经济的资本边际收益率实际上高于城市，但资本不仅没有流入农村，反而源源不断地流出，即出现所谓“卢卡斯陷阱”（彭小辉、史清华，2012）。[①] 排除行政因素的直接干预，市场条件下都没有有效的投资，势必归因于农业的弱质性，具体表现为制度环境不健全、投资风险较高以及金融体系的不完善等方面。这种弱质性的存在，即使是通过对配置资源最有效率的市场机制的作用也极易发生自发的外流，更不用说在中国的现实环境下，行政力量对农村资本的人为转移则更加一发而不可收。

其次是农村非农产业的弱势性。在农村经济中，农业因其弱质性，本身

① 彭小辉、史清华：《“卢卡斯之谜”与中国城乡资本流动》，载《经济与管理研究》2012 年第 3 期。

不能与城市工业相等量齐观。实现城乡统筹发展，农业不能担当起决定性的重任，这一重任只能落在农村的非农产业肩上。农村非农产业虽地处农村，却具有同城市的第二三产业同样的先进性。农村非农产业可以起到增加农村居民收入、推动农村剩余劳动力转移、改善农村产业结构、加速农村经济的现代化、缩小城乡发展差距的作用，使农村能够脱离落后的农业生产方式的行伍，使农村经济整体上上升到一个带有更高的工业化因素的层次。有了这样的保障，农村经济才能在与城市经济的竞争与合作中有谋求少受压抑的公平地位的可能性。

农业是农村经济的主体，非农产业在农村经济中所占比重较小，却在农村经济中占有极为重要的地位。然而长期以来，在城市偏好的思想和实践下，农村经济从整体上受到抑制。虽然没有专门针对农村非农产业的限制性措施，但是作为农村经济的组成成分，在农业剩余被抽取支援城市的情况下，非农产业亦难以在农村自发形成与发展。虽然改革开放以来，有了一些鼓励农村非农产业发展的政策，但农业的虚弱积弊已久，一时之间难以有根本性的改观。农村非农产业不仅与城市的第二、第三产业不能等量齐观，在农村经济中也处于从属于农业的地位，这样就造成的农村非农产业的弱势性。

农业的弱质性与农村非农产业的弱势性，这两弱构成了农村经济的总体脆弱性。农村经济的脆弱性，一方面使得农村在与城市争取经济资源时处于弱势地位，以至于靠自身的力量永远无法发展起来，这就为通过诸如金融渠道的资本流出创造了可能；另一方面使得在与城市争取政治资源时，农村经济在处于弱势地位，而政治资源往往带动着经济资源，其效能有时甚至比市场更强劲，这就为通过财政渠道和价格渠道的资本流出创造了可能。

经历了长期的受抑制后，农村经济不仅在绝对的发展水平和生产力上远远落后于城市，更重要的在自我发展的能力上受到了持久性的损伤。假如说计划经济时代农村的落后是由于国家政策性的歧视，那么在国家政策转向以工促农、城市反哺乡村之后，农村仍然发展缓慢，无疑是自身的发展动力创造功能损失殆尽的缘故。

农村经济迟迟不能成为有力的增长引擎，使得国家仍不得不将城市作为经济增长速度的唯一依靠，而支援农村只能是增长得到保证之后的次要目标。而国际国内形势从来没有过根本性的缓和，国家始终需要保证增长速度，需要优先将资源投向城市，就必然抽取农村资本注入城市和在资源使用上厚城薄乡。农村陷入了经济脆弱——→发展缓慢——→国家只能以城市经济为发展的唯一依靠——→国家抽取农村资本注入城市、在资源配置上偏向城市——→农村经济更加脆弱的恶性循环当中。而这一切的起点便是农村经济的脆弱性。

3. 金融系统的商业化对落后的农村经济的侵蚀

商业化对农村金融的侵蚀，主要指的是金融机构的商业化运作对农村资本的抽取作用。近十几年在国家对金融业发展的指导思想的指引下，商业化成为各大银行的重要运营原则，农村金融体制随之发生了很大变化。首先是1995年《商业银行法》实施后，农业银行撤销了大量农村经营网点，农村贷款规模不断减小，支农力度逐渐减弱。而同时，国家并没有出台政策及时填补这一撤退所造成的农村金融的支农空缺，这导致了近年来农村金融一定程度上的混乱和倒退。更重要的是，二十多年来，作为政策性农村金融机构，农业发展银行主要发放的是粮棉收购资本贷款，真正的支农职能发挥得并不充分。最近这些年，农业发展银行的小额信贷业务逐步增加，但是仍然无力承担农业长期发展的大中型项目建设资本供给。所以，农业发展银行至今尚未发展成树大根深的大型金融机构，不能提供强有力的金融支持。而另一方面，无论是信用合作社还是村镇银行等新型农村金融组织，其规模都不能与农业银行相提并论。这些合作性的农村金融机构实力微弱，不可能完成繁重的金融支农任务。

理论上，金融对农村经济的发展本应起到强有力的支持作用，然而现实却与理论截然相反。商业性是金融的本质属性，金融机构的逐利无可厚非，其之所以对农村经济产生侵蚀，原因就在于农村经济的发展程度，远未达到能参与现代化的产品和金融市场的条件。也就是说金融业是一个具有高度灵活性的行业，从计划经济向市场经济的转型十分迅速，转型完成之后很快实现了商业化。而农村经济长期停留在低水平的地位，远远落后于金融业的发展水平。当农村经济发展到一定程度时，金融的发展会对其产生助力；但在发展到这一程度之前，农村与金融的联系就必然带来资本流出的后果，对农村经济产生侵蚀。

这实际是农村经济的脆弱性与金融系统的商业性共同作用的结果。与政策造成的恶性循环类似，农村经济中还存在着经济脆弱——发展缓慢——金融系统以城市经济为利润的主要增长点——金融系统吸收农村资本注入城市、在金融资源配置上偏向城市——农村经济更加脆弱的恶性循环。如果说农业因其弱质性天然地在进入市场时处于劣势，则农村的非农产业本不应有类似的先天不足，正是应该以农村非农产业代表农村经济与金融业发生对接，实现金融业对农村的扶助。但正是因为长期积弊下的农村非农产业的弱势性，使农村非农产业连基本的发展程度都不能达到，无力开展合作，只能听任金融系统将农村资本不断抽出。

另一方面，商业化使得农业银行从农村撤退，使得政策性银行——农业发展银行力不从心，使得合作性金融机构如农村信用合作社以合作金融为名行商业运作之实，结果就是金融体系支农的功能不能有效发挥。这也从反映出农村经济没有优质的投资热点的问题。总之，在农村经济脆弱的前提下，金融系统的商业化是造成农村资本外流的一个直接原因。

4. 农民的经济行为

与其他任何一种市场主体一样，农民也是追求利益最大化的，有时甚至表现得比其他行业或城市居民更加逐利。农民追求利益最大化的经济行为可以表现为多个层面，各个层面的农民逐利行为都能与农村资本外流发生联系。首先是农民的行业选择。传统的农民除了从事农业别无生路，而现在可以选择打工，相当于投身于第二、第三产业。第二、第三产业的工资收入普遍高于农业，投身第二、第三产业无疑会增加农民的家庭收入。然而，如果农民所投身的第二、第三产业企业处于城市，则农民将会倾向于把打工所得收入储蓄起来，将来在适当的条件下到城市落户，几乎不会汇回农村发展农业。伴随着农村剩余劳动力的流出，有时甚至是必要劳动力的流出，农村经济自我造血的功能日渐枯竭，间接造成了农村资本外流。而如果农民所投身的第二、第三产业仍属于农村经济的范畴，且其工资收入与满足农民的迁移成本之和与在城市打工的收入相差无几这一条件能够满足，则不仅其创造的价值可以留在农村，从性质上看是农村的自我发展，而且其落户城市的需求将明显下降。但是这就需要农村非农产业的繁荣。而这恰恰是目前远未达到而需要作为农村经济发展的突破口加以推动的。

然后是农民的投资行为。长期以来，农民在投资问题上的选择十分单一，绝大多数农民会将自己的收入存入信用社或银行以获取少量的利息。这实际上是计划经济和生产资料纯粹公有制条件下农民所能采取的唯一的投资方式。社会主义市场经济建立后，农村因其经济的落后和农民思想的保守，这种投资方式仍然延续了相当长的时间。直到今天，只有一些少数经济发达地区的农民才会考虑诸如股票、证券等金融性投资，或集资创业和投资企业等产业性投资，大部分欠发达地区的农民仍停留在存银行拿利息的阶段。正是由于这种情况，金融机构成为农村资本外流的一大渠道才成为可能。造成这种情况的原因，固然有着农村信息闭塞、农民思想保守等复杂的社会原因，但基础原因必然是农村缺少有效的投资对象。如前所述，农村非农产业作为农村经济的先进性成分，其本身的发展亦需要大量的资本注入，又是农民身边具体可感的经济主体，本应扮演农民投资的重要需求者和吸收者的角色。如果农民能观察到他们身边的某个非农产业企业发展势头很好，收益率高于等于银行利率，投资的“门槛”也不高，农民显然会以对该企业投资为首选，不再简单存银行了。但是，正是由于其弱势性，非农产业始终不能成为这种有效的投资项目。这不仅直接造成了农村资本通过金融渠道流出，更造成了农村非农产业急需的资本支持的流失，使得农村非农产业的处境更加不利，结果便是从深层次上破坏了农村经济，造成了农村资本的间接外流。

5. 农村资本的不充分使用

农村资本长期净流出是一个不争的事实，然而净流出是结果，流入与流出是同时存在的，也是不同步的。当期流入农村的资本，并非当期即告流出，而必然经过一系列过程，经过各种分流，与之前流入的和当期产生的合流，才会在未来某一期流出。如果能在资本流入尚未流出之前能充分利用，同样能够对农村经济的发展起到应有的作用，但实际上这一点很难做到。行政体系和农村经济中存在着各种各样的因素，阻碍了农村资本的充分利用。

例如，财政支农过程中存在着资本管理机构职责不明确、使用分散的问题。支农资本涉及的部门有十几个，资本多头下达，导致项目交叉重复建设、资本浪费，而且难以形成合力，大大降低了我国财政支农资本的使用效率。更重要的是，财政支农属于政策性支出，是在一个由各层级和条块的政府机构和金融机构所组成的行政体系下拨发和运行的。这样的制度安排，可以动员起各类政府职能部门参与到支农工作中并发挥它们的专业优势，以及避免设立过于庞大的管理机构，降低管理成本，但同时也带来了各级各条块的机构更难以沟通协调的问题。不同的层级的机构之间实际上是一种委托—代理关系，这就必然带来信息不完全下的上下级博弈行为，结果便是资本的逐级漏出风险。农村资本被挪用事件时有发生，就是下级机构的综合收益最大化目标与上级机构农业收益最大化目标的冲突造成的。

农村内部也存在着巨大的问题。整体而言，农村经济普遍技术水平低，农民素质不高，即使实际发到农民手中的资本，也往往不能得到有效使用。一些地方的农民将扶贫资本用于消费坐吃山空、等待上级部门再次下发扶贫资本，一些地方农民喜好现金支援、厌恶生产资料支援，某些县乡以能申请到贫困县乡为政绩和荣誉等事件时常见诸报端。有这些事情发生的地方，其农村资本即使能如数下发，利用效率也可想而知。此外，无论是农民还是农村非农产业经营者，其使用资本的能力整体上均弱于城市工商业者，农村资本的使用往往局限于回报周期短、见效快，但是无助于长远发展、需要长期投入的项目，即资本的使用多短期应付，少长期积累，不可谓不是有限资本的不完全使用。

与农村经济发展所需相比，农村资本本身规模是不足的。但在这种情况下，有限的农村资本都由于行政体系与农村经济内部的种种原因而得不到充分利用。农村资本的不完全利用使得农村经济失去了大量内部优化、内生增长的机会，造成了长远而隐形的伤害，使农村资本在更长的时期中发生源源不断的外流。

（二）城乡资本流动机理

刘易斯的二元经济模型中，劳动力要素被城市较高的工资水平所吸引而转移出农村，成为工业部门重要的劳动力来源。同样的道理，二元经济结构下资本价格的差异也会使资本要素的流动更偏向城市部门，使农村的资本存量不足问题在城乡二元结构背景下变得更加严重。

图5－4基本呈现了城乡资本流动的机理，图中各种箭头所指都是资本要素的流向。城乡资本流动机理可以从三个方面进行把握：第一，各种自然和人为因素导致资本天然地向城市聚集；第二，资本流出农村的结果，是给农村带来了更大的隐患，形成了一个资本流出农村的恶性循环；第三，为了扭转资本单向流动的态势，政府往往通过财政等手段支持农业，这是一种资本配置手段，而资本配置的结果往往不尽人意，反而又形成了一个资本流出农村的恶性循环。这三个方面分析的结果都是资本流出农村，表现在图上，就是图中间偏右的三个同时指向城市的箭头。

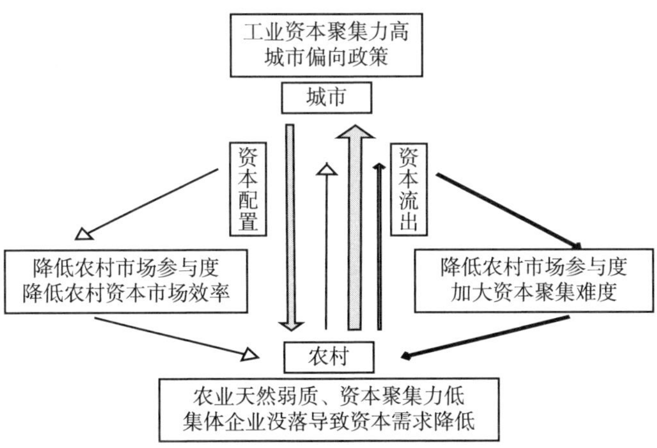

图5－4　城乡资本流动机理

1. 先天劣势与后天政策导致资本从农村流向城市

众所周知，农业生产具有天然的弱质性，这是一个普遍性的问题，不仅包括我国在内的发展中国家和地区面临这个问题，发达国家和地区同样也难以逃避这个问题。对自然的高度依赖导致的高自然风险和近乎完全竞争、产品需求价格弹性低导致的高市场风险，致使传统农业生产的预期收益率比较低，相应地，资本回报率也远比工业和其他现代部门低。在很多时候，当大量资本被农业生产占用之后，农户的消费能力相应地就被削弱了，再考虑到农户其他必须支付的项目——子女教育、医疗费用等各项支出，原本就不足的消费能力将更为低下。种种情况导致农业部门市场难以逃脱低水平循环。而且，在我国，个体农户进行农业生产的主要资本来源是自有资本，由于农业生产本身回报率比较低，农户使用自有资本进行生存就会存在极大的风险，或者说机会成本比较高，这也是现阶段农村劳动力和资本要素大量流向城市的重要原因。

农业与工业相比，其资本聚集的能力处于劣势。农业生产中有着其他产业不具备的特性，例如季节性、地域性和鲜活性等特征，这些特征决定了对农业产品的消费具有地域限制。农户本身的资本需求并不高，而且处于低水平循环中，再加上农村资本市场本身的不健全，更使资本要素的聚集增加了难度，这又进一步影响到了其他生产要素的聚集和完整产业链的形成。

农村部门的集体所有制经济的一个典型载体就是乡镇集体企业，它们多数是非农产业，这些非农产业的发展并不总是一帆风顺。农村集体非农产业存在一个共性，就是处在整个产业链的低端，由于技术附加值较低，一般都是劳动密集型企业。随着城市经济的快速发展，城市规模持续扩大，农村集体非农产业的市场空间边界逐渐被城市工业蚕食，逐渐失去市场地位。这些乡镇企业的没落，一方面加剧了农村劳动力要素的流出，劳动力流出往往伴随着资本的流失，另一方面，农村的资本需求进一步降低。章元、许庆和邬璟璟（2012）的研究印证了这个观点，他们指出，工业对农业具有渗透效应，伴随着工业化的快速发展，往往是农业部门贫困程度的加剧。工业化初期处在劳动密集型阶段，此时城市需要大量的劳动力，各国往往允许劳动力流向城市工业部门，这有利于帮助农村剩余劳动力提高收入水平，但是，农村的劳动力流失往往伴随着资本随之流失，从而加剧了农村的生产要素环境恶化。①

另外，长期以来的城市偏向政策也是导致资本从农村流向城市的重要推动因素。这些城市偏向政策层次很多，大到重工业优先的工业化战略、小到不平等的工农业产品价格体系，涵盖的范围也很广，既有经济方面的财政、金融政策和公共福利政策，又有政治、文化等方面的政策。这些政策的合力，加剧了各种生产要素从农村向城市的集聚，资本要素也不例外。

在农业天然弱质性、工农业资本聚集力差异、农村非农产业的没落和城市偏向政策等的影响下，大量农村资本流向城市，表现在图中，就是较粗的箭头从农村指向城市。

2. 农村资本流出本身导致恶性循环

资本的外流给农村、农业发展带来了更大的困难，导致农村市场参与度低、资本聚集更为困难，这些因素反过来又加剧了资本流出农村的速度，由此形成了图中右侧形成的一个小的循环，这是一个恶性循环：农村资本流出——农村市场参与度降低、资本聚集难——农村资本加速流出。

农业部门的资本流失会进一步恶化农村的市场参与度，而市场参与程度降低又导致农村部门陷入贫困境地。② 进一步地，又增加了资本聚集的难度。

提高市场的参与度，可以发挥市场配置生产要素的作用，在减少效率损失的同时，提高生产要素的聚集程度。促使生产精细化是市场的一个重要功能，而社会分工程度的加深是生产效率提高的途径之一。当市场更多地参与了农业部门的生产过程时，不论是资本要素还是劳动力要素，都会随着市场

① 章元、许庆、邬璟璟：《一个农业人口大国的工业化之路：中国降低农村贫困的经验》，载《经济研究》2012 年第 11 期。

② 章元、万广华、刘修岩、许庆：《参与市场与农村贫困：一个微观分析的视角》，载《世界经济》2009 年第 9 期。

化的加深而更加深入地参与到整个农业部门的生产过程。也就是说，分工程度的提高、个体生产者的专业化水平提高，会使得生产更加精细化，产品的多样性随之提高，进一步会刺激到市场需求，而市场需求的增加会加深生产加工过程中的资本要素聚集。在这个过程中，收益的多少受到交易成本的大小的限制，最终形成市场的优胜劣汰。

实际上，在历史沿革中，农业部门一直存在着市场参与，但是其参与形式区别于现代概念上的市场化。传统农业产品的集散和分销，一直存在专有的社会网络，但是相比于现代社会，这个网络效率较为低下，这导致农业生产的经济附加值低下。农产品市场的发生和运作地域基本是农村，迄今为止农村内部依然存在着最简单的集市系统，一般是附近几个村庄约定时间，把各自的农产品集中在一起进行售卖，这样就形成了村之间的产品流通，既在最大程度上保持了产品的鲜活，也实现了剩余产品的资本化。但是，这种自然或约定条件下形成的集市存在一个大问题，这就是需求和供给的目的是满足个体家庭消费需求，而非为了商品交换，这样就造成了消费量不足、需求量低下、成交量小的局面。在这种局面下，要实现大量的资本聚集几乎不可能，而且需要注意的是，各个自然村之间的经济关系并不是建立在分工基础上的，自给自足依然占主要地位。

3. 资本配置导致恶性循环

农村资本的大量转移必然会带来许多不利影响，为了平衡城乡资本流动、推动农业的发展，政府往往采取各种手段来引导或强制资本从城市向农村转移，这样，资本转移变成了资本配置。图中用较细的箭头表示从城市向农村的资本配置。

中国这种情况就比较明显，政府惯用的手段是财政支农政策。但是，这种资本配置手段究竟能不能实现预期的目的，导致资本更多地流入农村、留在农村？实际上，绝大多数情况下，财政支农等方式的资本配置手段往往适得其反。当政府发现资本净流入城市的问题的时候，进行的财政支持——财政支农，又使得市场力量被削弱，这引发了另一个问题，资本流动现在变成了资本配置，使得发生道德风险的几率大大提高，同时还伴随着市场参与度的降低。前面我们刚刚分析过，市场参与度的降低将会提高资本聚集的难度。

另一方面，政府干预的结果必然导致农村资本市场市场化程度的降低。遍布农村的农村信用合作社不能起到“合作”的作用，却逐步转化为普通的商业银行，这也是许多农村地区存在的一个现实问题。与之相对比，农业发展银行机构规模巨大，资本实力雄厚。也就是说，自上而下的农村金融体系较为发达，而自下而上的金融机制逐渐萎缩。这些情况使农村资本存量非常低，因而很难实现低水平均衡的突破。资本配置实际上是政府对城乡资本市场的强制性干预，这严重破坏了城乡资本市场尤其是农村资本市场的市场秩序，导致了农村资本市场的低效率，而低效率的资本市场反过来作用于城乡资本流动，又由于工农业的天然差异的存在，并不能阻止、甚至加剧了资本要素逃离农村。由此形成了一个图中左侧的一个恶性循环：资本流出农村——资本配置——农村资本市场低效率——资本流出农村。

这两个恶性循环加上自然与人为因素对资本流向的影响，最终导致资本要素不断地离开农村，涌入城市，而且呈现出愈演愈烈的趋势。如果没有一个合理的机制进行调节和干预，这样进行下去的结果必然是使城乡资本流动更为畸形，继而深化中国经济结构的二元特征。

四、城乡资本流动整合机制

农村经济的发展离不开充足的资本支持，而长期以来，农村不仅没有得到这样的资本支持，而且还在不断发生大量的资本外流，因而农村资本外流问题必须加以解决。然而正如农村资本外流是复杂的经济系统作用的结果一样，解决农村资本外流问题也是一个复杂的系统工程，需要从多个方面、多个角度、多个层次制定相应的对策，多管齐下，协同作用，形成政策体系。这将是一个复杂的政策体系，如图 5 -5 所示。

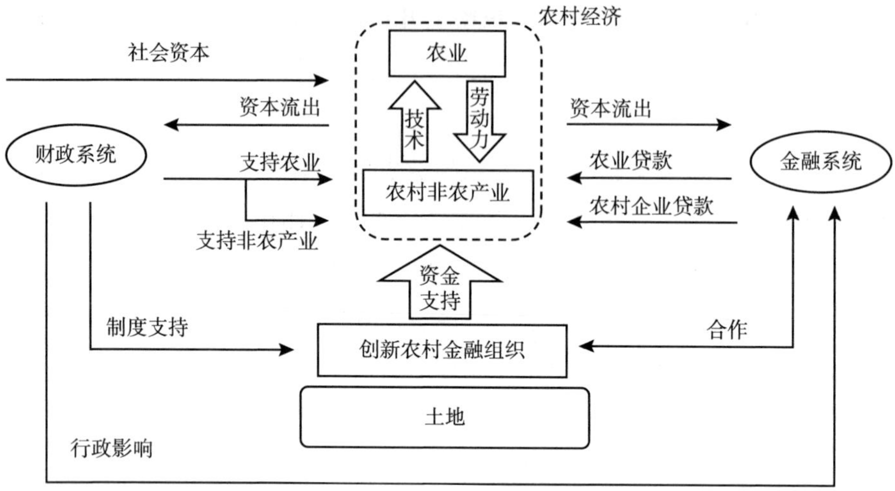

图5-5　城乡资本整合机制

同时，城乡二元结构条件下，许多原因共同起作用，使得生产要素的流动失衡，而城市的规模效应使得要素流动的不平衡程度愈加严重。要改变这种不均衡的经济发展路径，需要一个强有力的外来助推力。政府可以提供这个强大的外来助推力，但这不是最佳选择，最佳的选择是市场主动发力，即使用“看不见的手”的资源配置能力来实现资本的主动流入，进而缓解农村地区的发展困境。

本研究认为，整合农村资本要素，关键要把农村资本外流问题解决好，这需要从两大方面入手：

一方面是从农村经济自身入手寻找解决办法。农村经济的脆弱性是当前已经成为事实的问题，虽然这是由于长期推行城乡分治和城市偏好政策的结果，但既然它已经成为事实，就必须将其作为一个大背景加以考虑。农村经济虽然已经具有脆弱性，使其自我造血、内生发展的功能受到了极大的损伤，但这并不代表其内部再无改进的空间。事实上，只有在现有的条件下对农村经济的内部关系做出最大限度的调整，才能使外部，无论是财政系统还是金融系统，对它的影响具有由伤害变为帮助的可能性。应当将改进农村经济内部关系作为解决农村资本外流问题的先行措施。这既是现实的可行性所在，又是发挥主观能动性的具体要求。

改进农村经济内部关系，同样是一个复杂的系统工程，包含着不同层次、不同方面的各种关系。这些关系是由各种层次的组织和规则所体现的，改进农村经济的内部关系，实际上就是改进这些组织和规则，使其更加符合农业现代化的要求，更易与城市经济发生良性的互动。其中与农村资本关系最为密切的，是农村的金融组织形式和非农产业。具体而言，解决农村资本外流问题，在农村经济内部进行调整，就需要创新农村金融的组织形式、发展农村非农产业。

另一方面，则是从外界因素寻求助推力。农村经济的外界因素，不外乎政府、银行与城市经济，也就是财政系统、金融系统和市场。其中，财政系统与金融系统均可算作特殊的市场主体，而市场本身则是一种制度设计。这些主体与制度对农村经济而言，属于一种异质性的存在，对农村经济而言是一种外部影响因素。外因必然要通过内因发生作用，在现有的农村经济条件下，这些外因实质上无一不在发挥着加剧农村资本外流、阻碍农村经济发展的作用。这其中，银行等金融机构特别是商业银行的本性是逐利性，而市场的基本特点是锦上添花而非雪中送炭，使得它们都不会主动地改变对待农村经济的态度，通过出让自己的既得利益来帮扶弱小的农村经济。只有政府有着不是纯粹经济考量的政治目的，才有可能担负起引领和命令这些外界因素对农村经济产生积极影响的责任。

与农村经济相比，这些外界因素的力量是强大的。正是由于其强大的实力，这些外界因素构成了解决农村资本外流问题的另一个决定性方面。特别是政府的引导作用，所有非经济性的、体制性的改变，以及对金融系统施加影响、对市场进行引导，都必须通过政权的力量来加以推行。因此，必须重视与依靠财政系统、金融系统与市场，分别采取符合这些主体或制度的特点的措施，从外部为解决农村资本外流创造条件。

综合来看，解决农村资本外流实际上有多个主体，主要可以分为内部与外部。内部主要改革农村经济的内部因素，具体为改变农村的金融组织形式和发展农村非农产业。外部则要求政府、银行等在政府引导下转变对农村经济的态度与做法。要做到这些，需要按照以下的思路开展工作。

（一）创新农村金融组织形式

创新农村金融组织形式，是服务于创新农村生产组织形式的。传统的农村生产组织形式，最初是经过农业集体化后形成的农村集体生产组织，后来发展成生产队——人民公社的政治经济体制。这种僵硬的生产组织形式在后期逐渐不再符合生产力发展的需求，显示出越来越多的弊端。改革开放后，实行了农村经济体制改革，由集体生产转变为农村家庭联产承包责任制，而村集体作为基层政权组织形式得以保留。此次改革在相当长的时期中起到了十分重要的作用，之前被抑制的农民的市场积极性被充分释放出来，极大地促进了农村经济的发展。然而，近年来随着市场化的深度发展，农业越来越多地参与到市场经济中，人们发现家庭联产承包制下形成的小农生产模式已经越来越不能适应农业现代化发展的要求。农业生产集约化的呼吁日益强烈，土地流转随即在全国推行。承包制与之前的集体生产一样，在激发了生产积极性后的一段时间显示出了自身的局限性。

与之相适应地，农村的金融组织形式也走过了类似的历程。改革开放前，农村的金融组织功能与农业生产集体融合在一起，是执行国家金融政策的基层组织。改革开放后，农村金融市场大致发生了四个阶段的改革，各个阶段的主题可以总结为体系重构与完备、农业银行商业化改革、农村信用合作社产权改革和农村创新金融组织改革。通过前三个阶段的改革，完整的农村金融体系基本建立起来，它由政策性金融、商业性金融和合作性金融组成，但实际上改革的实际效果远未达到目标要求。近年来，为弥补传统的“三性”农村金融体系的缺陷，农村创新金融组织改革逐渐在农村金融市场改革中地位越来越重要，这其中，最主要的是农村合作金融组织。

农村合作金融组织是身处农村经济中的农民、小商品生产者或乡镇企业，按照合作经济的原则，通过存款或股金的形式设立的、主要为入股者和组织内部成员提供融资等服务的金融机构。[①] 广义上，农村信用社、农村信用合作社、合作银行、小额贷款公司都可以算作农村合作金融的成员，而且是具有成文的规章制度的合法机构。但由于我国国情的特殊性，这些正规的合作金融机构长期以来均离合作互助的初衷越来越远。反而是许多准正规或无合法地位的合作金融机构，担负起了农村互助融资的重任。

这些合作金融组织能够起到不同以往的作用。最重要的是，在正规渠道的融资难以取得、农村资本大量外流的环境下，农村合作金融机构能够在相当程度上满足农村经济主体对融资需求。不同于受到政府意志和市场机制影响的正规金融组织，农村合作金融组织更具有农村“自助自救”的性质。在这一根本性的优势下，农村合作金融组织还具有了适应农村经济不完善的信用环境、服务范围广、操作灵活、程序简便等优点。而且，农村合作金融一般以资本需求为基础，多以发展生产而非利润最大化为目的，就能够克服正规金融机构中信贷相对过剩的问题。[②] 为了更好发挥农村合作金融组织在解决农村资本外流问题中的作用，以下几个方面的改进是下一步工作的重点。

1. 为农村合作金融组织正名，从法律层面为提供支持

名不正则言不顺，言不顺则事不成，这句话强调了事物的定位是其能发挥应有的作用的前提。对农村合作金融组织来说，首要问题是缺少法律地位上的确认。为此，必须健全相关的法律法规，从法律的层面给予其应有的地位，明确其在责权利方面的界限，将农村合作金融组织纳入法律保护的体系当中去。法律层面的支持，需要规范农村合作金融组织的产权制度，放宽市场准入标准，为其发挥更大的作用创造良好条件。

2. 依托土地流转，形成有效的农村合作金融组织组织形式

目前我国农业用地的一个基本特征是土地零碎分散，不能满足农业集约

① 李静：《我国新型农村合作金融组织发展问题与建议》，载《时代金融》2011 年第 21 期。
② 吴爱华：《农村合作金融组织发展问题研究》，湖南农业大学硕士学位论文，2013 年。

化的要求，而土地流转则是解决这一问题的一个有效方式。土地流转后，继续留在当地进行农业生产的农民需要以新的经济形式组织起来，如结成生产合作社等，这样就自然而然为新的农村合作金融组织提供了依托。因此，要利用土地流转造成的农村生产关系重组的政策环境，探索有效的农村合作金融组织组织形式，或赋予已有的农村生产组织以合作性质的金融功能，强化其与参与者之间经济联系和与当地农村经济之间的联系，使农村合作金融能真正对当地农村经济的发展起到推动作用。

3. 优化农村合作金融发展环境，建立配套的金融服务体系

农村合作金融组织的产生，是规范化的大型金融力所不及的结果，但这并不意味着农村合作金融不需要规范的金融服务体系。实际上，农村合作金融更需要例如信用、担保等配套金融服务体系的辅助。要充分利用互联网技术，搞好农村金融基础设施建设，为金融服务体系建设提供硬件支持。要因地制宜，结合当地实际情况建立农村征信体系，颁布相应法律法规，制定行业规则和行业公约，通过规章制度来规范参与者信用行为，特别是要设置失信的惩治条款和构建市场退出机制，达到信用活动有序进行的目的。

4. 构建参与者自治的监管机制

农村合作金融组织的运行，离不开对资本运行的监管。特别是在各方面制度不健全的前提下，有效的监管更加重要。在各方面制度尚未健全时，现代化的监管体系不可能建立，更多地要依靠参与者自行监管。在各方面制度较为成熟后，仍可以采取参与者自治的方式来实现监管功能。例如，仿照现代企业的理事会、监事会等机构，设立专门的监管机构，如村民理财监督小组，行使监督权。

（二）发展农村非农产业

从根源入手解决农村资本流出问题，就要从提高农村的资本聚集力入手。如何提高农村的资本聚集力？非农产业的发展就是一个有效途径，这也

是现阶段社会各阶层比较认同的一个观点。一方面，农业天然的弱质性，使其难以聚集大量的资本，所以必须要有非农性质的生产部门的介入，帮助它与具有强大吸引力的城市经济进行竞争，而非农产业在农村的发展恰好为农村聚集资本提供了一个途径。另一方面，目前农村的各种生产要素都存在着转移向城市的趋向，而非农产业是现阶段广受关注的一个发展形式，它的出现提供了一个缓冲，因为它往往处于农村和城市的“交接地带”——小城镇。所以，不论是从地理位置、生产形式还是从业人员等方面来看，农村非农产业的发展都给农村各种生产要素提供了一种新的选择。实际上，发展非农产业早已不是纸上谈兵，非农产业早已经以各种形式在农村遍地生根，这是一种非常特别的经济发展形式。

依据现有数据和文献，我们可以看出非农产业呈现出许多共同的特征：第一，越是经济整体发展较好的地区，非农产业的发展就密集；第二，非农产业一般以环状形式出现在中心城市周围；第三，越是经济发展水平高的中心城市，其周围出现的非农产业的经济附加值就越大。以上特征其实也是要素聚集的一般特征：第一，以一定的经济发展程度是生产要素的聚集的必要基础，这也是非农产业一般出现在中心城市周围的原因。每个地区的中心城市一般都是本地区经济发展水平最发达、资本聚集水平最高和知识创新速度最快的地区。以上三个条件都会在很大程度上影响产业的发展。聚集在中心城市周围的非农产业，在吸引溢出的知识和技术方面具有很大优势，同时也因其地理条件比较便利易于吸引农村的资本要素和劳动力要素。第二，多数情况下，城镇是城市和乡村的交界，所以非农产业分布在城镇的现象非常普遍。第三，城市的经济发展程度会严重影响其周围的产业布局。经济发展态势好的城市，会为其周围的企业提供更多便利的销售市场、物流条件、技术条件，资本条件也不例外。

非农产业的一般特征与要素聚集的一般特征的契合，给我们一个启示，要整合城乡生产要素，必须要以发展农村非农产业为着力点，城乡资本要素的整合也不例外。要发展农村非农产业，我们需要从营造非农产业发展的良好环境入手，主要从财政税收、金融支持等方面来展开工作，具体的措施下文将详述。

（三）发挥财政系统先行作用

前文的论述中曾显示，农村资本外流的三大渠道中，通过财政渠道发生的资本外流是其中占比最大的一个部分。这有力地展现了财政系统在造成农村资本外流问题中的巨大责任，但同时也从相反的角度显示出财政系统在扭转目前局面中的巨大潜力。与逐利性的银行相比，政府的目标带有更多的政治性。只要政府将扶持农村经济发展上升到足够的高度，将会对农村经济产生革命性的影响。在与农村资本外流有关的各方面因素中，政府的态度应当具有相当的主动性。要解决这一问题，必须由某一方面先行改变，打破目前恶性循环的现状。而能发挥如此先行作用的非政府莫属。

政府在农村资本问题上的直接作用方式是通过财政系统。在现有的体制框架内，要发挥财政系统的先行作用，需要从以下几个方面进行改进。

1. 保持财政支农强度和稳定性

根据前文的论述，财政支农的主要问题是总量不足和稳定性不强，不利于农村经济持续健康的发展。因此，必须保持财政支农的强度和稳定性。为了保证财政支农的强度，我们必须要保证财政总支出中的财政支农资本总量所占比重处在合理的水平。同时，对农村经济的投资，是一个长期的过程，需要政策的稳定性，这就需要不断提高财政支农的总量，尽量保持财政支农资本的增速不低于财政经常性预算收入的增速。这样做不仅能保证财政支农的强度，还能使经济系统产生适应性预期，对政府支持农村经济发展形成信心，有效改善支农惠农政策的实施效果。

2. 将支持农村经济发展的中心置于农村非农产业上

财政系统对于农村经济的支持，支农是其中一个重要组成部分，但不是全部。与财政支农同样重要的，是财政对农村非农产业的支持。农业由于弱质性，在农村经济中只能处于基础性地位，只能起到保持经济系统稳定的作用，而无法担负起使农村经济整体上实现现代化的重任。实现农村经济的现代化和城乡统筹发展，所能依赖的只有农村非农产业。因此在保证支农力度的同时，要将更大的精力置于扶持农村非农产业上。各级政府可以采取多种方式为农村非农产业提供财政支持。例如，可以成立非农产业专项基金或者建立非农产业信用担保资本，也可以通过财政贴息帮助乡镇企业融资。还可以通过减税、政企合作等方式为农村非农产业提供财政支持。

3. 引导鼓励社会资本进入农村经济

虽然财政系统对农村经济的支持具有重要作用，但是实际中各级政府的财政状况并不相同，特别是越到基层，财政越紧张，单纯要求加大财政支持的力度是不现实的。而目前民间的投资需求十分旺盛，却少有社会资本进入农村经济。这无疑仍是农村经济脆弱性的结果。但是这样的情况就要求财政系统发挥应有的作用。财政系统应当充分发挥其先行者角色的引导作用，以小带大、以官带民，鼓励社会资本投入农村经济领域。政府可以综合运用政策优惠、直接补助、贴息贷款等方式，帮助农村经济吸引民间资本，从而扩大农村投资渠道。此外，还可以促进农村经济与成熟的资本市场相对接，进一步吸引外资、行业内融资等资本投入农村。

4. 改善财政支农组织架构

财政支农的另一大问题是财政系统的体制不完善，降低了财政支农资本的使用效率。对此，必须从经济手段之外，从体制上加以改革。应当按照法治思维，明确各层次、各条块的政府部门在支农资本的分配、使用、拨发中的职责，理顺相互关系，配合以严格完善的监督审计制度，做到专款专用、质量可控。

（四）引导金融系统改革信贷配置方针

金融系统是对农村资本流出负有重要责任的另一大因素。不同于财政系统具有相当的主动性，金融系统以商业化、市场化为导向，承担的政策性功能是次要的。只有在农村经济能够具有相当的回报率时，金融系统才会主动将资本投向农村，所以金融系统对保养农村资本的作用是后发的。因此，在农村经济开始振兴的现阶段，要通过诱导性的政策来尽可能利用金融系统，主要目的是改变金融系统在信贷分配上的城市偏好。

1. 设置引导金融系统向农村投资的政策

金融机构本身缺少向农村投资的动力，但是可发挥行政力量，创造性地设置既能使农村享受到资本扶助、又能满足金融系统利益需求的政策。可以根据农村经济中不同主体的生产经营特点，研发新的信贷产品，如创新农村住房、医疗、教育信贷产品，提供农民工回乡创业贷款服务，配合农村土地流转开展农村土地经营权抵押贷款试点。另外，银行业金融机构可以根据不同客户群体的特征，适度降低授信标准，拓宽授信调查维度，设计针对性的授信机制和探索农户增信机制，扩大到授信“门槛”的农村客户范围。在放宽标准的同时，与之相配套的是，可以压缩贷款规模，在与客户进行多次合作积累起足够的信用后，再逐步扩大放贷规模，即“少量多次、扩大边际增量”。

2. 鼓励银行与农村合作金融组织合作

农村合作金融组织具有与农村金融需求高度符合的优势，但也存在着资本力量薄弱、运营不规范不科学、从业人员素质不高等弱点。如果银行能够与农村合作金融组织结成合作关系，就能实现取长补短，完善农村金融体系。为此，要构建银行与农村合作金融组织合作的机制，建立统一的协作网络，从资本、信贷、人员等方面将二者对接，使农村合作金融组织具有全新的属性。例如，可以借鉴上市公司优先股的做法，在实行了股份制的农村合作金融组织中，让商业银行以优先股的形式参与进去，不仅能增强农村合作金融组织的实力，还能为商业银行创造出新的投资形式。

附表 5－1　　财政渠道下的农村资金外流　　单位：亿元

年份	农业各税合计	其中：农牧业税	其中：契税	其中：农业特产税	其中：烟叶税	其中：耕地占用税	资金流出相关农业各税	农村收费	乡镇企业上缴税金	财政支农	资金净流出
1978	688. 3	0	0	0	0	0	688. 3	78. 8	533. 2	3652. 3	－2352. 1
1979	664. 9	0	0	0	0	0	664. 9	56. 1	509. 2	3924. 5	－2694. 4
1980	578. 1	0	0	0	0	0	578. 1	113. 6	536. 9	3133. 8	－1905. 2
1981	562. 8	0	0	0	0	0	562. 8	206. 7	680. 9	2324. 9	－874. 5
1982	534. 8	0	0	0	0	0	534. 8	362. 9	813. 7	2328. 7	－617. 3
1983	541. 2	0	0	0	0	0	541. 2	568. 3	967. 2	2313. 6	－236. 8
1984	496. 7	0	0	0	0	0	496. 7	373. 7	1291. 7	2014. 4	147. 7
1985	528. 3	0	0	0	0	0	528. 3	569. 6	1726. 6	1929. 9	894. 3
1986	513. 9	510. 4	3. 5	0	0	0	513. 9	413. 8	2039. 6	2126. 2	841. 1
1987	525. 6	506. 5	4. 7	0	0	14. 48	511. 2	405. 3	2393. 8	2024. 5	1285. 8
1988	685. 1	436. 0	6. 3	46. 0	0	196. 70	488. 3	443. 3	2881. 9	1990. 4	1823. 2
1989	758. 8	507. 5	8. 5	91. 6	0	151. 30	607. 6	506. 4	3255. 4	2375. 5	1993. 9
1990	755. 9	512. 9	10. 2	107. 5	0	125. 40	630. 5	331. 4	3369. 1	2648. 1	1682. 9
1991	714. 3	446. 4	14. 9	112. 3	0	140. 70	573. 6	339. 0	3582. 2	2739. 1	1755. 7
1992	822. 0	483. 5	24. 9	112. 0	0	201. 60	620. 5	209. 3	4393. 1	2593. 5	2629. 3
1993	761. 1	439. 7	37. 6	106. 1	0	177. 60	583. 4	667. 5	6409. 8	2666. 2	4994. 6
1994	1239. 1	639. 7	63. 3	340. 9	0	195. 20	1043. 9	380. 9	8521. 4	2852. 9	7093. 2
1995	1341. 9	618. 3	88. 1	468. 9	0	166. 70	1175. 3	405. 2	6939. 3	2774. 3	5745. 5
1996	1620. 7	798. 6	110. 5	574. 6	0	136. 90	1483. 8	492. 3	6300. 9	3072. 3	5204. 7

续表

年份	农业各税合计	其中：农牧业税	其中：契税	其中：农业特产税	其中：烟叶税	其中：耕地占用税	资金流出相关农业各税	农村收费	乡镇企业上缴税金	财政支农	资金净流出
1997	1595.2	731.9	129.8	603.1	0	130.4	1464.8	462.7	6125.6	3075.8	4977.4
1998	1484.3	664.9	219.6	475.6	0	124.1	1360.2	506.9	5891.7	4298.0	3460.7
1999	1464.6	563.9	331.9	454.5	0	114.2	1350.4	409.4	6188.7	3755.1	4193.3
2000	1484.1	536.4	418.1	416.9	0	112.7	1371.5	427.9	6367.8	3927.9	4239.3
2001	1418.6	483.9	462.6	359.2	0	112.9	1305.8	424.4	6797.4	4290.1	4237.5
2002	1938.1	867.9	645.5	269.9	0	154.8	1783.3	580.5	7272.3	4268.0	5368.1
2003	2139.1	820.1	878.6	219.9	0	97.9	2041.2	572.6	7680.7	4305.2	5989.3
2004	2010.9	442.9	1203.8	96.5	0	267.7	1743.2	0	8154.0	5210.3	4686.9
2005	1875.1	25.6	1472.1	93.3	0	284.0	1591.0	0	10374.4	4906.5	7058.9
2006	1926.4	0.2	1541.9	6.3	73.9	304.1	1548.4	0	10849.6	5638.7	6759.4
2007	2240.2	0	1877.7	0	74.4	288.0	1877.7	0	9441.3	6722.1	4596.9
2008	2398.8	0	1856.6	0	95.8	446.4	1856.6	0	10243.7	8456.3	3643.9
2009	3184.0	0	2255.9	0	105.1	823.1	2255.9	0	12628.3	9430.3	5453.9
2010	4039.8	0	2901.5	0	92.2	1046.1	2901.5	0	13334.9	10099.7	6136.7
2011	4235.4	0	2978.7	0	98.4	1158.3	2978.7	0	14445.7	11306.0	6118.4
2012	4626.5	0	2874.0	0	131.8	1620.7	2874.0	0	15450.3	12387.6	5936.7
总计	52394.7	11037.7	22420.5	4955.1	671.6	8591.9	43131.2	10308.5	208392.0	151562.6	110269.1
年均	1496.9	408.8	830.4	141.6	19.2	245.5	1232.3	294.5	5954.1	4330.4	3150.6

注：来自周振、伍振军、孔祥智：《中国农村资金净流出的机理、规模与趋势：1978～2012年》，载《管理世界》2015年第1期。

附表 5－2　　金融渠道下的农村资金外流　　单位：亿元

年份	农村信用社			农村商业银行			中国农业银行			中国邮政储蓄银行			净流出合计
	农村存款	农村贷款	资金净流出	农村存款	农村贷款	资金净流出	农村存款	农村贷款	资金净流出	农村存款	农村贷款	资金净流出	
1977	3675. 3	1074. 4											
1978	3623. 2	1093. 0	－70. 6										－70. 6
1979	4474. 5	1070. 2	874. 1				5506. 7	2841. 0					874. 1
1980	5264. 9	1704. 8	155. 7				6035. 9	3339. 0	31. 3				187. 1
1981	6203. 8	1913. 7	729. 9				6660. 8	3452. 7	511. 2				1241. 0
1982	6969. 9	2206. 2	473. 7				7227. 9	3564. 1	455. 7				929. 3
1983	7783. 6	2688. 1	331. 8				7702. 7	3526. 9	511. 9				843. 7
1984	8683. 9	5054. 1	－1465. 7				6649. 6	4944. 0	－2470. 0				－3935. 0
1985	8905. 7	5025. 8	250. 1				7032. 6	4972. 0	355. 1				605. 2
1986	10869. 9	6562. 2	427. 9				8336. 8	6349. 7	－73. 5				354. 4
1987	12417. 1	7980. 1	129. 1				8797. 1	6892. 2	－82. 2				46. 9
1988	12726. 7	8446. 7	－156. 9				8476. 5	7233. 9	－662. 4				－819. 0
1989	14567. 2	9781. 5	505. 7				9017. 2	7656. 8	117. 9	217	0		623. 6
1990	18048. 9	12156. 5	1106. 6				10612. 3	8573. 0	678. 9	393	0	175	1961. 0
1991	20836. 9	14251. 6	692. 9				11894. 8	9407. 7	447. 8	693	0	299	1440. 0
1992	23343. 8	16926. 2	－167. 6				12393. 9	9859. 8	46. 9	860	0	166	46. 1
1993	17771. 2	14111. 9	－2758. 2				14112. 6	9879. 4	1699. 1	1302	0	441	－617. 0
1994	29647. 2	16527. 8	9460. 1				15361. 5	9714. 7	1413. 7	1814	0	512	1138. 0
1995	33734. 8	18694. 4	1920. 9				15788. 4	10745. 9	－604. 5	2639	0	824	2140. 0

续表

年份	农村信用社			农村商业银行			中国农业银行			中国邮政储蓄银行			净流出合计
	农村存款	农村贷款	资金净流出	农村存款	农村贷款	资金净流出	农村存款	农村贷款	资金净流出	农村存款	农村贷款	资金净流出	
1996	37612.9	20841.6	1730.9				8444.8	11063.3	-7660.8	3246	0	607	-5322.0
1997	41299.6	22193.8	2334.5				9160.9	12220.7	-441.3	3542	0	296	2189.0
1998	44223.6	23895.8	1222.0				9953.3	13112.9	-99.8	4015	0	472	1595.0
1999	44906.5	24993.3	-414.7				10316.3	12580.9	894.9	4366	0	351	831.4
2000	46564.5	26016.2	635.2				10604.5	8613.5	4255.6	5207	0	840	5731.0
2001	48531.8	27273.9	709.6				10876.9	7965.2	920.8	5963	0	755	2386.0
2002	50830.1	28943.6	628.6				11280.9	7517.3	851.9	6781	0	818	2298.0
2003	54728.0	31291.9	1549.7				12140.1	7139.2	1237.2	7523	0	741	3528.0
2004	57134.2	32196.1	1501.9				12701.5	6770.8	929.9	8399	0	875	3307.0
2005	52135.3	27804.7	-607.6				13071.8	6138.5	1002.5	9735	0	1335	1730.0
2006	51028.5	26269.9	428.1	7391.3	3300.4		13776.8	6584.0	259.5	10232	0	497	1184.0
2007	51281.2	26163.2	359.4	7724.3	3548.8	84.5	13654.5	6201.3	260.4	10666	287	146	850.7
2008	55580.2	27998.6	2463.6	8851.1	4156.7	518.9	15196.7	5027.1	2716.4	11341	431	531	6230.0
2009	57924.3	29681.6	661.1	13729.9	6403.9	2631.6	14580.6	6198.0	-1787.0	12665	650	1105	2611.0
2010	55792.3	28327.2	-777.6	24733.3	11298.1	6109.2	16412.8	6649.5	1380.0	14654	1177	1461	8174.0
2011	56469.6	28161.8	842.7	33397.4	16222.1	3740.1	18137.4	6859.1	1515.0	15898	1457	963	7061.0
2012	56207.2	27248.5	650.9	46599.7	22863.7	6560.6	14613.7	7246.7	-3911.0	17648	1878	1329	4630.0
合计	1111798.0	606570.9	26357.9	142426.9	67793.8	19645.0	376530.9	250840.0	4701.0	159811	5882	15552	66256.0
年均	30883.3	16849.2	753.1	20346.7	9684.8	3274.2	11074.4	7377.7	142.5	6658	245	676	1893.0

注：根据宋宏谋（2002 年）的方法计算而得。

附表 5-3　　价格渠道下的农村资金外流

年份	工农产品综合比价比值指数	剪刀差绝对额（亿元）	剪刀差相对量	年份	工农产品综合比价比值指数	剪刀差绝对额（亿元）	剪刀差相对量
1978	207.38	6252.82	20.1	1990	115.81	3897.29	8.9
1979	168.15	5835.32	16.9	1991	134.97	7604.12	17.9
1980	170.12	6497.49	18.5	1992	148.97	8946.30	18.1
1981	153.80	5935.75	16.1	1993	152.42	4666.65	11.0
1982	141.27	5151.40	13.7	1994	133.32	2954.64	5.7
1983	136.70	4992.03	13.3	1995	126.44	2620.33	4.5
1984	125.25	3706.80	10.1	1996	127.23	2491.56	4.0
1985	120.75	3241.64	9.1	1997	138.75	1328.41	2.2
1986	116.04	2839.56	8.1				
1987	113.13	2544.87	7.1	合计		90101.59	
1988	114.80	3216.54	8.2	年均		4505.08	
1989	124.79	5378.06	14.0				

注：周振、伍振军、孔祥智：《中国农村资金净流出的机理、规模与趋势：1978～2012 年》，载《管理世界》2015 年第 1 期。

第六章　城乡土地流转机理与整合机制

自古以来，土地问题一直是我国发展的根本问题，对于我国下一步的经济、政治、文化等各方面发展至关重要。近些年来，随着城镇化的进一步发展，现存的城乡二元结构的矛盾在土地领域愈发明显，农村土地利用的低效率与城市建设土地资源的紧缺矛盾也成为学术界和政策制定者关注的焦点。城乡融合发展不仅要求城镇化、工业化的不断推进，而且还要求农村产业化、农业现代化、农村经济发展，这些都离不开农村土地制度的改革。2018年2月，中央发布一号文件提出建立农村三产融合发展体系，深化土地制度改革。因此，为实现农村三大产业融合发展、振兴乡村，就需关注和讨论农村土地制度改革、更好地盘活利用农村土地的问题。

一、文献综述

学术界对农村土地制度的研究一直以来都不曾间断，目前，相关文献主要涉及农村土地制度的变迁、制度改革试点研究、制度存在的问题以及提出制度如何创新。(1) 针对农村土地制度变迁，从制度变迁推力作用角度出发进行研究。例如，胡国利（2012）认为推动农村土地制度变迁主要由三种力量，即政治因素、经济因素以及农民本身的需求，这三种力量在农村土地制度变迁的不同阶段起着不同的作用。[①] 夏亮（2010）根据时间顺序进行梳理，将中华人民共和国成立后的土地制度改革分为三个阶段且认为探索中国农村土地制度必须考虑中国的政治、经济环境。[②]

（2）针对不同类型的农村土地制度改革试点有很多学者进行了研究。白劲宇（2016）根据对北京市大兴区的集体经营性建设用地的试点具体情况进行分析，提出大兴地区实施的以地入股方式可以为其他地区的集体经营性建设用地入市提供参考。[③] 史学飞（2017）分析了宅基地换房的典型模式，即"华明模式"，指出在改革过程中应遵从自愿原则，在农民有流转意愿的基础上提高农村土地利用效率，根据地区发展特点制定发展模式，合理高效利用土地。[④] 梅哲（2011）分析重庆"地票制度"，认为它解决了农村土地利用率低、生态环境差以及农村土地闲置与城镇建设土地紧缺的矛盾这些问题。同时，也有利于促进农村土地的高效利用、助力农村产业发展、推动农村发展。[⑤]

（3）在分析总结各个试点的基础之上，很多学者提出了我国农村土地制度存在的各种各样的问题。国务院发展研究中心农村经济研究部副部长刘守英（2017）认为，当前我国土地制度存在的主要问题为我国的土地制度滞后于农业和乡村转型，具体来说包括集体地权的落后、宅基地制度的失效以及集体建设用地通道的关闭。[⑥] 周其仁（2004）指出，土地确权是农村土地流转顺利实施的前提，但现存法律却对农村土地的产权界定不清晰，而且在现存法律环境下，征地制度也存在矛盾、征地范围、征地补偿

---

① 胡国利、马三喜：《1949 年以来中国农村土地制度变迁的几种推力》，载《开发研究》2012 年第 1 期。

② 夏亮、金彦平：《中国农村土地制度发展与改革》，载《大众商务》2010 年第 4 期。

③ 白劲宇：《集体经营性建设用地入市试点规划探索研究——以北京市大兴区为例》，《规划 60 年：成就与挑战——2016 中国城市规划年会论文集》，中国建筑工业出版社 2016 年 8 月。

④ 史学飞：《城乡统筹下的城镇化建设问题及对策研究——以华明镇为例城》，载《甘肃农业》，2017 年第 14 期。

⑤ 梅哲、陈霄：《城乡统筹背景下农村土地制度创新——对重庆农村土地制度改革的调查研究》，载《华中师范大学学报（人文社会科学版）》2011 年第 3 期。

⑥ 刘守英：《中国土地制度改革：上半程及下半程》，载《国际经济评论》2017 年第 5 期。

等很多问题。①

（4）相对应提出的各种问题，各位学者也在不断探索解决措施。张占斌（2012）指出要明确农村土地制度改革的最终目的是更好地解决农村、农业和农民的问题，且在农村土地制度改革进程中“试验”不能少，“辩理”不能少。② 蔡继明（2015）认为在强调土地资源配置的作用时，应加强市场的决定性作用，政府只有尊重市场规律以及保障土地产权主体的利益，才能更好地发挥它的辅助作用。同时，蔡继明还认为在有关法律法规的制定修改方面，首当其冲进行修改的应该是《宪法》，否则其他都很难进行。③ 陈锡文（2014）指出在农村土地制度改革中要确保土地的产权权利和土地的用途管制平衡，确保农村土地全体主体的利益得到保障以及对土地实行严厉的用途管制④。

许多学者为城乡统筹发展中农村土地要素存在的问题提出了相应的解决方案，但很少有人从农村产业的角度考虑农村土地制度改革的问题。而本章则主要是阐述在城乡融合大背景下，如何利用优化农村土地资源配置促进三大产业融合发展，实现乡村振兴。

二、我国农村土地制度

《土地管理法》规定我国土地分为三类，即农用地、建设用地以及未利用地。农用地是指在农业生产中利用的土地；建设用地分为国有建设用地和集体建设用地，包括城乡住宅用地、公共设施用地、军事设施用地等；未利用地则是指除农用地和建设用地以外的其他土地。本章重点介绍农村土地制

① 周其仁：《农地产权与征地制度——中国城市化面临的重大选择》，载《经济学（季刊)》2004 年第 1 期。

② 张占斌、倪羌莉：《统筹城乡发展背景下农村土地制度改革探讨》，载《学习论坛》2012 年第 2 期。

③ 蔡继明：《关于当前土地制度改革的争论》，载《河北经贸大学学报》2015 年第 2 期。

④ 陈锡文：《深化经济体制改革推动市场配置资源作用——学习贯彻十八届三中全会精神笔谈》，载《经济研究》2014 年第 1 期。

度中耕地、宅基地和经营性建设用地在城乡融合进程中出现的不相适应问题以及需要进行改进的地方。

（一）农村土地制度变迁历程

新中国成立后，农村土地制度也在随着经济发展水平不断变迁，我国农村土地制度变迁主要分为三个阶段，分别为农民土地私有、互助合租和人民公社以及从 1978 年实行至今的家庭联产承包责任制。[①]

1. 1949～1953 年：农民土地所有制

这一时期我国土地制度发生了大的变革，由封建土地所有制改为农民土地所有制，这项变革使得全国 3 亿多缺地少地的农民无偿获得土地以及其他生产资料生产工具，真正实现了“耕者有其田”。土地产权改变后，农民拥有土地以及剩余产品，农民的生产积极性被激发。根据有关数据显示，1951 年我国农业总产值相比较于 1949 年增加了 28.8%，1952 年较之 1949 年，也增加了 48.5%。同期，粮食产量也有大幅度提升，1951 年较 1949 年的 2263.6 亿斤增加了 26.95%，1952 年粮食产量较 1949 年增加了 44.82%。[②]

2. 1953～1978 年：互助合作及人民公社化

这一时期土地制度变迁较快，可以概括为三个转变，即由上个阶段确立的农民所有到农业生产互助合作，再到人民公社，最后为土地集体所有制的确立。1953 年，我国社会主义改造从农村开始推进，实行土地入股、统一经营、合作生产，初级农业生产合作社逐渐崭露头角，此时土地所有权与经营权两权分离。

1956～1958 年为高级合作社时期，农民所有的土地以及其他生产资料

---

① 刘广栋、程久苗：《1949 年以来中国农村土地制度变迁的理论和实践》，载《中国农村观察》2007 年第 2 期。

② 许月明：《中国农地制度变迁绩效评述》，载《经济问题》2003 年第 7 期。

全部转化为合作社集体所有，即土地由农民所有转为合作社性质的社会主义劳动群众所有。1958 年，国家为进一步扩大农村生产规模，推行“小社并大社”，实行“政社合一”的人民公社制。据统计，1957 年一年全国共成立了 74 万个高级社，到 1958 年通过合并的方式成立了 26000 个人民公社。①1959 年开始进入人民公社阶段，实行“三级所有，队为基础”的体制，同时确定了农村土地是以生产队为基本的所有单位的制度。在这种制度下，将农地以及其他生产资料集中起来，实行完全平均的分配方式，农民生产意愿降低，生产积极性减弱，同时降低了农民生产效率。1956 ~ 1978 年二十多年间，我国整体经济发展水平迟缓，甚至偶尔会出现经济负增长年份，农业发展出现短暂的停滞现象，农业生产力不进反退，农民生活水平停滞不前。

3. 1978 年至今：家庭联产承包责任制时期

1978 年 12 月，安徽凤阳小岗村创新农村土地改革思路，实行包产到户，试图对农村土地制度改革寻求新方向。1980 年，邓小平同志对该改革思路给予了肯定，1982 年家庭联产承包责任制开始全面推行。家庭联产承包经营制度将土地的使用权、经营权与收益权分给农民，促进了农村土地资源的有效配置，激发了农民的生产积极性，是农村土地制度改革史上的一次伟大飞跃。

同时，在实施家庭联产承包责任制之后，土地流转逐步开始浮出水面。1984 年一号文件中首次提出“土地使用权”的概念，此次农村土地制度改革将土地所有权归集体经济组织，由集体统一部署安排，将土地承包经营权分给集体内部农民，从而形成有统有分、统分结合的双层经营体制，为土地流转奠定了制度基础。虽然在 1998 年，提出了“土地用途管制制度”，禁止土地转让用于非农建设，但由于农民对土地流转的现实需求，只是将不合法的流转转向了“隐性地下流转”。面对当时农村土地制度的践行出现的问题，其中主要是征地制度和非农建设用地制度流转问题，多地进行改革试

① 夏亮、金彦平：《中国农村土地制度发展与改革》，载《大众商务》2010 年第 4 期。

验。土地制度的改革不仅仅是经济问题，还涉及中国当时的政治环境以及农民自身的诉求等多种因素，在中国特色社会主义初级阶段的宏观背景下探索农村土地制度的运行和改革，不能脱离基本经济制度的要求。[①] 中国农村土地制度变迁情况如表 6－1 所示。

表 6－1　　1949 年以来中国农村土地制度变迁

阶段	时间	制度名称	制度内容
第一阶段 1949～1952 年	1950. 06	《中华人民共和国土地改革法》	废除地主土地所有制，实行农民土地所有制
	1951. 12	《中共中央关于农业生产互助合作的决议（草案）》	推进农业互助合作及农业互助组织形式的农民组织
第二阶段 1953～1978 年	1953. 02	《中共中央关于农业生产互助合作的决议》	个体所有制开始向具有社会主义性质的制度形式演变
	1953. 12	《中共中央关于发展农业生产合作社的决议》	实行农业的社会主义改造，由个体经济向合作经济过渡
	1955. 10	《关于农业合作化问题的决议》	试办农业生产合作社，初级社转变为高级社
	1958. 08	《中共中央关于在农村建立人民公社问题的决议》	建立人民公社，实施公社所有制的农村土地制度
	1962. 09	《农村人民公社工作条例修正草案》	发展公社集体经济，生产队所有的土地一律不准出租和买卖
	1978. 12	《农村人民公社工作条例（实行草案）》	明确规定不准包产到户和分田单干

① 徐建飞：《中国农村土地制度变迁研究的回顾与展望》，载《广州大学学报（社会科学版）》2015 年第 7 期。

续表

阶段	时间	制度名称	制度内容
第三阶段 1979年至今	1979. 04	农村工作座谈会议纪要	要求已经搞包产到户的地方进行纠正
	1979. 09	《中共中央关于加快农业发展若干问题的决定》	集体所有，家庭经营开始逐渐代替公社性集体所有制
	1981. 12	全国农村工作会议纪要	突破“三级所有，队为基础”的体制框架
	1982. 12	《当前农村经济政策的若干问题》	家庭联产承包责任制开始全面推行，提出统分结合双层经营体制，消除了分歧
	1984. 01	《关于1984年农村工作的通知》	规范土地家庭承包制，提出“土地使用权”
	1985. 01	《关于进一步活跃农村经济的事项政策》	长期稳定家庭联产承包责任制，恰当调整农村产业结构
	1986. 01	《中共中央国务院1986年农村工作部署》	长期稳定家庭联产承包责任制，首次提出“双层经营体制”概念，深化农村改革
	1986. 06	《中华人民共和国民法通则》	首次提出“农民的承包经营权”概念，界定为“财产权”
	1988. 08	《中华人民共和国土地管理法》	实行国有土地有偿使用制度
	1993. 03	《中华人民共和国宪法修正案》	确立了家庭联产承包责任制的法律地位
	1993. 07	《中华人民共和国农业法》	完善统分结合的双层经营体制
	1993. 11	《关于当前农业和农村经济发展的若干政策措施》	土地承包期延长30年不变
	1998. 08	《中华人民共和国土地管理法》	承包期延长30年上升为法律，并首次提出“土地用途管制制度”，严禁农地转用于非农建设
	1998. 10	《中共中央关于农业和农村工作若干重大问题的决定》	赋予农民长期而有保障的土地使用权

续表

阶段	时间	制度名称	制度内容
第三阶段 1979 年至今	1999. 03	《中华人民共和国宪法修正案》	正式确立以家庭承包经营为基础、统分结合的双层经营体制的法律地位
	1999. 03	《建设用地审查报批管理办法》	强化土地管理，规范建设用地审查报批程序
	2003. 17	《中共中央、国务院关于促进农民增收若干政策的意见》	稳定农业生产，促进农业增收，保护农民的土地承包经营权
	2004. 08	《中华人民共和国土地管理法》	处于公共利益需要的目的，可以依法对土地实行征收征用并给予补偿
	2006. 10	《国务院关于深化改革严格土地管理的决定》	禁止城镇居民在农村购买宅基地
	2007. 12	《关于严格执行有关农村集体建设用地法律和政策的通知》	农村住宅用地只能分配给本村村民
	2008. 1	《中共中央关于推进农村改革发展若干问题的决定》	逐步建立城乡统一的建设用地市场
	2011. 11	《关于农村集体土地确权登记发证的若干意见》	依法有序开展确权登记发证工作
	2013. 11	《中共中央关于全面深化改革若干重大问题的决定》	健全现代产权制度
	2015. 08	《关于开展农村承包土地经营权和农民住房财产权抵押贷款试点的指导意见》	农村承包土地的经营权和农民住房财产权抵押贷款试点工作开展
	2015. 11	《深化农村改革综合性实施方案》	全局指导农村综合改革，聚焦产权改革、城乡一体化体制机制建立
	2016. 06	《全国土地利用总体规划纲要调整方案》	对耕地保有量、基本农田保护面积、建设用地总规模等指标进行调整

续表

阶段	时间	制度名称	制度内容
第三阶段 1979年至今	2017.01	《关于加强耕地保护和改进占补平衡的意见》	耕地保护制度和占补平衡政策体系不断完善
	2018.02	《关于实施乡村振兴战略的意见》（2018一号文件）	第二轮土地承包到期后再延长30年，探索宅基地"三权分置"

资料来源：1. 新中国成立后我国农村土地制度法律、法规和政策文件。
2. 王敬尧、魏来：《当代中国农地制度的存续与变迁》，载《中国社会科学》2016年第2期。

（二）现行土地制度特点

我国当前实行的是城乡分割的二元土地制度，即城市土地归属于国家所有，农村和城市郊区的土地除法律规定属于国家所有以外的土地，属于农民集体所有。在这种城乡分割的二元土地制度基础之上，城市国有土地和农村集体土地的产权性质及附属权益也不同。同时，农村与城市用地分别属于不同的法律约束，形成不同的土地市场。集体所有土地与国有土地不能随意相互转化，集体土地转为国有必须通过征收的方式。

三、耕地的利用现状及问题

（一）当前农地制度

农地使用制度：土地所有权归农民集体所有前提下，实行家庭联产承包经营制。中国农地使用制度具有三个显著特征：（1）农村土地承包经营者只可在承包地上进行农业生产，不拥有将土地开发用于非农业生产的开发权。（2）土地承包期尚不十分稳定。法律规定农村土地可在集体经济组织的意见统一下进行承包土地调整，因此势必也造成了承包期的不稳定。（3）土地用途管制严格。为保证粮食安全，严格限制农用地转非农用地，而只能用于农业生产。

（二）耕地流转现状

1. 耕地流转规模稳步增长

由图 6 -1 可知，2007 ~2016 年这十年间，全国承包耕地流转总面积从 0. 64 亿亩增加到 4. 7 亿亩，增长超过 7. 34 倍。但自从 2014 年起，耕地流转面积增长速度出现回落，2014 ~2016 年三年间，增长速度同比分别下降 4. 2%、7. 5%、3. 5%。到 2016 年底，全国耕地流转面积占家庭承包耕地总面积的比例高达 35. 1%。从全国范围看，有 3 个省市的耕地流转比重基本达到或超过 60%，分别是：上海市 74. 8%、江苏省 60. 2%、北京市 60%。

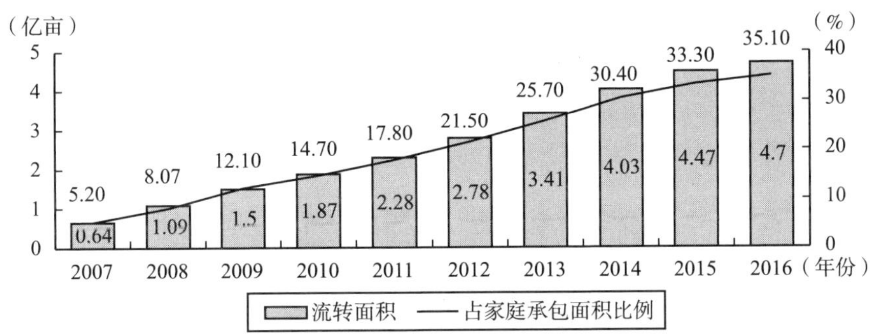

图 6 -1 耕地流转面积及流转面积占家庭承包面积比例

资料来源：土流网 https：//www. tuliu. com/data/dataTrade. html。

2. 耕地流转主体

由图 6 -2 可知，当前农村家庭承包耕地流转主体已不仅限于农户与农户之间，专业合作社、企业以及其他组织也逐渐成为农村土地流转的参与对象。2010 ~2016 年，耕地流转入农户（包括专业大户、家庭农场）的比重由 69. 17% 降至 58. 39%，同时专业合作社和企业的比重却在稳步上升，分别上升了 9. 71 个、1. 5 个百分点。其中，流转入合作社面积占比最大的省份是青海，为43.2%。流转入企业最大的省份是宁夏，为31%。根据第三次农业普查数据显示，以农业生产经营服务为主的经营农户达到20743万，其中有398万是规模经营。

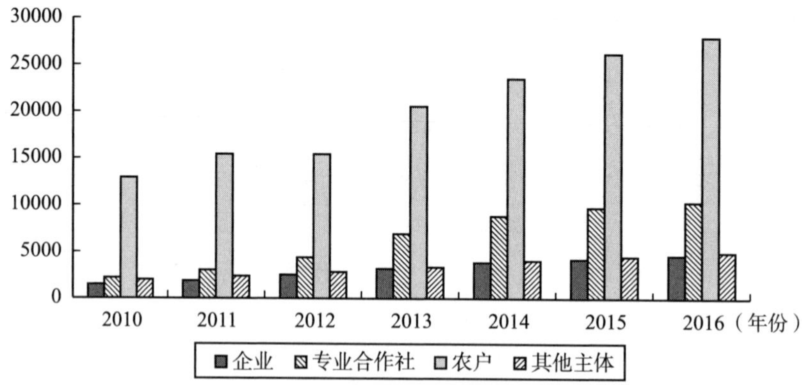

图6－2　耕地流转去向

资料来源：土流网 https：//www.tuliu.com/data/dataTrade.html。

随着流转主体多元化，耕地流转后的用途不能够保证粮食作物的种植，非粮食作物种植面积在逐步扩大。2010～2016年，用于粮食作物生产的耕地面积略有上升，但变动幅度不大，维持在55%左右。其中，前两位分别是黑龙江88.3%，内蒙古70.1%（见表6－2）。

表6－2　耕地流转用途　　单位：万亩

年份	2010	2011	2012	2013	2014	2015	2016
粮食作物	10281	12477	15585	19275	22902	25331	27090
非粮食作物	8387	10317	12247	14826	17437	19352	20831

资料来源：土流网 https：//www.tuliu.com/data/dataTrade.html。

3. 流转方式多样化

农村土地流转方式多样，我国目前耕地流转方式主要是租赁和转包。截至2016年底，耕地流转转包面积为2.26亿亩，占总流转面积的47.1%；以出租形式的流转面积为1.68亿亩，占总流转面积的35.1%。但发达地区股份合作形式也已成为土地流转的主要形式之一。例如，2013年广东省土地流转转入农户的耕地面积占总比的69%，流转入农民专业合作社的面积占比为16%。此外，股份合作的耕地流转形式在实践中不断创新，例如广东省佛冈县就探索出“以股养股”的土地经营权流转新方式。①

4. 流转价格

为鼓励农业规模化集约化经营，中央、地方政府均出台相应政策提高耕地流转价格，提高农民流转积极性。近些年，各地土地使用权流转价格均有不同程度的提高，例如山东省聊城市2010年土地流转价格大约在400元/亩，2014年涨到1500元/亩左右。整体流转价格呈现出逐渐上涨趋势，但就各个省份而言，相差较大，2016年全国土地流转平均价格中，2000元/亩/年以上的有4个省市，分别是上海市3240元、海南省2630元、北京市2371元和天津市2041元；1000元/亩/年以上的有陕西省1420元、山西省1261元和四川省1211元。其余省市均在千元以下，价格最低的三个省市分别为贵州省360元、云南省360元和江西省340元。流转价格在各地区相差悬殊，农民的财产性收入因而也相差较大，对统筹区域发展、社会公平产生阻碍。②

5. 财政补贴

为促进农地能够得到高效流转，无论是中央层面还是地方政府都出台了合理的补贴办法，部分解决了流转主体的资金问题。但无论是中央还是地方政府的补贴都有一定的限制条件，例如中央设定的补贴条件除了履行正规的流转流程之外，还有最低承包期限和承包面积的限制。补贴改革的方向是真

① 《2016年农村家庭承包耕地流转及纠纷调处情况》，载《农村经营管理》2017年第8期。

② 资料来源：土流网。

正的种粮大户、新型职业农民。

地方对土地流转、规模经营的补贴金额以及补贴方式各不相同。例如，武汉市，对符合补贴条件的流转对象予以每亩50元，这部分补贴可以用于整理土地以及完善基础设施等。陕西省对流转耕地面积在1000亩以上的流转对象，按每亩地10元的标准给予补贴。四川郫县对规模在500~1000亩、1000~2000亩、2000~3000亩以及3000亩以上的，分别按每亩100元、300元、500元以及800元的标准给予奖励。①

（三）土地流转模式

1. 土地使用权盘活土地资本

以山东枣庄为例，推行土地流转创新的核心是：发放土地使用权证，盘活土地资本。枣庄在2006年设定第一批试验试点，创建了国内第一家农村土地流转有形市场，依法、规范、有序地推进农村土地入市流转。“西岗流转模式”既解决了土地向种、养专业大户、优势产业集中流转和实现规模经营的难题，又避免了农地非农化使用的风险，是推进我国农村土地制度完善的重要探索。

但借鉴“西岗流转模式”具有一定的前提条件。第一，创建土地流转有形市场要求在城镇化、工业化水平较高、农劳动力充分转移、农民强烈的流转意愿的区域。第二，对于土地流转市场的建立，需要政府加大财政投入，完善相关服务机构，对规模经营以及农村第二、第三产业的发展给予支持。第三，建立流转市场的同时，需要制定相关市场准则，包括市场管理机制、市场交易机制等来保证市场顺利运行。

2. 土地出租

农村土地出租是指拥有农地承包经营权人将土地部分或全部租赁给其他

① 资料来源：https：//ld. sogou. com/article？aid =3001510820。

从事农业生产的农民或组织，由租赁方向原承包农户支付租金。其中以安徽小岗村最具有代表性。

小岗村采用统一返租承包方式进行土地流转探索。将农地整合集中起来，利用工业发展模式发展农业。鼓励土地向种植能手、大户流转，实现产业化经营。同时进行农村土地规划，将村民集中在村中心区域居住生活，集约利用土地，助力农村第二、第三产业的发展。实现土地集中经营后，2009年，小岗村村民人均收入比当年全国农村居民人均收入高出28.07%。[①]

3. 土地转包模式

土地转包是指在一定条件下土地承包人把自己承包的土地部分或全部土地的土地承包经营权转让给同一集体经济组织内部的其他从事农业生产的农户的行为。主要代表为浙江温州模式。

浙江温州模式的实现形式主要包括三个：第一，以村集体经济组织为单位组织领导。没有意愿耕种的农户将其土地交予村集体，由村集体代理村民组织农机合作社进行集约化管理，代种代耕，既避免耕地抛荒，又能替农民保证土地流转后的使用权不会发生变更。第二，种粮大户转包。村集体与村民签订转包合同，再由村集体统一出面寻找专业种植大户，签订转包合同，进一步推进耕地规模化生产。第三，社会服务模式。由专业合作社对耕地生产实行统一的“翻耕、育秧、播种、植保、收割”的完整有偿服务，或专业合作社提供服务链条中的某一个环节有偿服务。

4. 土地入股

农村土地入股指农村土地承包人将其承包土地经营权入股组成股份有限公司或者农业生产合作社。其中以上海奉贤模式具有代表性。

在奉贤区的入股方式中，最为突出的一点是对入股农民有最低收益保

① 刘卫柏、柳钦、李中：《我国农村土地流转模式创新剖析》，载《调研世界》2012年第4期。

证，村民入股的土地保证每亩最低收益400元，最低分红200元，[①] 有了最基本的保障之后农民参与流转的积极性便被调动起来；其次，规定了合作社的利润分配方式及顺序。奉贤区的专业合作社除了粮食、蔬果等传统农业种植，还包括农家乐、营销类合作社，实现了从单一纯农业态向延伸产业链的多元业态转变，推进了一、二、三产业的融合，推进了农业资本化发展，释放了农业发展内在活力。

四、集体建设用地的利用及问题

（一）宅基地

1. 宅基地相关制度

宅基地由农户提出申请，村集体经济组织（村民委员会）依据农户家庭人口状况，经当地县（市）政府审批，按照统一标准分配给农民长期无偿使用。现行宅基地使用制度具有以下两个特征：（1）申请人有严格的身份限制，宅基地的申请只针对本集体经济组织内部成员；（2）一户一宅，无偿申请，无限期使用。2018年一号文件参照对农地的“三权分置”改革，也提出探索宅基地所有权、资格权、使用权“三权分置”，此次新增宅基地“资格权”，这又是探索宅基地制度改革一个开端。

2. 宅基地利用现状

（1）宅基地流转的相关政策文件。我国宅基地流转受到众多不同层级的法律和政策约束，宪法规定“农村宅基地所有权是属于集体所有”。《中华人民共和国土地管理法》在坚持宪法的精神下，进一步确定“一户一宅、法定面积”“农村村民建住宅，应当符合乡（镇）土地利用总体规划”“农

① 《农村土地流转六大创新模式》，土地资源网 http：//www. tdzyw. com/2012/0803/18517. html。

村村民出卖、出租住房后，不得再次申请宅基地”。《中华人民共和国物权法》规定宅基地不得用于抵押。《中华人民共和国担保法》第三十七条表明法律禁止宅基地以抵押方式流转。

由此可见，尽管我国同意宅基地使用权进行流转，但流转仅限于小范围内，也就是集体经济组织内部成员，而不能向本集体组织以外的其他成员进行流转。

（2）隐形流转市场存在，流转方式多样。近年来，城乡接合部以及经济发达地区农村土地价格也在不断飙升，但宅基地流转处于法律和政策的严格限制之下，这就使得宅基地的隐性流转市场逐步扩大。同时，还出现了多种多样的流转方式，包括以下四种：第一，在集体组织内部流转。集体内部符合条件的成员首次获得宅基地都可依法进行申请，无偿获得。但在成员增加或者分家后可采取有偿购买或置换取得宅基地。这种宅基地流转方式是符合我国法律规范的。第二，村集体组织流转。村集体将宅基地、建设用地在本村进行统一规划建设，其结果便是不受法律保护的所谓“小产权房”，村集体按照村民原有的宅基地面积对村民进行补偿，剩余的房屋向社会出售。但宅基地以“小产权房”形式的流转并不受到法律的保护。第三，农户自发宅基地流转。当然宅基地也可以出现自发流转。主要有两种方式：一是农民在合法占有的宅基地上建造住宅，然后将其出售给经济关系不属于集体组织的买家，例如北京昌平区兴寿镇的“画家村”。二是出租。在城乡接合部和经济发达地区，一方面，农村大量人员进城务工，大量宅基地被闲置，提供了充足的供给；另一方面，城市当中存在大量低收入人员，他们对低价房屋存在刚性需求。当供给与需求达到契合时，则会产生自由租赁的流转方式。这种方式多是采取口头约定或者简单的书面协定形式，过程很不规范，因而会埋下产生纠纷的隐患。我国法律当中对宅基地使用权能否进行出租没有明确指出，但根据房屋属于农民私有财产的原则以及“地随房走”的原则，应当是允许出租的。

（3）宅基地大量闲置，土地资源浪费严重。由于宅基地的无偿获得，很多农民抱着“不占白不占”的心理，尽管有住房但如果达到申请条件，也绝不会放过。借助继承等手段获得宅基地、一户多宅的现象屡见不鲜。并且，由于宅基地的使用管理需要极大的成本，出了问题难以惩处和纠正，使得一些村民多占公地、私营乱建，或建新房不拆旧房，造成农房闲置。2017年《中国农村发展报告》指出，当前农村居民点空闲和闲置用地面积高达3000万亩，并且在2000～2011年12年间，全国农村人口减少了1.33亿人，但农村居民点用地反而增加了3045万亩。

除此之外，在城镇化的进程中，务农所得收入远远达不到农民生活所需，因而很大一部分农民选择进城务工，又有一部分农民在城市经过千辛万苦拼搏买房、定居，但是由于宅基地退出的补偿标准的绝对金额远低于市场化的房价，农民宅基地退出积极性不高，许多农民对于退出宅基地的积极性很弱。并且由于法律政策的限制，宅基地不能自由流转，这也造成农村住宅的闲置率很高，反映出土地资源和住房资源浪费严重的问题。

（二）集体经营性建设用地

1. 经营性建设用地制度

农村建设用地主要由村办和乡（镇）办的企业用地、乡村公共建设用地组成。当前的农村建设用地使用制度呈现出以下特征：（1）无偿无限期使用。申请人只要满足一些简单的条件，无须其他行为，即可无偿地取得集体建设用地的使用权。（2）安排的随意性。农村建设用地是由村集体划拨的，而村集体的行为具有随意性，所以常会与土地用途国家管制产生冲突。（3）农村建设用地流转至今还没有明确的法律来规范和约束。

农村集体建设用地的流转，指在保持集体所有制的前提下，农村集体建设用地使用权发生转移及再次转移的事件。具体而言，农村集体建设用地的流转包括出让、转让、出租等行为。流转可分为初次流转和再次流转。初次流转指由所有权人即农民集体经济组织将其使用权进行出让、入股、抵押等流转行为。再次流转指已经取得土地使用权人将已经取得的土地使用权再次进行转让、转租等流转行为。

农村集体建设用地入市，指农村集体建设用地使用权借助出让、转让等方式进入市场，和国有建设用地共同接受市场的调节与规制，并获得有偿使用，最终建成城乡统一的建设用地市场。

2. 集体经营性建设用地使用现状

（1）相关制度和法律政策不完善。土地征收制度在法律层面存在着矛盾性。一方面，在现行的土地法律框架下，处于城市规划范围内的农地只有转化为国有制才能加以利用，而征地是农地转为国有制的唯一途径。但关于征地，宪法中的规定却明确了限制条件——“为了公共利益”。非公共利益目的的农地转用，即使按照征地程序进行，也是违背宪法的；但若是不进行农地征收转用农地，则更是违背宪法，因为城市建设用地所有权必须归属国家而非农村集体。这种矛盾的局面，客观上构成了集体建设用地入市的巨大法律障碍。

2013 年通过的《中共中央关于深化改革若干问题的决定》指出，地方政府、农村集体经济组织可以在符合国家主导的土地规划和土地用途管制和监管的前提下，积极探索构建进行统一城乡建设用地市场。但建立“同权同价”的精神还限定在政策文件上，相关法律制度还没有跟进完善，政策的实施缺少法律的认可和保障。

（2）存量土地总量较少且分布不均。据资源部调查，截至 2013 年底，我国共有集体经营性建设用地约 4200 万亩，约占全国集体建设用地的 13.3%。根据自然资源部介绍，此次全国土地制度改革 33 个试点地区，共查明农村集体经营性建设用地约 11.9 万宗，141.5 万亩。其中包括 15 个集体经营性建设用地试点，各试点地区存量集体经营性建设用地分布不均、相差较大（见表 6－3）。[①]

① 夏柱智：《农村土地制度改革的进展、问题和启示——基于 33 个试点的资料》，载《云南行政学院学报》2017 年第 5 期。

表 6－3　15 个试点区存量集体经营性建设用地规模（2014 年初）　单位：亩

南海	北流	大兴	松江	泽州	大足	海城
102.7 万	11 万	8 万	4.5 万	4 万	1.5 万	1.2 万
德清	安达	郫县	长恒	九台	湄潭	陇西
10000	5910	5500	3500	2875	1500	2600

资料来源：公开资料中提取，尚未找到文昌存量集体经营性建设用地规模。

（3）历史遗留问题多，新旧矛盾交织。深圳地区在 20 世纪 80 年代为了发展加工业，地方政府鼓励村社集体和农民大量建造房屋。一方面可以以土地入股，建造厂房出租获取租金，另一方面可以建造高层房屋用以自己居住。这种方式使得深圳地区的经济迅速发展起来。但是当发展到一定阶段时，才发现背后被掩盖的土地问题，没有规划或者规划不合理，土地资源被抵销利用或者浪费。贺雪峰（2014）曾以历史遗留问题推算沿海地区在兴办乡镇企业时由于“执法不严”而导致当前闲置的农村土地约为 3000 万亩，并且在利用上呈现“散、乱、小”的局面。① 在我国当前的发展进程中，沿海发达地区以及大城市是经济增长的中心，但是在发展过程中由于土地缺乏合理规划以及土地制度没有跟随经济的发展而改革，导致了各种历史遗留问题，如果这些问题不解决，那么作为中国经济增长中心的地区就可能继续陷入规划无序，项目无法实施，土地资源无法发挥其对经济发展的作用。

（4）缺乏宏观指导，尚有大量潜在市场。集体经营性建设用地入市的前提是符合城乡规划和土地利用规划，但城乡规划是由规划委制定，土地利用规划是由国土局制定，两规分别由不同部门制定，其出发点和侧重点也不相同。宏观上法律政策的缺乏或重复导致机体经营性建设用地范围不明确、入市“无法可依，有法难依”。当前我国集体经营性建设用地利用限定于“存量”范围内，也就是将新增建设用地排除在外。按照公共利益征地要

① 贺雪峰：《如何理解征地冲突——兼论〈土地管理法〉的修改》，载《思想战线》2018 年第 3 期。

求，将会有很大一部分的项目征地退出征地范围，退出征地范围的新增建设用地如何安放，这也将是一个大的问题。

（5）用途杂乱，利用粗放。以各试点为例，北京市大兴区 53 平方公里的集体经营性建设用地上，承载的产业类型主要是以小、散企业为主，产出效益低，且审批手续不全，包括安全、消防等方面均存在安全隐患。东三省的三个试点总体特征也存在布局散乱、单位面积小、由小微型企业经营、流转不规范、价格低和期限长等特征。

五、农村土地流转机理分析

城乡统筹发展要求土地、劳动力、资金以及技术等各种要素可以在城市与乡村之间自由流动，其中土地要素的自由流动主要依赖于土地流转。

（一）农村土地流转存在的问题

1. 政府“越位”及“缺位”情况严重

政府在农村土地流转中扮演主导者的地位，无论是政策制定、流转方向、流转对象、流转定价、流转形式等方面都能看见基层政府的身影。政府的“越位”，会导致基层政府财政压力过大以及土地流转的低效率。同时，农民常常在流转过程中处于“被流转”地位，他们的主体地位往往被忽视。近年来，基层政府包括村委会为了政绩强迫或者代替农民让其土地进入流转，村委会成为土地流转过程中实际的主体。

政府在农村土地流转过程中还会出现“缺位”状态，表现在对法律的制定上。法律方面的问题主要涉及流转主体的权责问题、流转程序问题以及法律纠纷解决的问题。我国现行的农村土地制度是集体所有、农户经营的方式，即集体拥有农村土地所有权，农民拥有土地使用权。然而集体是一个模糊的概念，行使集体所有权就具有极大的自由裁量空间，这就造成农地产权主体虚置。农地所有权只能通过国家征收而无其他流转渠道，农民在农地流转中只能对土地的经营权进行流转。但现行法律制度对土地流转方面的规范不完善，在流转方式缓解上的规定比较粗糙，缺少完善的制度规定以及保障相关主体的权益的措施，并且在土地流转期内也未有关于土地保护的制度，这些都对农地的进一步流转形成阻碍，并且法律的漏洞容易造成流转纠纷，损伤农民在耕地流转过程中的合法利益。

政府在农村土地流转过程中的“越位”与“缺位”对于城乡融合发展会产生阻碍作用。政府的“越位”和“缺位”，导致流转过程中行政力量强大、市场不能充分发挥它的作用，土地产权主体虚置，流转方式、流转主体、流转价格等因素不能充分尊重农民的意愿，土地流转纠纷的解决途径得不到完善，农民的相关权益得不到保护，阻碍了农民的流转积极性，造成了在农民流向城市的同时大量农村土地抛荒，浪费了土地资源，抑制了非农产业进入农村，阻碍了农村经济发展和农民富裕，从而扩大了城乡差距。

2. 农民市民化与土地城镇化不协调，缺乏相关配套措施

由于工业化、城镇化的推进，土地和劳动力要素都不断由农村向城市转移，但在转移过程中，我国农村土地流转规模面积逐年增加，增速一直保持较高水平，但同期农村人口市民化的步伐则较为缓慢，人口城镇化的水平相对较低。根据中国统计年鉴数据显示：2000 ~ 2016 年，全国城镇面积由 2000 年的 23439 平方公里增加到 2016 年的 54331 平方公里，增长 131. 80%。但在此期间我国城镇人口只增长 72. 74%。并且，在对于城市人口的统计中还包括流动人口中的常住人口，而这部分人的户籍地不在城市而在农村，由于户籍制度的限制，无法真正融入城市，他们在年迈之后还会回到农村。

土地对农民来说不仅具有经济意义，是农业生产必不可少的资料，同时也是也具有社会保障功能。由于城乡二元制度的阻碍，在农村土地流转过程中由于缺乏相关配套制度缺失，使得农民在城市中无法享受等同于城镇居民的医疗、就业、教育等基本社会保障。同时，在土地城镇化快于人口城镇化的情况下，由于缺乏这些保障政策，又会产生更大的社会不公，农民丢失土

地这个生产资料和保障，在城乡二元制度的阻碍之下，农民无法转为市民身份，在少数极端情况下会产生不公平心态，不利于维持社会的和平稳定，同时对农村发展、社会发展都会产生阻碍作用。

3. 片面注重耕地规模化，达不到规模效益

在近几年的耕地流转过程中，农户对农户的耕地流转占流转总体的比例有所下降，但仍占占据主体地位，达到58%左右。由于农户本身受教育程度、对高新科技的认知能力、经营管理能力等存在局限性，以及信息不对称、农业投资回收周期长等因素，使得土地在流转之后仍然实现不了规模经济。

除此之外，有些地区耕地流转盲目注重集约化、规模化、机械化运营而忽视地区差异，不顾是否具备实行条件，地方政府就片面地倾向于龙头企业、种植大户，以形成所谓的“典范”，增加地方财政收入。而在偏向于这些企业的同时会损害农民利益，破坏土地资源，不但不会促进农村经济发展，反而会阻碍农村一、二、三产业融合发展。

4. 流转价格地区差异大，财政补贴标准不一

近年来，国家对于耕地流转的财政补贴改革的方向是真正的种粮大户、新型职业农民，他们能获得更多的财政补贴。但在实际流转过程中流转于这些主体的耕地还是相对较少，大多数的土地经营者仍然享受不到政府的补贴扶持。而且各地的补偿标准不一，有的地区补贴力度相对较小，对耕地流转起不到推动作用。

5. 流转过程不规范，利益分配无章可循

农村土地流转过程中，合同设定不规范。尽管土地管理部门对流转合同做出了具体的示范，包括合同的签订、合同中的具体内容，但由于在流转过程中监督不到位以及宣传的缺乏，使得流转过程中农民多采取“口头协定”方式，尤其体现在农户对农户的自发流转中，这种自发流转对于流

转的期限、价格等信息都自主商定，容易造成纠纷，不利于保护农民的合法权益。

缺乏流转服务组织具体表现为流转市场不健全和缺少流转中介组织。一方面，农民在土地流转过程中供求信息的获取困难，土地承包者对土地的需求得不到满足，而闲置土地却被撂荒，无法推动土地流转的顺利进行。另一方面，没有健全的流转市场，农民在流转中只能够通过在集体内部流转来获得租金收益，这种模式限制了土地流转的规模和效益，还提高了当地农户之间的进行交易的成本，影响城乡之间土地资源的整体利用。

虽然国家在多个层面都一再强调：土地承包经营权流转，集体所有性质不变，耕地用途不变以及农民权益不能被侵害。但由于粮食生产的低效益以及流转过程的不规范，导致很多人不愿在粮食生产上投入过多的资源，从而转向于经济作物的生产或者其他用途。同时，因为有些地方政府对经济发展的迫切愿望，对种植经济作物的农户予以补贴，这也助长了“非粮化”进程。因此最近几年，耕地流转之后仍然有45%左右的耕地用于非粮化生产，这严重威胁农业生产和粮食安全。

并且在具体实践中，为躲避政府的监管，交易多在隐性流转市场进行。但隐性流转市场没有具体的规范约束，交易多以口头形式或者书面形式确定交易，手续简单，操作不规范。对于土地使用权的价值确定也没有统一恰当的标准，由于农民对于土地包括宅基地上附属的房屋没有价值核算、估价的能力，因而买卖双方商榷的价格不能真实体现房屋的真实价值，农民的权益难以保障。除了农民自发进行买卖的行为之外，还有以乡镇政府或者农村集体经济组织为主导进行的土地流转。在这种形式的土地流转过程中，地方政府的完全掌控局面，补偿农民的数额多少完全由自己说了算，由于农民对于信息掌握的不完善以及干部出于利己原则的行为，对于利益的分配常常令农民处于劣势地位。

（二）土地流转机理分析

机理指的是事物变化的理由和道理。对农村土地流转机理的分析则是对土地流转产生及变化的本质分析。如图 6－3，农村土地流转的机理分析包括形成机理以及运行机理，也就是土地流转为什么会发生，即从无到有产生的必然性以及发生产生的效用即流转形成后不断发展持续的动力。

1. 土地流转的形成机理

（1）劳动力转移的推动。随着城镇化进程的不断推进，城乡差距逐渐扩大，农民祖辈依赖的农业种植获取的收益远远低于第二、第三产业的收益，农民在利益驱动下会放弃种植或者选择粗放经营土地，而寻求从事收益更高的第二、第三产业，导致农地撂荒，资源浪费。劳动力转移的过程中，就会产生土地流转的需求，一方面，对于种植大户、种植能手来说，可以通过流转形成产业化、规模化经营，提高土地的产出率，进而增加农业收入。另一方面，对于普通农民来说，可以通过流转出手，获取收益。

在传统工业向工业集群化发展的过程中，对劳动力要素的需求也在增加，在这个过程中，大量农村劳动力从农村向城市转移，成为土地流转的供给一方，这也就表现为工业通过劳动力的转移对土地流转的拉力作用。

（2）国家政策的外部推动。1993 年是我国第一轮土地承包 15 年到期的年份，党中央提出了“延长 30 年不变”的政策。十九大报告再次明确提出，要保持土地承包关系稳定并长久不变，在第二轮土地承包到期后，还要再延长 30 年。这些政策，有助于维持农村所有制关系的稳定，使农民既可以专注于农业生产，又可以放心地把土地经营权流转出去，还可以摆脱后顾之忧进城打工。另外，2002 年《土地承包法》进一步将土地流转纳入法律当中，强调国家保护依法、自愿、有偿的土地承包经营权流转。这些规定，从法律上为土地流转的实行提供了保障。并且在 2010 年、2012 年直至 2018 年的一号文件中都有对土地流转做出指示，促进土地流转的进行。

（3）各方利益主体的推动。在土地流转过程中利益主体包括中央政府、地方政府集体经济组织以及农民。对于农民而言，无论是种植大户还是分散经营主体，都可以在土地流转中实现自身的利益的扩大，优化资源配置。对于各级行政组织而言，推进农村土地使用权流转不仅能够促进农民增收，农村富裕，而且还能够提高政府业绩，增加财政收入，从而各级政府对于土地流转大力支持，吸引企业入驻农村，对农村进行投资，并颁发优惠政策留住企业，这些都在一定程度上促进了农村土地流转。

（4）技术进步的推动。推进城乡统筹要求农业现代化，即完成由传统农业向现代农业的蜕变。农业的机械化无疑是这一过程的基础。随着科学技术的不断发展，先进的生产设备不断出现代替手工劳作，机械化的广泛普及释放了大量农村劳动力，促进了农业规模化生产，产生了规模效益，对土地流转产生了促进作用。

除此之外，虽然我国一直存在 18 亿亩耕地红线绝对数量的限制，但人均耕地数量在全球来看还是处于较低水平，保证粮食安全成为农业发展的重中之重，不仅要求数量上能够保证耕地面积，而且根据人民日益增长的不同需要也要进行相应的生产调整。只有实行土地流转才能大规模应用现代农业生产技术和机械化操作，提高劳动生产率和土地产出率，保证我国居民的粮食安全。

（5）土地功能的转变。自古以来，土地一直是农民必不可少的生存要素，不仅具有经济价值，更重要的是起着社会保障的作用。但随着近年来土地城镇化、人口城镇化的推进，使得农民对于土地的依赖性降低，这导致土地的社会保障功能逐渐减弱，而经济功能凸显。越来越多的“走出去”的农民想要通过土地流转这种方式获取经济收益。同时，随着城乡统筹的推进，城乡一体化的社会保障机制也会逐渐完善，农民可以通过在城市中工作、生活获取与城市居民相同的保障措施。这些都会对土地流转产生促进作用。

2. 流转的运行机理

土地流转的运行机理即是对土地流转如何发生作用进行的分析。一方面，土地流转会促进土地集中。我国农村的基本经济体制是家庭联产承包责任制，这样的体制下，土地一直是分散经营，达不到规模经济的水平。在土地流转之后，农民不再被土地束缚，受个体利益的驱动，乐于将土地流向种植大户和农业合作社等组织，从而导致土地集约化、农业生产产业化、农业产出率提高和资源配置效率优化。同时，土地流转能够释放大量土地和廉价劳动力，这就促进了乡镇企业的崛起与发展，尽管近些年乡镇企业逐渐没落，但以乡镇企业为雏形的个体经济、民营经济也得到了发展，农村工业化发展得到支持。基层政府通过制定优惠政策，利用土地资源吸引企业入驻农村，对农村进行投资，使得农村的二三产业得以发展，三大产业相互融合，农村产业结构优化调整。具体土地流转机理见图 6－3。

另一方面，土地流转也是城镇化不断推进的必要条件。土地流转释放的劳动力与土地为城市化、工业化的发展产生推动作用，促进了户籍制度、就业制度、教育制度等一系列制度的完善。反过来，工业化、城镇化的发展也会促进农业产业化、农村工业化，推动农村的繁荣发展。互相促进形成良性的循环与互动，土地流转的改革也会在家庭承包制的框架下始终立足于服务农村、发展现代农业，并根据实地情况不断创新发展，从而促进城乡不断融合。

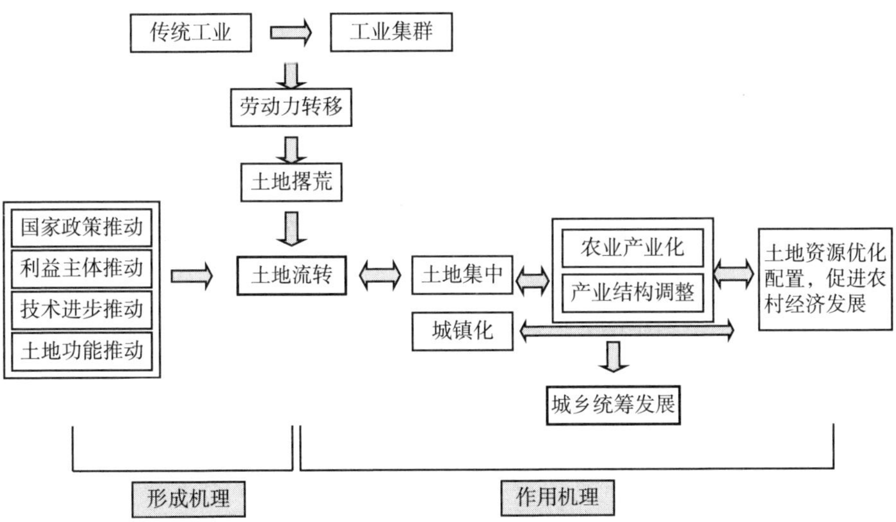

图 6－3　土地流转机理

六、城乡土地整合机制

农村土地制度包括耕地和集体建设用地的制度。通过对经营性建设用地和宅基地的制度创新，盘活土地资本，为农村产业发展提供空间支持；通过农地流转制度创新，优化农地健康环境，解决现代农业发展问题，保障土地承包权所有者的利益，提高土地使用效率，促进现代农业的发展。

（一）典型案例分析

1. 天津华明“宅基地换房”

天津市按照遵从农民意愿、不减少农村耕地、不改变土地承包经营责任制的原则实施宅基地退出换房模式，试点宅基地换房村镇项目。这一项目的起点是东丽区华明街道办事处。“宅基地换房”具体实施措施包括：第一，农民自愿退出宅基地，将其换成城市中的大产权房，从而改善居住的环境；第二，退出宅基地后，村集体将农民原有的宅基地恢复为耕地，促进土地集约利用；第三，将通过置换后原建设用地整理，建立工业园区，鼓励发展汽修、造纸、餐饮等二三产业，增加农民就业岗位，改变农民就业结构；第四，政府放弃土地增值收益，让利于民，促进小城镇建设。

华明镇实施“宅基地换房”过程中，首先，换房比例的确定是否能够保障农民的利益有待商榷。置换实施时“规定的置换标准”是主房对换比为1∶1，附房对换比是2∶1，院落空地不予置换。这样就使得农民居住面积大大缩水，在搬迁到楼房时，还需自己补贴才能保证正常生活居住，从而给农民带来搬家压力。其次，在宅基地换房的相关文件中规定整个过程遵循农民自愿原则，农民自主提出搬迁要求、递交申请，当村子中90%以上村民都递交申请后，村委会作为村民代表和镇政府签订合同。根据资料显示，在具体的实施过程中，2008年华明街道办事曾多次出台文件敦促搬迁，并对违规居民实施了处罚。另外，还要求街村干部、党员以及所有工作人员在换房搬迁工作中起到带头作用，积极应对搬迁工作。农民依旧处于被动地位，没有发言权，也没有做到完全的自愿搬迁。[①] 最后。“宅基地换房”的实施主体是政府，地方政府是“换房”的最大受益者，土地增值收益分配是农民与政府之间的博弈，村委会与镇政府签订换房合同之后，实际上是农民自愿放弃宅基地使用权及房屋所有权，将原宅基地转换为国有用地，土地出让、土地划拨的权力落入政府手中，村集体经济组织与农民没有在土地增值收益分配中分得一杯羹。

2. 北京市大兴区“土地交易流转”

大兴区位于北京南部，总面积 1052 平方公里，存量集体经营性建设用地 2759. 98 公顷，共 3161 宗。2014 年，大兴区集体建设用地使用权确权登记发证数据显示，当时大兴区自发流转数达 2328 宗，2117. 29 公顷。[②] 但整体集体经营性建设用地分布不均、产权碎片化现象普遍、土地利用集约化程度低，土地利用集中在传统的餐饮娱乐、仓储运输等行业，多为传统制造业。集体经营性建设用地流转大多以租赁的方式进行，流转期限长、价格低。

大兴区在全国试点区域中率先提出集体经营性建设用地入市，采用以村集体为单位利用土地入股等方式合作建立起了土地股份合作社或联营公司，根据“同等入市、同权同价”的要求，再通过“招拍挂”等方式，在北京市土地交易市场大兴分市场公开交易。

村民以集体土地入股、持续分红的模式参与入市时，需要明确土地所有者。入市时，主要针对的是存量建设用地，土地权属的转变对整个土地市场影响不大，最终受益者将是土地所有者，土地权属不清，将会导致利益纠纷，给土地流转和交易带来阻碍。同时，建设用地入市时，若监管不严，将可能滋生寻租现象。

---

① 杨正莲：《天津：宅基地换房换来了什么》，载《决策探索》2009 年第 7 期。

② 杨岩枫、谢俊奇：《论集体经营性建设用地入市的实现途径——以北京市大兴区为例》，载《农村金融研究》2016 年第 12 期。

3. 重庆“地票”制度

2007 年 6 月，重庆成立了“全国城乡统筹综合配套改革先行试验区”。重庆地区进行大胆创新，改革土地制度，根据地区特点提出“地票”制度。地票交易包括四个基本环节：第一，复垦的集体建设用地成为耕地，经过土地管理部门验收合格，然后形成指标。在土地交易所开展地票交易，通过竞价实现交易，交易成交后，办理相关手续，获得地票使用权。在地票交易过程中，具体包括竞买过程、收益分配过程以及登记过程。地票交易的收益分配采取的是直接方式兑付，土地交易所扣除相关成本后，将全部剩余收益划拨给复垦权利人。宅基地的分配比较特殊，是集体与农户双方进行分配，所占比例分别为 15% 与 85% 。缴清价款后，需在规定期限内向土交所申请办理地票初始登记。最终进入地票的落地使用环节，地票使用方用其持有的地票参与土地招拍挂，对竞得土地进行开发利用。除了参与土地的招拍挂之外，地票持有人还可利用手中持有的地票作担保物，向金融机构贷款。具体见图 6 –4。

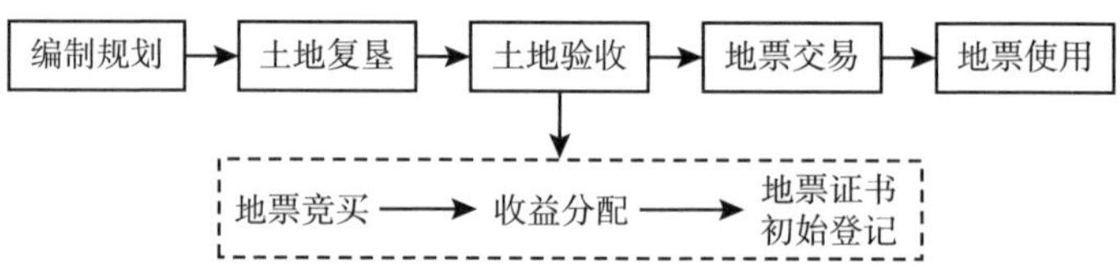

图 6 –4　“地票”制度实施流程

重庆地票实验将城郊土地的农村建设用地纳入流转范围中，并将土地由原先的“先占后补”转变为“先补后占”，保障了土地占补的刚性平衡。并在收益分配环节有意地倾向于农民，保障农民在流转过程中的利益。据重庆农村土地交易数据，2013 年底重庆累计成交地票 12. 84 万亩，成交额高达 261. 05 亿元，其中归农民和集体所有的有 213 亿元。地票价格从第一场的 8 万元/亩上涨到了 20 万元/亩左右，这显著高于大多数省份的征地补偿标准。①

但地票制度也存在一定的问题。第一，实现地票交易的第一步，即复垦，在这个过程中，复垦的耕地质量难以保障。作为政策的执行者和受益者，对于基层政府而言，在追求政绩的利益驱动下，更倾向于复垦的耕地数量，而对质量问题加以忽略，从而减少复垦成本，增加建设用地指标。第二，从供给方面看，土地流转的利益分配依然存在争议。虽然规定了分配比例，但在实际操作中，部分农民反映并未收到规定应得价款，并且根据《重庆市农村土地交易所管理暂行办法》，地票转让成交价要扣除相关成本、对房屋予以补偿、对购置新房予以补贴以及政府建立耕地保护基金，通过层层节流，流进农民手中所剩无几，农民对于流转积极性大大降低。最后，在供应土地中包括宅基地，法律规定农村宅基地的所有权在集体，农民拥有的只是宅基地使用权，对于宅基地及其附属物的补偿到底应不应该直接给予农户，目前实行的分配比例是否恰当，这些也是争议的焦点。

（二）城乡土地整合机制研究

1. 完善农地流转制度，推进现代农业发展

推进城乡统筹发展，不仅要求城市带动农村，还需农村内部实现农村产业化、农业现代化，促进农村经济迅速发展，不断缩小城乡差距。要使得农业达到规模化、机械化生产，提高农地利用效率，增加农地产出，这就要求改革农地制度，完善农地流转制度。

（1）完善农地流转制度必须解决在流转过程中政府的“越位”与“缺位”问题。在流转过程中，政府应当根据相关法律对农民以及其他相关主体加强指导。同时，针对在流转过程中出现的纠纷案件，需要制定的相关政策及时予以解决，保障农地流转的顺利进行。

① 国研网宏观经济研究部：《集体经营性建设用地入市试点进展评析》，国研网，2014 年 12 月。

（2）农地流转的顺利实施需要有买方和卖方的共同存在，向城市进行转移的劳动力当然就属于流转农地的卖方。但由于我国城乡二元制度的存在，农民进入城市中，并不会与市民得到相同的就业、医疗、教育等保障政策，因而进城农民还会在其年迈后回归农村，他们还会对土地产生强大依赖性，不会选择将土地流转出去。推进农地流转就必须改善这些相关的配套制度，加大财政投入，建立城乡统筹的社会保障制度，使得农民真正与城市居民享受相同的制度，农民不再受到土地的束缚，减少对土地的依赖，实现城乡统筹发展。

（3）作为农村土地问题中最关键的问题则是产权问题，产权不明晰，一方面会造成流转受阻，另一方面会在土地流转的收益分配问题上产生利益冲突。明晰土地产权，不仅可以促进农地流转，使流转的收益分配问题上有明确的所有权人，而且在明晰产权后可以发展土地信用，将农地进入资本市场进行抵押，获取资金，解决农业生产缺乏资金而投入不足的问题，促进农村现代农业发展。

2. 改革土地征收制度，优化土地资源配置

土地征收制度存在着法律层面的矛盾性。目前的土地法律规定农地转为国有制的唯一途径是征地，对于处于城市规划范围内的农地，必须全部转为国有制进行利用。但同样存在于宪法的是征地存在一定的限制条件——“为了公共利益”。若为非公共利益目的的农地转用，若正常按照征地程序进行，则是违背宪法，因为不是按照公共利益，但若是不进行农地征收转用农地，则也是违背宪法，因为用于城市建设用地所有权必须归属国家而非农村集体。因而，针对征地制度的改革首当其冲的便是修改宪法，出于“公共利益”的原则征收土地是不能违背的，因而能够进行调整的便是城市规划范围中，协调国有土地与集体土地并存。①

① 蔡继明：《关于当前土地制度改革的争论》，载《河北经贸大学学报》2015 年第 2 期。

在存在土地征收"二律背反"的情况下，会出现各级政府滥用职权，以权牟利，因过度追求地方政绩，一些"非公益性"原则的用地也会被征收，征地范围宽泛，导致资源存在大量浪费，同时在征地过程中对农民补偿是以土地的原有用途为补偿标准，土地征收补偿标准和收益相比过低，且农民没有参与到征收土地未来的增值收益分配当中。所以，在面对由于征地的"二律背反"产生的一系列问题时，应当在符合土地利用城乡规划和总体规划的前提下，准许农村集体建设用地进入市场，使其与国有建设用地同价同权，这样才能将城乡建设用地市场统一起来。这里，集体建设用地分为三类：宅基地、经营性建设用地和公益性公共设施用地，其中经营性建设用地所占的比例很小，占比最大的是宅基地。随着城市化的快速推进，农村剩余劳动力大量向城市进行转移，宅基地的闲置浪费现象愈发常见，因而要适当调整集体建设用地结构，允许经营性建设用地不仅仅是存量入市，而且要实行动态管理。利用市场机制的调节作用不仅能够保证农民的合法权益不受侵害，而且能够减少政府的寻租腐败行为，促进资源的高效利用。

3. 盘活集体建设用地，促进非农产业发展

随着城镇化工业化的快速推进，越来越多农民摆脱农村的束缚，转移到城市当中寻求发展，与此同时，他们在农村拥有的宅基地使用权和自建房屋就存在大量空置和浪费现象，利用率极低。并且，"一户多宅"和宅基地面积超标现象也是十分普遍，而宅基地的流转范围被限制在集体内部，但集体内部却很少有相应的需求，导致这部分资源浪费，与城市用地紧缺矛盾。因此，为推进城乡统筹发展，盘活农村宅基地从而为农村非农产业发展提供支持，减少资源浪费十分迫切。

（1）在宅基地的取得制度方面，实行"无偿 + 有偿"。一直以来我国实行的都是宅基地由农户提出申请，村集体经济组织依据农户家庭人口状况，经当地县（市）政府审批，按照统一的分配标准分配给农民，并让农民长期无偿使用。由于历史原因，很多农户都存在这"一户多宅"和宅基地面

积超过规定大小的情形，在这种情况下，应该探索宅基地的有偿取得。当前已经有进行试点的地区，例如福建晋江，在宅基地供不应求的情况下，由政府垫付启动资金建立新型农村社区，实施宅基地的有偿取得，而且不同区位的宅基地会有价格差。①

（2）探索宅基地财产权益。在2018年一号文件中，中央提出要探索宅基地的“三权分置”——所有权、资格权和使用权的分置。实际上，关于农民房屋财产权是否包括宅基地，这个问题一直以来备受争议，陈锡文认为宅基地不属于农民住房财产权的范畴，而蔡继明的观点却相反，他强调，宅基地的使用权应该属于农民住房财产权。② 本研究认为，我国一直以来都是“地随房走”，尽管宅基地的所有权属于农村集体，但是在宅基地分给集体内部成员后，村民拥有宅基地使用权，宅基使用权当然也属于农民自有财产权利，主张增加宅基地使用权的财产性收益，推进宅基地使用权可以按照农民的意志进行流转，促进宅基地这部分资源的充分利用，为农村非农产业提供空间支持。但是，宅基地使用权财产权的实现也有限定条件，在宅基地流转实现过程中应当充分尊重农民意愿，遵守自愿原则。同时，严格遵守土地用途管制的法律法规，严格按照土地利用总体规划进行。

（3）推动宅基地实施有偿退出。宅基地的有偿退出是充分利用宅基地资源的重要措施和盘活宅基地的前提。但是当前宅基地有偿退出农民参与力度低、退出标准低、住房保障不完善，因而在鼓励实施宅基地有偿退出时，一方面，要对实施退出农民政府应当加大补偿力度。以前文提到的天津华明镇为例，在计算房屋补偿面积时，并没有根据宅基地的实际总面积进行计算，仅仅按照住房的建筑面积进行计算，无形之中就会对农民的权益造成损害。除了应当使补偿面积的计算更加合理之外，对农民实施宅基地退出后住房的保障力度也应当加大，保证农民在实施宅基地退出之后仍然有能够满足

① 董祚继：《农村土地制度改革的难点与出路》，载《土地经济研究》2017年第1期。

② 蔡继明：《中国土地制度改革论要》，载《东南学术》2007年第3期。

农民正常的居住要求。另一方面，有偿退出的资金压力对地方政府来说是一个很大的挑战，因而在实施宅基地有偿退出时，不仅需要政府的财政支撑还需要有其他的方式来辅助。例如，将宅基地有偿退出与农村非农产业发展相结合，既能盘活利用闲置宅基地，又能促进农村经济发展，推动城乡统筹发展。

第七章　城乡技术创新与转移机制*

中国正处于快速城镇化阶段，过去三十年，城镇化快速推进，成为我国经济增长的主要动力之一，同时，也使人们的生产和生活都发生了翻天覆地的变化，目前，已经有超过一半的人口生活在城镇。未来二十年，城镇化依然会是我国经济增长的引擎，城镇化趋势不可逆转，其必将对国民经济的各个方面产生巨大影响。在取得这些显著成绩的同时，我们也应该看到，在快速城镇化过程中出现的城乡发展失衡问题，例如农村资源不断流出、城乡差距不断扩大、农业技术水平滞后、农村严重落后于城镇以及城镇化与农业现代化水平出现较大偏差等问题，“三农”问题已经成为制约我国经济健康发展的桎梏。要实现城乡统筹发展、提高农业生产力，农业技术水平的提高是关键问题之一。城乡技术转移主要体现为农业技术的转移，也就是技术从非农向农业的转移。本章将探讨如何在快速城镇化进程中借助城镇化的力量促进农业技术创新和城乡技术的转移，进而提高农业技术水平，探讨城镇化、非农技术和农业技术之间的相互作用机理，并以我国的经验数据为例进行理论与经验研究，探索城镇化与农业技术提高相互促进、协调发展的途径。

---

* 主要内容以《城镇化与农业技术变迁的互动机制——基于中国数据的理论与经验研究》为题发表在《经济理论与经济管理》2014 年第 1 期。

一、相关文献

技术创新包括非农产业与农业两个方面。其中，农业技术水平的提高取决于两个方面，一个方面是直接的农业技术创新，另一个方面是非农技术向农业技术的转移，所以，在城镇化过程中，非农技术会成为农业技术变迁的一种传导机制。城镇化会对非农技术和农业技术产生影响，同时，技术变迁又会对城镇化本身产生影响，本章将在三者的相互作用中分析城镇化与农业技术变迁的作用机理。国内外的相关研究主要从两个方面展开，一个是城镇化与技术创新的互动机制研究。普罗达（Prod，1966）通过研究美国在1860年前后的专利数量，发现美国35个重要城市的人均专利数量是全国平均水平的411倍，这说明城市本身的聚集作用对技术创新具有重要的促进作用。[①] 杨军（2010）论述了城镇化对提升落后地区创新技术接受能力的作用，认为通过高速度和高效率的城镇化进程来创建接受创新技术所需要的各种条件，有利于提高落后地区的技术创新能力[②]。程开明、王亚丽（2013）认为，城市相对于乡村的诸多优势使其成为创新中心，城市间联系的网络化趋势会对创新网络形成、创新主体间知识流动及创新扩散模式与效率产生影响，有利于激发城市技术创新。[③] 王铭（2007）研究了科学技术与城镇化的相互作用，认为科学技术的发展可以改变城市的功能、扩大城市的规模、提高人们的生活质量和创造新的城市类型，同时，城镇化也必然为科技进步提供必要条件。[④] 王永锋、高建华等（2007）认为城市是技术创新的“神经中枢”和主要发源地，只有城镇化水平达到一定的层次，相应的技术创新才

---

① Pred A. R. , The Spatial Dynamics of U. S. Urban Industrial Growth, 1800 ~ 1914. Cambridge: Harvard. University Press, 1966: 105 – 120.

② 杨军：《城镇化进程对提升落后地区创新技术接受能力的作用分析》，载《科技管理研究》2010年第14期。

③ 程开明、王亚丽：《城市网络激发技术创新的机理及证据》，载《科学学研究》2013年第9期。

④ 王铭：《科学技术与城市化进程》，载《社会科学辑刊》2007年第6期。

会产生，与此同时，技术创新则通过物质与能量的输出，对城镇化进程产生反作用。[①] 二是城镇化与农业技术水平的作用关系。有些学者认为城镇化对农业技术具有促进作用，有学者（Jinghai Zheng & Angng Hu，2006）运用多元回归模型论证了城镇化对农业生产具有促进作用。[②] 石慧、吴方卫（2011）通过测算中国 28 个省级的农业全要素生产率水平，论证了工业化和城镇化能够显著提高农业生产率水平。[③] 石智雷、王佳（2013）通过经验数据研究发现，农民在城镇就业时间对提高农村劳动力新技术的使用具有显著促进作用，从城镇返乡的劳动力更愿意接受农业新技术，同时，在城镇务工时间越长、从事的工作越稳定，其获得非农技能的概率也就越高。[④] 也有的学者持不同的观点，郭军华、倪明、李帮义（2010）认为，中国城镇化进程中流动到城市打工的大部分人是农村文化素质较高的农民，妇女儿童和老人被留在农村，这会使农业劳动力的整体文化素质弱化，会对农业技术效率的提高产生不利影响。[⑤] 宋元梁、胡晗、宋光阳（2012）经过研究认为，农业技术效率与城镇化的短期响应是负向的、相互抑制的，但在长期中存在着比较强的正向交互响应作用。关于农业技术对城镇化进程影响的研究也有不少。[⑥] 费和拉尼斯（Fei & Ranis，1978）认为，农业技术进步不仅可以有效促进农业剩余劳动力转移、推进城镇化进程，而且可以使农业部门和工业部门同时获得发展。[⑦] 周申、漆鑫（2009）认为，农业技术进步是农业剩余

---

① 王永锋、高建华：《中原城市群城市化水平与创新能力协调发展研究》，载《城市问题》2007 年第 4 期。

② Zheng Jinghai，Hu Angang，An Empirial Analys of Provincial Productivity in China（1979 ~ 2001）. Journal of Chinese Economic and Business Studies，2006（3）：25 – 38.

③ 石慧、吴方卫：《中国农业生产率地区差异的影响因素研究——基于空间计量的分析》，载《世界经济文汇》2011 年第 3 期。

④ 石智雷、王佳：《外出务工经历与农村劳动力新技术获得》，载《中南财经政法大学学报》2013 年第 2 期。

⑤ 郭军华、倪明、李帮义：《基于三阶段 DEA 模型的农业生产效率研究》，载《数量经济技术经济研究》2010 年第 12 期。

⑥ 宋元梁、胡晗、宋光阳：《农业技术效率改进与城镇化关系的实证研究——以中西部六省为例》，载《统计与信息论坛》2012 年第 11 期。

⑦ John C. H.，Fei G.，Kuo S.，Ranis，Growth and the Family Distribution of Income by Factor Components［M］. Quarterly Journal of Economics，1978，92（1）：17 – 53.

劳动力能够顺利转移的前提条件，农业技术进步速度越快，农业剩余劳动力转移也就越快，城镇化速度也会越快。①

从国内外的研究文献可以看出，学者们研究了城市和城镇化与技术创新和农业技术的关系，大多数学者认为城市是新技术的发源地，城镇化对技术创新和扩散具有促进作用。但是，对于城镇化是否一定会促进农业技术水平的提高这个问题，则存在争议，有的认为中国城镇化削弱了农村的技术发展潜力，有的认为城镇化与农业技术短期是相互抑制的，而长期则相互促进，当然，更多的人认为城镇化对农业技术具有促进作用。同时，也认可技术创新和农业技术发展对城镇化的正向作用，技术创新可以为城市发展和城镇化进程提供必要条件，农业技术水平的提高更有利于城乡人口转移，推动城镇化进程。但是，对于城镇化与农业技术变迁的作用机制，以及非农产业技术提高在城镇化与农业技术变迁相互作用中所起的中介和传导作用则被忽视，即忽略了技术在产业间转移对年工业技术变迁所起到的重要作用。本章将以非农产业技术作为中间机制来探讨城镇化与农业技术变迁之间的互动关系，探索促使二者良性发展的途径，借助城镇化提升农业技术水平。

二、城镇化、非农技术与农业技术的互动机理

农业技术变迁包括技术创新和技术转移两个方面，技术创新是指新技术的生产和创造，包括开发新技术和将已有的技术进行应用创新。科学是技术之源，技术创新是建立在科学原理的发现基础之上的。技术转移是指技术从一个地方以某种形式转移到另一个地方，它包括国家之间的技术转移，从技术生成部门（研究机构）向使用部门（企业和商业经营部门）的转移，以及使用部门或不同产业之间的转移。本书所强调的转移主要是指技术从非农产业向农业的转移，新技术的发明和扩散都归于技术创新。城镇化会通过影响技术创新和技术转移两个方面作用于农业技术变迁，有些是直接作用，有

① 周申、漆鑫：《经济开放、劳动市场与二元经济结构转化》，载《财经科学》2009 年第 11 期。

些是间接作用。同时，农业技术水平的提高也会通过直接和间接两条途径对城镇化产生反作用，而在技术转移和农业技术反作用于城镇化的过程中，非农产业的技术提高起到了重要的传导作用。下面将对城镇化、非农技术与农业技术变迁的互动机制进行分析。

（一）城镇化对农业技术变迁的作用机理

城镇化对农业技术变迁的影响途径包括两个方面，如图 7－1 所示，一个方面是直接对农业技术创新的作用。技术创新的方式有多种，有传统的经验式的技术创新，靠农民边干边学的方式对技术做一些改进；也有现代技术创新，依靠科学研究来实现，是一个从新产品或新工艺的设想产生到市场应用的完整过程，它包括新设想的产生、研究、开发、商业化生产以及产品的市场销售和转移扩散这样一系列的活动。社会发展到现在的阶段，完全依靠传统的经验式的技术创新方式已经不能取得突破性进展，所以，传统经验式的技术创新已经不是主导创新形式，而必须依靠以科学研究为基础的现代创新方式。每次现代农业技术的革命都是靠科学研究来实现的，如 19 世纪 90 年代农业“机械革命”、20 世纪初的农业“化学革命”、20 世纪前半叶“杂交育种革命”，以及 20 世纪下半叶出现的两次绿色革命。农村并不具备科学研究和现代技术创新的实现条件，关键的农业技术创新必须在城市里来实现。城镇化有利于农业新技术的生产与扩散，为新农业技术提供科技投入、科研环境和传播网络。第一，从农业技术投入要素和科研基础上来说，现代技术创新需要大量的基础条件和人才储备，而在这方面农村是极其匮乏的，不可能承担起这个重任；技术创新所必备的资金、实验场所和科研人员等创新投入主要集中于城市，城镇化程度越高，城市的规模、数量和聚集程度越强，技术创新能力也会越强。第二，技术创新需要良好的创新环境，技术创新环境是由大学、科研机构、企业和地方政府等行为主体相互作用所形成的一个相对稳定的社会网络系统，技术创新的目标能否实现，很大程度上取决于各个创新主体能否有效发挥作用，以及它们之间所能达到的协调发展、相互合作的程度。只有城市才有可能具备这些条件，所以，城镇化的推进更有利于创造良好的科技创新环境和平台。第三，城镇化推进有利于技术扩散。技术扩散是一项技术从首次得到商业化应用，经过大力推广发展到普遍采用阶段的过程，是在新技术产生后才发生的，与新技术在市场上的推广传播过程有关。技术扩散在技术进步过程中起着至关重要的作用，没有扩散，创新不可能有经济影响。城市具有的相对完善的信息、通信等基础设施，为技术扩散提供了良好的传播渠道，使得信息能更快更有效地扩散。所以，城镇化可以通过技术的生产与扩散直接影响农业技术创新。

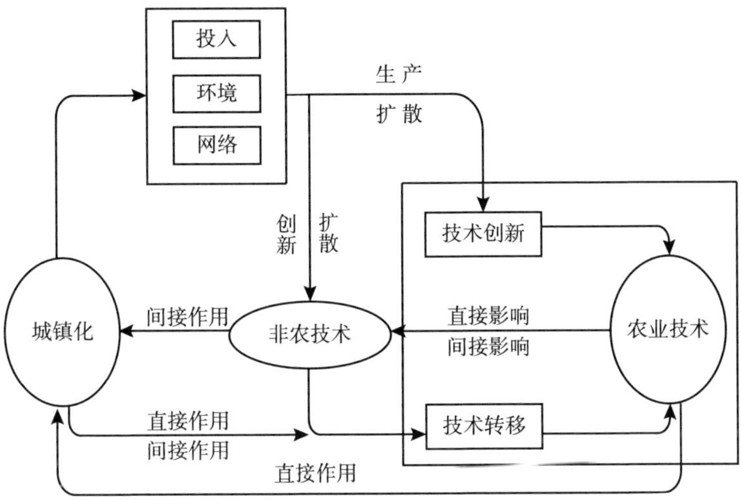

图7－1　城镇化、非农技术与农业技术变迁的作用机理

城镇化对农业技术变迁作用的另一个方面是对技术转移的影响。技术转移主要是指技术从非农产业向农业的转移。非农产业在城镇的集中度要远远高于农村，而且，重大技术创新又大部分产生于城市，这样非农产业更容易接触和接收到新技术、新方法。又由于非农产业的聚集性，容易产生知识、技术的外溢效应，使知识能够相互激发、相互促进，使技术水平提高速度加快。而农业自身技术创新的能力比较弱，其大部分技术是在城市中生产然后向农业进行推广的，或者是通过非农产业的技术、管理方法向农业转移。城镇化在技术转移过程中所起的作用体现在两个层面，一是城镇化会促进非农产业本身的技术进步，非农技术的进步所受的影响和农业技术创新所受的影响是一致的，城镇化同样为非农技术进步提供必需的投入、环境和网络等，促进非农新技术的生产与扩散，提高非农产业技术水平。二是帮助非农技术向农业转移，城镇化在非农技术向农业转移中会通过直接和间接两个途径发生作用。直接作用体现在城镇化过程中城镇和农村的联系加强，城市所生产的机器设备、化肥农药、优良品种等可以直接为农业生产服务，提高农业技术水平和农业生产率，非农产业也会更多地直接进入农村、进入农业相关部门和行业，将非农技术转移到农业。间接作用体现在城镇化进程中城乡人员的流动加强，使更多的农村劳动力进城和到非农部门就业，可以更多地接触到新技术和新技能，并把它们传播到农村和农业部门，更重要的是，在这个过程中农村劳动力素质得以提高，更容易接受新知识、新技术，这就增加了农民承接技术转移和创新的能力和积极性，更有利于技术向农业顺利的转移。

当然，城镇化对农业技术变迁也存在着负面作用，因为在快速城镇化过程中，市场机制和政府的双层作用，总会使农村资源流向城市，这些资源包括资本和优质劳动力，这就容易导致城乡发展失衡加重，农业技术和发展水平落后于城镇和非农部门。市场机制和政府的双层作用削弱了农村技术提高的根基，成为农业技术进步的障碍。这就需要正确处理和对待这个问题，通过一定的措施减少城镇化所起的负面作用，使其正向作用更好的发挥。

（二）农业技术对城镇化的作用机理

农业技术水平的变化也会对城镇化产生反作用，影响城镇化的进程和质量。农业技术变迁对城镇化的影响可以分为直接作用和间接作用两个方面。农业技术进步对城镇化会直接产生作用。这个作用是两方面的，一方面，农业技术创新是城镇化的基础，城市发展首先要有资源，没有农业技术提高带来的剩余粮食和劳动力的供给，就不可能有城市的发展，也就不可能进入城镇化进程。12 世纪的农业革命以前，人类一直难以摆脱马尔萨斯陷阱，粮食增长没有人口增长得快，所以城镇人口所占比重不可能太高。随着农业技术进步，农村逐渐能够提供城镇化所需要的大量食物、资本、生活用品、原料、土地和优质劳动力等，这就推动了城镇发展和城镇化进程。另一方面，农业技术水平提高也可能对城镇化速度起到相反的作用，农业技术提高导致农业生产率提高，农民收入水平可能会大幅度增加，当城乡差距是城镇化的主要动力的时候，就可能会延缓城镇化进程，减缓城镇化速度，至少在短期内可能使城镇化速度有所放缓，不过，城镇化的质量会得到提高。

农业技术变迁对城镇化的间接作用体现为，农业技术对非农技术产生影响，然后通过非农技术影响城镇化过程。农业技术对非农技术的影响也可以分为直接影响和间接影响，农业技术与非农技术是相互渗透、相互促进的，虽然农业技术对非农技术的影响可能没有非农技术对农业技术的影响那么大，但是，农业领域的新技术与管理方法也可能直接被应用到非农产业。在间接影响方面，由于农业技术水平的提高，农村劳动力的素质会得到提升，农民接受新知识、新技术的能力也得到提升，会有更多的优质劳动力从农业部门转移到非农部门，提升非农产业技术革新的能力。非农技术水平提高自然会对城镇化产生巨大的推动作用，非农产业在城镇的集中度很高，非农产业技术水平的提高会为城镇发展创造条件。城镇的特点和优势就是其聚集能力，把众多的资源集中在一起，形成合力，形成高效率的生产和有规模的消费，而这些都是以一定的技术作支撑的。工业革命以前，虽然也存在一些大型城市，但是其规模肯定是受到技术约束的，更不会进入持续的城镇化过程，因为它会受到技术条件的制约，包括运输、管理、信息等各个方面都会形成“瓶颈”，而且，大部分城市都是消费型的，对农村存在极大的经济依赖性。自从工业革命爆发以后，城市显现出巨大的生产能力，消费型城市转变为生产型城市，巨型城市大量增加，与此同时，技术水平的提高带动城市产业快速发展，大量的农村人口被转移到城镇。所以，城镇化始终是以一定的技术发展为前提的。

图 7 -1 很好地展现了城镇化与农业技术变迁的互动机制，城镇化通过影响技术创新和技术转移作用于农业技术变迁，其正向作用应该大于负向作用，农业技术变迁又反过来直接或间接对城镇化起到推动作用，城镇化再作用于农业技术变迁，形成一种循环机制，其中非农产业在技术转移和农业技

术间接作用于城镇化过程中起到重要的媒介作用，所以，要重视非农部门技术进步的重要性。在现阶段的中国，重要的是如何利用城镇化促进农业技术进步，因为城镇化速度本身并不慢，关键是如何在快速城镇化进程中，充分发挥城镇化的作用，促进农业技术变迁，提高农业技术水平。

三、基于中国数据的经验研究

前面对城镇化与农业技术变迁的互动机制进行了理论分析，以下将根据中国的经验数据进行实证研究，通过探讨城镇化、非农技术与农业技术之间的相互作用和响应关系，进一步验证和拓展前面的讨论。

（一）数据与模型的选择

先来选择变量。由于技术水平直接表现为人均产出的变化，所以用非农产业（包括第二产业和第三产业）的人均产出代表非农产业的技术水平，用农业的人均产出表示农业技术水平；由于剔除自然增长率后的城镇人口变化趋势同城乡人口转移和城镇化趋势一致，所以用剔除自然增长率后的城镇人口代表城镇化带动的人口转移。然后，选取我国 1952 ~ 2010 年的时间序列数据来研究这三个变量之间的关系，即城镇化、非农产业技术与农业技术变迁之间的关系。

考虑到城乡人口流动和技术变迁都存在着滞后影响，在研究三个变量之间的关系时，可以选择 VAR 模型（向量自回归模型）或者 SVAR（结构向量自回归模型）模型进行研究，至于哪一个模型更适用，则需要进行具体判断。

首先，观察三个变量的时间序列图。如图 7 - 2 所示，用 X1 表示非农产业的人均产出，X2 表示农业部门人均产出，Y 表示剔除人口自然增长率后的城镇人口，我们可以看出，这三个变量都存在着一定的趋势，都是非平稳序列。其次，分析三个变量的相关系数。表 7 - 1 列出了它们之间的相关系数，可以看出，同期三个变量之间的相关系数非常高，这说明同期它们之间存在着相互影响，因此必然存在着结构关系。综合这两个方面，选择

SVAR 模型进行研究更为合适。

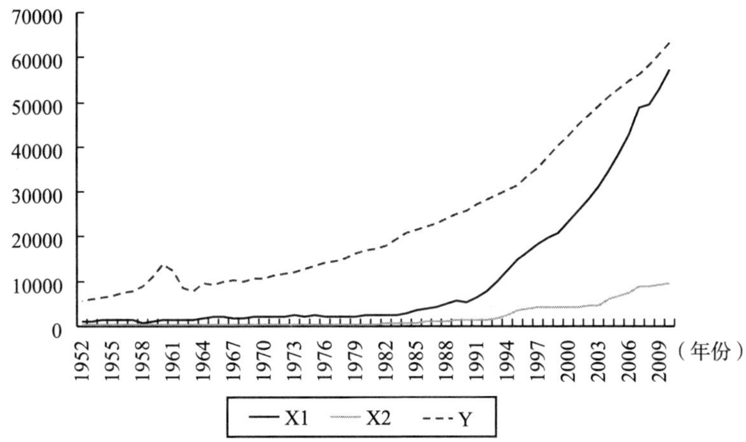

图 7-2　变量时序

表 7-1　　　　变量相关系数

变量	X1	X2	Y
X1	1.00	0.99	0.94
X2	0.99	1.00	0.95
Y	0.94	0.95	1.00

构建 SVAR 模型首先要确定滞后阶数。为了使数据更加平稳，需要对每个变量取对数后构建模型，这里用 LX1 表示变量 X1 的对数，LX2 表示变量 X2 的对数，LY 表示变量 Y 的对数。然后，通过对序列作 VAR 模型来判断滞后阶数。表 7-2 是 EVIES 输出的结果。根据 LR、FPE、AIC、SC、HQ 等原则统筹考虑，这里选择 3 阶滞后 SVAR 模型进行研究。构建如下模型：

$$LY_t = a_0 + a_{01}LY_{t-1} + a_{02}LY_{t-2} + a_{03}LY_{t-3} + a_{04}LX1_t + a_{05}LX1_{t-1} + a_{06}LX1_{t-2} + a_{07}LX1_{t-3} + a_{08}LX2_t + a_{09}LX2_{t-1} + a_{0a}LX2_{t-2} + a_{0b}LX2_{t-3} + v_1$$

$$LX1_t = a_1 + a_{11}LY_{t-1} + a_{12}LY_{t-2} + a_{13}LY_{t-3} + a_{14}LY_t + a_{15}LX1_{t-1} + a_{16}LX1_{t-2} + a_{17}LX1_{t-3} + a_{18}LX2_t + a_{19}LX2_{t-1} + a_{1a}LX2_{t-2} + a_{1b}LX2_{t-3} + v_2$$

$$LX2_t = a_2 + a_{21}LY_{t-1} + a_{22}LY_{t-2} + a_{23}LY_{t-3} + a_{24}LY1_t + a_{25}LX1_{t-1} + a_{26}LX1_{t-2} + a_{27}LX1_{t-3} + a_{28}LY_t + a_{29}LX2_{t-1} + a_{21a}LX2_{t-2} + a_{2b}LX2_{t-3} + v_3$$

其中，t 表示时期，t－1、t－2、t－3 分别表示变量的滞后 1、2、3 期变量，v_1、v_2、v_3 为扰动项，a_0、a_1、a_2 为常数项。

表 7－2　模型滞后阶数选择

阶数	LogL	LR	FPE	AIC	SC	HQ
0	－45. 367	NA	0. 0014	1. 935	2. 049	1. 978
1	149. 841	359. 182	8. 10e－07	－5. 514	－5. 055	－5. 339
2	170. 435	35. 423	5. 12e－07	－5. 977	－5. 174	－5. 672
3	194. 528	38. 548 *	2. 83e－07	－6. 581	－5. 434 *	－6. 144 *
4	204. 142	14. 228	2. 82e－07	－6. 606	－5. 114	－6. 038
5	216. 276	16. 503	2. 57e－07 *	－6. 731 *	－4. 896	－6. 032
6	222. 365	7. 550	3. 03e－07	－6. 615	－4. 435	－5. 785

（二）回归结果

对模型进行参数估计得出结果，如表 7－3 所示；同时得到 A、B 矩阵的回归结果，如表 7－4 所示。

表 7－3　模型的估计结果

变量	LY	LX1	LX2
LY(－1)	1. 323895	0. 137730	0. 153317
	(0. 11709)	(0. 25421)	(0. 17854)
	[11. 3066]	[0. 54180]	[0. 85875]
LY(－2)	－0. 871191	－0. 411839	－0. 250109
	(0. 17238)	(0. 37425)	(0. 26284)
	[－5. 05382]	[－1. 10043]	[－0. 95155]
LY(－3)	0. 419588	0. 356393	0. 220511
	(0. 10643)	(0. 23106)	(0. 16227)
	[3. 94255]	[1. 54245]	[1. 35888]
LX1(－1)	－0. 160848	0. 922119	0. 404173
	(0. 06766)	(0. 14690)	(0. 10317)
	[－2. 37716]	[6. 27707]	[3. 91747]

续表

变量		LY	LX1	LX2
LX1(-2)		-0.060417	-0.331017	-0.151730
		(0.10247)	(0.22247)	(0.15624)
		[-0.58962]	[-1.48795]	[-0.97113]
LX1(-3)		0.178805	0.189880	-0.206347
		(0.06941)	(0.15069)	(0.10583)
		[2.57616]	[1.26008]	[-1.94979]
LX2(-1)		0.068789	0.642896	1.163325
		(0.10158)	(0.22053)	(0.15488)
		[0.67722]	[2.91528]	[7.51119]
LX2(-2)		0.185167	-0.928759	-0.284467
		(0.16031)	(0.34803)	(0.24443)
		[1.15508]	[-2.66858]	[-1.16380]
LX2(-3)		-0.140070	0.486431	0.017034
		(0.10113)	(0.21955)	(0.15420)
		[-1.38508]	[2.21553]	[0.11047]
C		0.905108	-0.222891	-0.883318
		(0.33895)	(0.73588)	(0.51682)
		[2.67033]	[-0.30289]	[-1.70914]
各方程检验结果	R^2	0.994326	0.992359	0.996570
	调整 R^2	0.993138	0.990760	0.995852
	残差平方和	0.113913	0.536930	0.264839
	方程标准差	0.051470	0.111744	0.078480
	F 统计量	837.2016	620.5111	1388.034
	对数似然比	87.57548	46.48899	65.21779
	AIC	-2.927377	-1.376943	-2.083690
	SC	-2.555623	-1.005190	-1.711937
	因变量均值	9.838884	8.394999	6.691564
	因变量标准差	0.621331	1.162478	1.218491

续表

变量		LY	LX1	LX2
整体检验结果	残差协方差矩阵行列式值（dof adj.）		1.50E-07	
	残差协方差矩阵行列式值		8.02E-08	
	对数似然比		207.3799	
	AIC		-6.693580	
	SC		-5.578321	

从回归结果看，参数通过了显著性检验。从回归矩阵的结果看，变量LY和LX1的同期系数为0.6062，呈正相关关系，这说明同期非农产业部门技术水平与城镇化存在正向的相互影响；变量LY和LX2的同期系数为-0.4422，这说明同期农业部门技术水平与城镇化之间是负相关的，呈反方向变化；变量LX1和LX2的同期系数为0.1899，说明同期非农产业技术水平的提高在一定程度上能转移到农业部门，但这种影响比较小。

表7-4　矩阵的回归结果

A =				
1	0	0		
C(1)	1	0		
C(2)	C(3)	1		
B =				
C(4)	0	0		
0	C(5)	0		
0	0	C(6)		
	系数	标准差	Z统计量	概率
C(1)	0.6062	0.2864	2.1168	0.0343
C(2)	-0.4422	0.1950	-2.2681	0.0233
C(3)	0.1899	0.0898	2.1147	0.0345
C(4)	0.0515	0.0050	10.2956	0.0000
C(5)	0.1073	0.0104	10.2956	0.0000
C(6)	0.0702	0.0068	10.2956	0.0000

（三）脉冲响应实验

最后来做脉冲响应。首先，观察三个变量之间的滞后响应关系。假设分别给 LX1、LX2、LY 三个变量一个标准差的新信息冲击，我们来看三者相互之间的脉冲响应，脉冲响应图形输出见图 7－3。从滞后响应来看，非农产业技术对城镇化的反应一开始并不明显，5 期以后开始不断加强；城镇化开始对非农技术的冲击为负，5 期以后变负为正，而且逐渐加强；农业技术水平的提高与城镇化之间是相互强化的作用，但农业技术对城镇化的冲击要早于城镇化对农业技术的冲击；农业技术对非农业技术水平的正向冲击具有长期性，而且在不断强化，而非农产业技术对农业技术的冲击则增强到一定程度后开始慢慢衰减。

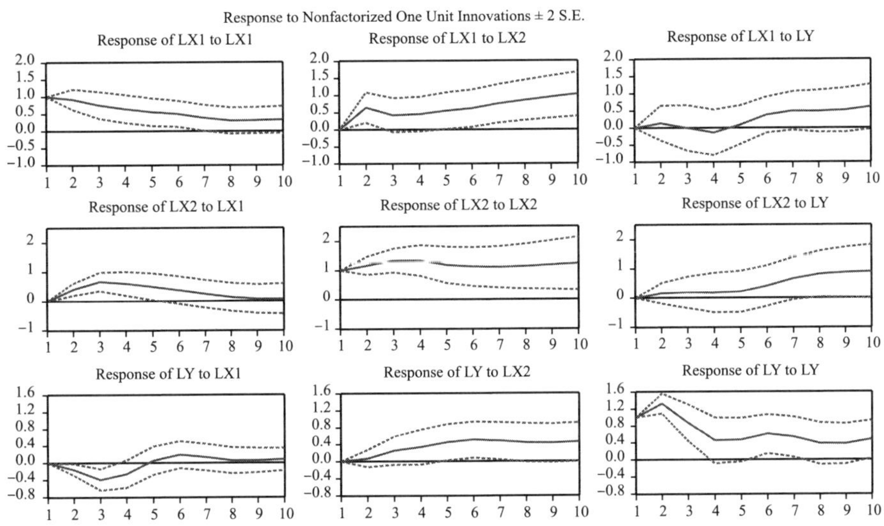

图 7－3　脉冲响应

从以上分析可以看出，农业技术水平的提高不仅会为城镇化提供持久动力，而且也会对非农产业技术的提高产生长期作用；城镇化对农业技术水平提高的短期效应并不显著；非农产业技术对农业技术提高的短期效应比较明显。由此可见，目前除了倡导适应性的农业技术创新，还应当提高城镇化对农业技术的促进作用，同时，也要加快技术从非农部门向农业的转移，只有这样才能提高技术效率，提高城镇化质量，实现城乡统筹发展。

四、城镇化、非农技术与农业技术良性互动机制

要实现城镇化与农业技术的良性互动，充分发挥城镇化对农业技术变迁的促进作用，关键是在城镇化过程中，生产出适应性的农业技术，并使其顺利扩散和推广，同时要让非农产业技术迅速转移到农业部门，此外，农业技术为提高城镇化质量也应做出相应的贡献。

（一）在城镇化进程中推动适应性农业技术创新

现代化的科技创新不是分散的农民可以完成的，它需要巨额的投资和大批的科研人员，它离不开国家的支持和机构的参与，所以，农业现代科学技术的创新核心一定是在城市，而不是农村。要真正提高农业科技水平，必须借助城镇化建立现代化的农业技术创新体系，并且增强农业技术的适应性。

现代农业和现代新农村是建立在现代科学技术基础之上的，每一项农业的重大科技进步都会对农业和农村发展产生深远的影响：杂交技术的应用使美国的玉米、日本的水稻、英国等国家的小麦单产迅速提升到2倍多，动物杂交技术大大提高了世界禽畜的生殖能力和出栏率，第一次绿色革命使墨西哥、印度等发展中国家粮食产量增加了70%。大多发达国家都在增加投资、加速农业科技研发，增强其农业竞争力，其科技对农业的贡献率达到了60%~80%。中国改革开放以来，农业科技创新成果增加很快，科技贡献率不断提高，但是，与发达国家相比，差距还很大，真正高效、实用的成果并不多，每年仅有6000项左右的农业科技成果；从1995~1999年，农业科技贡献率只有40%左右；1996年，种植业的科技贡献率为39%，水产业的科技贡献率为48%，畜牧业的科技贡献率是47%，林业的科技贡献率为28%。“十五”以后科技贡献率有所提高，但与发达国家相去甚远。在城镇化进程中，利用城市的规模和聚集性，大大提高技术创新能力，同时，随着

小城镇的数量和规模的增加，借助小城镇增强基层农业技术创新能力，形成多层次的创新网络，使各层面的科研机构合理分工、合作，充分发挥各类科研机构的作用，使技术创新体系更加完善。

由于农业科技创新的核心在城市，科技人员也是生活在城市，与农村存在比较大的距离，对农村的实际情况了解不够多，所以，容易造成很多科技成果生产出来以后就被束之高阁，不能被广泛应用。这样，就要求农业科技成果要有比较高的适应性，要跟本国、本地区的实际情况相适应。中国在20世纪50年代就开始推广农业机械化，但是，农业机械化的普及率在20世纪90年代以前一直非常低，在集体化的配合下，机械化程度有所提高，但实行家庭承包制以后，基本上又回到了传统农业工具水平上，长期都没有大的改变，这主要是因为农业机械化与当时中国的实际相背离，中国是一个人地矛盾高度紧张的国家，劳动节约型技术进步必然会受到排斥。城镇化的推进为提高农业技术创新的适应性创造了条件，城镇化使城乡联系增强，城乡市场一体化逐渐形成，这样就要加强城市和农村的经济联系，以市场需求为导向，提高科研成果的适应性，使技术创新在农村需求的带动下进行，克服计划经济体制下的弊端，使宝贵的科研力量用在有用的地方，农村需要什么，城市就创造什么技术，避免科研资源的浪费。

（二）借助城镇化加快技术扩散与转移

要借助城镇化的力量加快技术的扩散与转移，这里包括两个方面，一个方面利用城镇化本身带动的网络建设和农村非农产业的发展，传播农业新技术，另一个方面，借助城镇化的推进完善农业科技推广体系。

借助城镇化推动技术信息网络和平台的建设，形成链接大城市、中等城市、小城镇、农村的科技信息网络和平台，能够使各种科技信息迅速地传送到农村、农民手中。农业技术信息网络和平台有利于整合农业科技信息资源，为科技创新主体提供农业科技信息服务，满足创新主体在研究创新、成果转化及应用环节中的信息需求，是推进农业技术创新的重要支撑。要有效地发挥农业科技创新信息服务功能，为提高农业科技创新能力，促进科技成果快速转化以及和提升农民承接运用科技的水平提供信息支撑，就要充分依靠城镇化的成果，使城镇化为城乡各类信息网络的建设提供基础。同时，要借助城镇化大力发展农村非农产业。农村非农产业是链接城镇产业和农业之间的纽带，它是与农业关系最密切，联系最紧密的产业，同时又同城镇产业具有类似的属性，属于一个产业体系，这样，农村非农产业就成为技术转移的最好的中转站，能够加速非农技术向农业技术的转移，同时还能增加农村劳动力就业和增加农民收入，所以，要借助城镇化推动农村非农产业发展，非农化过程本身也是城镇化过程的一部分，二者并不矛盾。

此外，城市研发的新技术和非农技术向农业转移，很大程度上依靠农业科技推广工作，它是连接科研和生产的中间环节。世界上很多国家都建立起了自己的农村科技推广体系，由于每个国家的具体情况不同，所以科技推广体系的类型也是千差万别，归纳起来有三种模式（有的学者归纳为六种）：第一种是以日本为代表的政府主导型农业科技推广体系，各都、道、府、县政府的农政厅都设有专门从事农业科技推广的机构，县以下区域分设“农业改良普及中心”，同时，农民组织的农协也设有专门从事科技推广的指导员；第二种是以美国为代表的由政府领导，各农业院校参与的农业科技推广体系，由联邦政府领导、县政府参与、州立大学农学院为主体，实行农业教育、科研、推广三位一体化；第三种是以法国、英国和新西兰为代表的以非政府组织为主导的农业科技推广体系，科技推广活动全部实行行业管理，由农会委托一些私人公司承担，政府仅仅为科技推广活动提供一些补贴。中国从 20 世纪 50 年代开始建设农业科技推广体系，1951 年最先在东北地区试办了农业科技推广站，1953 年，颁布《农业技术推广方案（草案）》，要求各级政府开展农业科技推广工作，1974 年，提出在县、公社、大队、生产队建立四级农业科学网。改革开放以后农业技术推广工作发展比较快，1979 年，在全国建立 29 个县农业技术推广中心进行试点，到 20 世纪 90 年代初，全国共有 22 万多个农业科技推广机构，92 万多农业科技推广人员，农业科技推广体系基本建成。随着市场经济改革的深化，兴起了将农业科技推广机构推向市场的潮流，很多地区减拨甚至停拨农业科技推广事业费，1993 年，大约44%的县和41%的乡减拨或停拨农业推广事业费，大约有1/3的工作人员离开。1993年的第八届全国人民代表大会以法律的形式确立了农业科技推广机构的事业单位地位，实行政府财政拨款。1996年，农业部要求各地农业部门完成乡镇农业技术推广机构的“三定”工作[①]。此后，农业科技推广工作取得了长足发展，初步形成了从中央到省，从省到地市，以及再到县、乡、村的多层次农业科技推广体系，一共包括种植业、水产、畜牧兽医、农机化和经营管理五个系统，2003年，县乡两级农业科技推广人员超过100万，在编人员在60万以上，在40万个村设立了农业服务机构。但是，中国农业科技推广体系还存在着很多问题，不能满足市场化发展的需要，必须不断完善和优化。可以趁着城镇化快速推进的契机完善我国农业科技推广体系，强化县级政府和小城镇的作用，形成以政府为主导、科研机构为主体、农民充分参与的农业科技推广体系。

（三）增强农业技术承接能力

农业技术变迁对城镇化最直接的作用就是为城镇发展提供更多的优质劳动力，这就需要提高农民的素质，农民素质的提高还能够增强对农业技术的承接能力，一举两得。加速农业技术创新和转移，在一定程度上还取决于农民对于科技成果的认识和接纳程度，这主要由农民本身的素质所决定，而中国农民素质普遍比较低，所以，提高农民教育水平非常重要，这就需要加强农村基础教育和职业培训。农民素质提高了，接受技术的能力增强，技术水平提高，能够节省更多的劳动力，这样就能够为城镇发展提供更加优质的劳动力资源，对城镇化起到反作用，提高城镇化的水平和质量。

中国教育事业取得了很大成就，特别是义务教育的普及和高等教育的快速发展，但是，教育资源分配不平均，在农村还存在为数不少的失学儿童，城乡教育差距比较大，从经费上看，农村义务教育生均经费低于城镇，2006

① 指根据《中华人民共和国农业技术推广法》等的精神，实施农业科技推广机构的定性、定编、定员工作，以巩固和发挥基层农业技术推广机构的作用。

年，全国小学生平均预算内经费为1633.51元，农村小学生为1505.51元，初中生平均预算内经费为1896.56元，农村为1717.22元，农村均低于平均水平①。从教师质量上看，农村教师以高中学历为主，很多未参加过上岗培训，城镇教师基本都受过高等教育，高学历者远远多于农村。从教学设施上看，城市学校大部分都配备了现代化教育设施，而农村校舍陈旧，设备落后。加上农村家庭受到收入水平和家长重视程度的影响，导致城乡教育质量相差很大。从城乡整体人口受教育程度上看，如表7－5所示的2006年城乡人口学历结构，在农村具有小学文化及以下的占到6岁以上人口的一半以上，高中及以上文化水平只有7%左右，而城市高中以上人口占到36.76%，建制镇高中以上人口也达到22.14%，远远高于农村。

表7－5　　2006年城乡人口受教育情况　　单位：%

	小学以下人口占比	小学人口占比	初中人口占比	高中人口占比	大专以上人口占比
城市	5.16	21.36	36.72	22.38	14.38
建制镇	8.07	29.13	40.66	15.71	6.43
农村	13.76	40.72	38.46	6.31	0.76

注：人口基数按6岁以上统计，资料来源：《中国人口统计年鉴》(2006)。

农村教育不只关系到当前，更关系到农村的未来，而且还关系到城市经济的发展，所以，提高农村教育水准在现阶段显得非常重要。首先，要作好农村基础教育工作，确保农村青少年和儿童接受教育的基本权利，完善农村教育保障制度，使家庭困难儿童、留守儿童和女童都能够具有平等接受教育的机会。确保农村教育经费，提高农村教育质量，从整体上全面提高农民素质。其次，要完善农村教育体系，特别是加强职业教育，除了确保农村义务教育的普及以外，还要建立完善的教育体系，尤其要注意农村的学前教育和

① 资料来源于2006年全国教育经费执行情况统计公告。

其他非义务教育跟城市相比都很落后，而且差距要比义务教育大得多。除此之外，要特别加强农民的职业技能培训，建立多层次的、形式多样的农村职业教育体系，建立终身学习的理念，培养学习型农民。发达国家大都非常重视农民的职业培训，美国政府和很多培训机构在农村开办各类培训班和农民继续教育班。英国建立了很多业余农业学校，如农民夜校、农业青年培训学校等。日本也做了很多工作，加强对农民子女的专门教育和职业培训。中国应该由政府统筹、协调各个部门，不断创新培训模式，形成形式多样的农民职业培训体系，为农民提供足够的培训供给，秉承着“实际、实用、实效”的原则，提高农民的技能。农村教育水平的提高不仅有利于农业技术的创新与转移，而且可以增加农民进入非农产业的机会，增强农业技术对非农技术的影响。所以，要依靠提升农民素质发挥农业技术对城镇化的直接和间接作用。

第八章　城乡生产要素协调整合机制

考虑城乡统筹进程中各生产要素的相互作用，需要从总体上进行机制设计，本章将从整体系统的观点进行机制设计，以发展农村非农产业为着力点，以创新农民组织形式和农村土地制度为突破口，以转变劳动力转移方式和完善农村科技创新与推广体系为助力点，构建协调四种要素的整合机制，并围绕该机制建立政策体系。

一、要素协调整合机制

要素的整合是个系统工程，牵一发而动全身，一个环节不通可能就会事事不通，要通过市场和政府双重力量，以市场为主体，政府为主导，充分调动农民的积极性，以政策引导经济主体行为，形成生产要素流动的良性循环。

（一）以农村非农产业为着力点

1. 城乡统筹发展产业振兴是关键

城乡统筹发展产业是关键，没有农村的产业发展，农村就不可能留住人，不可能形成农村资本的积累，没人没资本的农村就不可能与城市协调发展，所以，要实现城乡统筹发展首先必须实现农村产业振兴，通过成熟的产业体系整合资源，形成良性循环和自我发展的能力。首先，农村有农业，但我们需要的是现代农业，或者说实现农业现代化，单纯靠农业本身不可能实现现代化，必须通过一、二、三产业的融合才可以改造传统农业。党的十九大报告中也明确提出要促进农村的一、二、三产业融合，所以，必须通过发展农村非农产业，通过其与农业的融合逐步实现农业现代化。其次，单纯靠农业，哪怕是现代农业，也不足以解决中国的农村问题，不可能有效缩小城乡收入差距，中国是一个人多地少的国家，农业和非农产业之间的竞争很难取得优势，这是由产业特性决定的，韩国、日本等国家无一不是通过农村工业化和农民的兼业来保证农民收入的。再次，农村非农产业是联系城市和农村的纽带，它和城市的产业特性最接近，资源很容易在二者之间流动，发展非农产业更有利于利用城市资源。最后，非农产业最容易形成聚集效应，最有利于农村资源的整合，通过它可能将劳动力、资本、技术、土地等资源进行总体整合。

当然，中国在20世纪80年代时曾经推进农村工业化，乡镇企业蓬勃发展，但是带来了一些问题，例如效率低下、污染严重、环境破坏等问题就受到很多学者的批判，但是，农村非农产业发展并不一定要和这些问题相伴随，这些问题不是不可以解决的矛盾。现在和当时所处的背景已经完全不一样，以前承接的大多是一些低端产业，问题比较多，技术水平落后，现在处于互联网时代，科技突飞猛进的发展改变了产业形态，我们是在保证生态和谐的情况下发展农村产业，而且完全有能力这样做。

2. 以农村非农产业为核心整合农村建设用地

农村建设用地一般包括经营性建设用地和非经营性建设用地，非经营性建设用地以宅基地为主，对于经营性建设用地，2013年11月15日《中共中央关于全面深化改革若干重大问题的决定》指出要建立城乡统一的建设用地市场，允许农村集体经营性建设用地出让、租赁、入股，实行与国有土地同等入市、同权同价，完善土地租赁、转让、抵押二级市场，这一方面为农村非农产业的发展提供了更大的空间，因为发展产业首先要有地方和空间，另一方面也为通过非农产业发展整合经营性建设用地提供了条件，实现了土地的价值。对于宅基地来说，国家提出所有权、资格权、使用权相分离。中国农村宅基地使用效率极其低，大量闲置的农村住宅不能体现其价值，每家都有宅基地，有些还不止一块，宅基地属于集体所有，宅基地上的住宅属于个人所有，本村人对农村住宅没有额外的需求，造成宅基地和住宅的大量闲置，住宅所有者也不能用它来增加收入，因为流动人口之少。如果非农产业发展了，那情况就会不一样，产业发展带动人员流动，外来从业人员增加，企业可以租用这些农村住宅，一方面解决了生产和住宿的空间问题，降低了生产成本，节省了生产空间，另一方面也盘活了宅基地，实现了其价值。所以，非农产业一定是整合农村建设用地的最好途径。

3. 以农村非农产业为核心整合劳动力

前面分析过城乡劳动力的流动与整合，农村劳动力可以从农业流向农村非农产业，也可以流向城市，现在由于农村非农产业的发展不充分，造成大量的农村优质劳动力流向城市，农村人力资源匮乏。农村要想留住人必须要依靠产业发展，让人才留在农村有发展的空间。现代农业的发展可以吸引劳动力，但是，在现阶段来看，农业现代化水平还相当的低，还不能留住大量人才，而非农产业相对比较容易发展，收入水平也高，发展非农产业，增加非农资本存量，对于农村的非农就业和吸引人才具有重要意义。另外，农村非农就业的发展还有利于当地农民的兼业，提高劳动使用效率。所以，要依靠农村非农产业的发展来整合城乡劳动力，形成劳动力的良性流动，既有利于城市的发展，又有利于农村的发展。

4. 通过农村非农产业整合资本

资本具有趋利性，农村资本之所以大量流出，最根本的原因是农村缺乏好的投资途径，没有形成很好的产业发展环境。如果有好的产业可以投资，资本自然会在此聚集和扩张，一方面可以吸引城市资本进入农村，当然城市资本进入农村的方式需要限制；另一方面可以集中农村的闲散资本，实现其增值。农村资本相对分散，不能集中有效利用，必然会流出，有了充足的产业投资空间，有利于整合农村资本。最后，经过农村非农产业所扩张的资本可以支持农业和农村的发展，促进农业转型，实现其现代化。

5. 通过非农产业实现技术转移

农村非农产业是连接城市和农村最有效的通道，而且也是与农业紧密关联度最高的产业，农业技术的扩散和转移，是需要农村非农产业的，一方面它本身会有技术创新，这些技术创新比较容易迅速扩散到农业，另一方面，它和城市和农业具有天然的联系，城市所产生技术创新通过它也很容易扩散到农村，所以，需要依靠农村非农产业提升农业技术水平。

（二）以创新农民组织形式和农村土地制度为突破口

1. 创新农民组织形式是使资本留在农村的重要保障

资本对农村的发展至关重要，如何让资本能够留在农村，并且形成自我增殖的能力至关重要。要改变农村资本大量流出的态势，必须以创新农民生产组织方式为突破口。联产承包责任制以后，特别是农业税取消之后，中国农村从组织的角度看基本上是一盘散沙，单独的小农户独自应对市场的变化，风险很大，既有自然风险，更有市场风险，农村的集体经济也非常薄弱，现在需要组织振兴，形成新的组织形式，能够衔接小农户和现代农业衔接的组织形式。组织模式的选择对于城市化过程中的农民来说非常重要，对于资本能否留在农村，并且不断实现自我积累非常关键。现代农业运营方式实现模式当然是多种多样的，在当前的中国，可以大体分为两大类：一类是由龙头企业带动的纵向一体化，也就是“公司＋农户”的组织模式；另一大类就是农民合作经济组织所带动的纵向一体化，“合作组织＋农户”的组织模式。当然这两种组织形式经常纠结在一起，产生很多亚模式，比如“龙头企业＋合作组织＋农户”，“龙头企业＋农户＋基地”等。

龙头企业带动的组织模式是以大型的农产品加工或者流通企业为龙头，

围绕某些农产品的生产、加工和销售等环节，通过各种合作形式形成经济共同体，带领农户进入市场。这种组织模式在中国发展比较早，而且也得到了政府的大力支持。农民合作组织带动模式是指通过政府倡导或者农民自办，由农民自愿加入结成各类协会、供销社或者合作社等合作经济组织，以农民经济合作组织带动农业纵向一体化。在中国除了农民自发的合作组织以外，还有一些政府组织的专业批发市场，例如山东省营业额超过500万元的专业市场有750个，在这里也把它划到农民经济合作组织（原则上是一种过渡形式，政府承担了组织者的功能）。

比较两种组织模式，其对农村资本积累和农民的组织化程度的影响是不同的，龙头企业带动型组织模式在一定程度上增加了农民收入，但是不足以缩小城乡收入差距，因为以攫取利润为目的的企业，是以利润最大化为目标的，公司具有产业链控制和信息掌握的绝对优势，而农民专业知识不足，组织化程度低，使农民与企业打交道的过程中处于劣势，使农民经常处于不利的利益分配地位。除此之外，在此种模式运行中，农民主要是与企业打交道，而农民之间的组织性被削弱，不利于农民组织程度的提高，容易形成农民对企业的依附关系，农民的利益很难得到保证。而更严重的是这些企业资本多数是城市资本，他们获取的利润也很难留在农村，实际上还是农村资本外流的过程，国家对公司提供了优惠政策，结果却不能使农民得到更多的好处，不能有效缩小城乡收入差距。农民合作组织却完全不同，它不是资本主义性质的企业，而是农民自己的经济组织，在自愿的原则下，农民自身作为主体和主导的一种组织形式，它首先考虑的是农民自身的利益，它以现代化的方式将分散的农民组织起来，增强了农民的组织程度，增强了农民应对市场经济的能力，更为重要的是，它所获得的利润完全留到了农村，完全转化为农民的收入和农村的资本积累，能够改善城市化过程中农村资本流失的困境。

除此之外，集体经济的发展对农村也具有重要的意义，从是否有利于农民组织化程度的提高和是否有利于农村资本积累两个角度比较，农村集体经济和农民合作经济组织带动型的现代农业运营组织模式应该比龙头企业带动型更有利于农村发展，更有利于缩小城乡收入差距，更有利于缓解城乡关系。国外其他国家发达的合作组织所起的作用也给中国以启示，特别是与中国国情相近的日本、韩国等国家利用农民合作组织所取得的成功更是值得中国借鉴。

2. 农村土地制度是农村产业发展的突破口

农村土地制度包括耕地和集体建设用地的制度。通过经营性建设用地和宅基地的制度创新，盘活土地资本，为农村产业发展提供空间支持。通过农地流转制度创新，保障农地健康流转，解决现代农业发展问题，使小农户和现代生产组织形式相融合。现代化农业对土地规模的要求和我们分散的土地承包权之间是有矛盾的，但是，中国又不能走大农场的道路，一定要多种形式共存，相互融合，协调发展，这就需要在农地流转制度上进行创新，保障土地承包权所有者的利益，提高土地使用效率，促进现代农业的发展。

（三）以转变劳动力转移方式和完善农村科技创新与推广体系为助力点

1. 改变劳动力转移方式需要多种制度配合

改革开放前，由于中国实施重工业优先发展战略，曾实施了一系列限制劳动力流动的政策，造成城乡隔绝；改革开放后，城乡差距又导致大量农民流入城市，半城市化问题非常严重，劳动力带动的非劳动力有限，大量老人孩子留在了农村，城乡劳动力资源配置极其不均衡。要实现城乡统筹发展，劳动力资源的配置极其重要，既要保证城乡之间劳动力的流动性，同时又要保证农村、农业发展所需的必要劳动力。所以，要让有效劳动力留在农村，必须要有农村产业的发展。多余劳动力向城市转移，要带走老人和孩子，而且要能够实现其市民化。这是一个复杂的系统过程，而对农村发展又非常的重要。

虽然随着市场化程度的加强，一些制度安排逐渐在淡化，城乡人口流动的限制不断在松动，但是制度性障碍依然严重，根本问题没有解决，特别是当城市经济遇到困难的时候，没有户籍的城市农民经常成为牺牲品，而且，政府干预越强，这些人的牺牲会越大，例如，1997～2001年，中国经历了国有企业改革，大量国有企业职工下岗，同时，又发生了相对严重的通货紧缩，城市就业形势比较严峻，政府提供了很多支持下岗职工的政策，支持他们就业，提高城市居民最低生活保障，增加公务员、事业单位工作人员工资，而对农民工实施了排斥政策，强化了对农民工的就业歧视。[①] 2011年，很多城市出台的调控房价的政策中依然出现了对没有户籍人员的限购措施，这同样也说明，这种制度障碍经常会时不时地变为政府手中的工具被强化。真正的消除制度障碍确实是一个复杂的过程，需要统筹考虑，但是，又是必须尽快解决的大问题，否则，要实现降低人口转移成本，改变人口转移方式只能是一句空话。

2. 科技推广体系助力现代农业发展

农村的发展离不开科技，农业现代化也离不开技术，农村自身又不具备现代化科技创新的能力，所以依靠非农产业、依靠城市的科技创新的推广与转移来完善农村科技创新与推广体系就显得非常重要。

中国农业科技推广体系还存在着很多问题，需要不断完善和优化。第一，在计划经济体制基础上建立推广网络体系难以适应市场经济的要求。以行政力量推动推广，对于一些重大项目，短时间内可以取得较好的效果，缺点是忽略了农民的主体性，忽视了市场机制的作用，忽视了其他组织在农业科技推广中的作用，形式主义严重，弄虚作假现象时有发生。第二，农业科技推广经费缺乏。发达国家的农业科技推广费用占农业总产值的比例一般都在0.6%～1%，一般的发展中国家也在0.5%的水平，而中国在1986～2005年只占到农业总产值的0.22%～0.36%。[②] 据有关调查，即使很少的农业科

① 简新华、何志扬、黄锟：《中国城镇化与特色城镇化道路》，山东人民出版社2010年版。

② 王生赞：《提高农民组织化程度与农村全面小康建设的探讨》，载《经济与管理》2004年第3期。

技推广经费也有很大部分被政府截留，只有其中的10%被用在科技推广上。[①]需要加大政府在农业科技推广工作上的经费投入，并且加强资金监管。第三，农业科技推广人员的素质有待提高。现在发达国家非常重视农业科技推广人员的素质，我国应该加强农业科技推广队伍建设，提高从业人员素质，加强培训，完善考核制度，使他们真正能够帮助农民提高水平。第四，农业科技推广形式单一，过分强调行政手段。应该加强市场化方式，调动农民的积极性，特别是结合农民合作组织，达到产前、产中、产后的全方位联合，使农民得到全面的服务。

图8－1将整个协调整合机制表述出来，农村非农产业作为整合四种生产要素的核心和着力点，是重中之重，土地制度和农村组织形式创新是整合资源的突破口，人口转移制度和科技创新与推广体系是助力要素整合的有效途径。

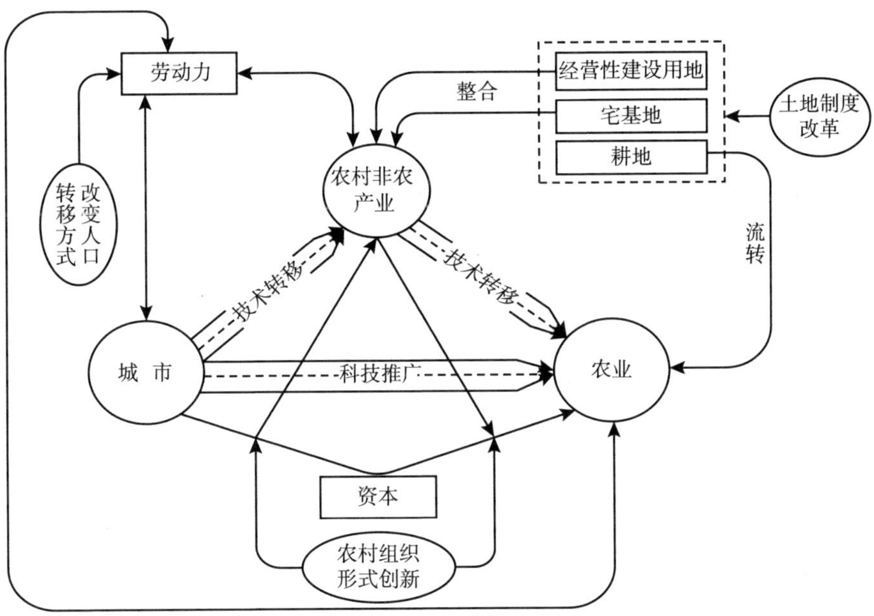

图8－1　四种要素协调整合机制设计

① 刘志仁：《日本农协笑脸变脸都为农》，载《中国农民》1996年第4期。

二、要素整合的政策体系

有了要素整合总体机制设计，就应该有政策体系去实施，由于中国农村情况千差万别，应因地制宜、因时因地实施不同的举措，但大原则是一致的，政策体系的框架应该有基本的原则。通过政府引导、市场主导、农村企业参与，形成要素的良性循环机制，达到城乡统筹发展。根据前面的分析，政策可以包括以农村产业发展为核心的五个政策子系统，如图 8－2 所示，五个系统之间需要相互配合、协调，总体目标才会实现。五个政策子系统分别是产业融合政策体系、土地制度创新政策体系、农民组织建设政策体系、劳动力转移政策体系和科技创新与推广政策体系，其中产业融合政策体系是核心。

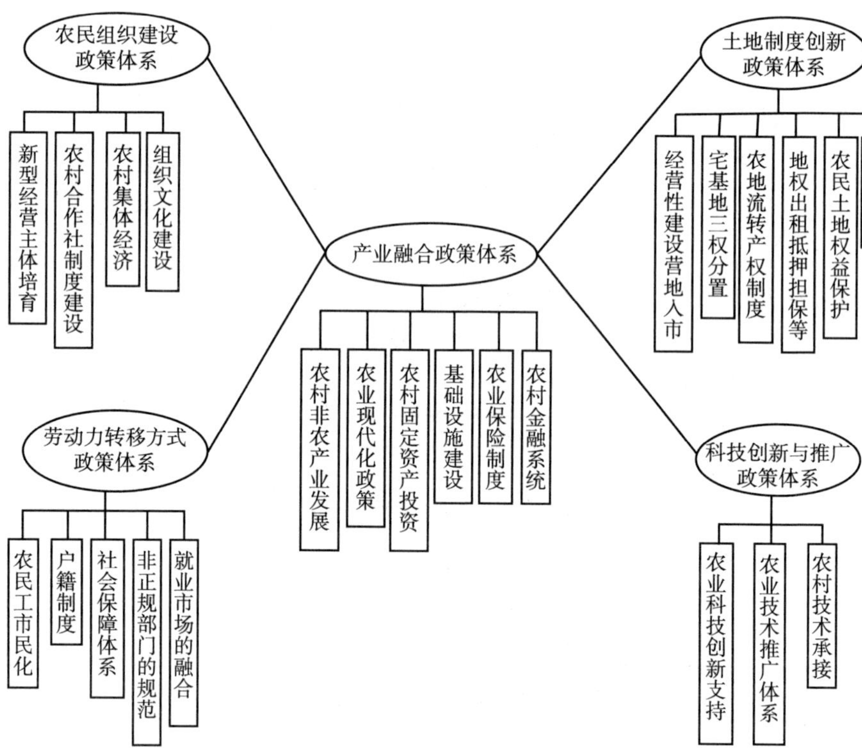

图 8－2　城乡生产要素整合政策体系

（一）产业融合政策体系

以非农产业为核心整合生产要素，达到一、二、三产业融合，建立农村的产业体系，这是解决城乡问题、实现乡村振兴的关键，围绕着促进农村非农产业发展、实现农村产业融合的政策可以设立包括针对农业非农产业的直接政策以及农业现代化、农村固定资本投资、基础设施建设、农村金融体系、农业保险体系等方面的政策。

（二）土地制度创新政策体系

土地制度创新是整合城乡生产要素的一个突破口，对于发展农村非农产业和现代化农业都很重要，需要根据具体情况进行协调创新，土地相关的政策包括经营性建设用地入市、宅基地的三权分置、农地流转、土地出租抵押担保、土地权益保护和土地整饬等方面的政策。

（三）农民组织创新类政策体系

农民组织形式的创新是整合要素的另一个突破口。形成良好的组织形式，有利于农村资本积累和应对市场变化。创新生产组织形式方面包括农村新型经济主体培育、农业合作社制度建设、农村集体经济发展、农村组织文化建设等方面的政策。

（四）劳动力转移政策体系

劳动力转移方式的转变是整合要素的助力点。近年我们也没有在带动非劳动力方面取得大的突破，这方面包括农民工市民化、户籍制度、城乡社会保障体系、非正规部门的规范、城乡劳动力市场融合等方面。

（五）科技创新与推广政策体系

科技创新与推广体系建设是要素整合的另一个助力点，包括农业科技创新、农业技术推广、农村技术承接等方面。技术是建设现代农业的关键，农业得到发展是乡村振兴的基础，当然不排除个别地方农村可以抛开农业发展，但从整体上来看，中国需要一个现代化农业。

对于政策体系，在这里只是描述了一个框架，具体到一个地方的政策体系设计，需要根据实际情况，将这些不同层面上的制度安排和政策措施合理配置，协调作用，才能取得良好效果。

参考文献

[1] 安虎森、李俊：《新时代以人民为中心的区域平衡发展研究》，载《南京社会科学》2018 年第 3 期。

[2] 安虎森、颜银根、朴银哲：《城市高房价和户籍制度：促进或抑制城乡收入差距的扩大——中国劳动力流动和收入差距扩大悖论的一个解释》，载《世界经济文汇》2011 年第 4 期。

[3] 蔡昉、都阳、王美艳：《户籍制度与劳动力市场保护》，载《经济研究》2001 年第 12 期。

[4] 蔡昉：《农村剩余劳动力流动的制度性障碍分析——解释流动与差距同时扩大的悖论》，载《经济学动态》2005 年第 1 期。

[5] 蔡昉：《农村剩余劳动力流动的制度性障碍分析》，载《经济学动态》2005 年第 1 期。

[6] 蔡昉、王美艳：《为什么劳动力流动没有缩小城乡收入差距》，载《经济学动态》2009 年第 8 期。

[7] 曹飞：《城乡统筹进程中的要素整合机制研究》，载《贵州社会科学》2013 年第 3 期。

[8] 常野：《要素流动对城乡发展一体化的影响研究——以江苏省为例》，载《西北大学博士学位论文》2015 年。

[9] 陈睿：《现代化进程中的中国城乡和谐问题研究》，载《中共中央党校博士学位论文》2006 年。

[10]《陈云文选》第 2 卷，人民出版社 1995 年版。

[11] 程开明、王亚丽：《城市网络激发技术创新的机理及证据》，载

《科学学研究》2013 年第 9 期。

[12] 迪特尔·森哈斯:《欧洲的经历——发展理论的历史评判》，多弗尔·伯格出版公司 1985 年版。

[13] 丁志国、赵晶、赵宣凯、吕长征:《我国城乡收入差距的库兹涅茨效应识别与农村金融政策应对路径选择》，载《金融研究》2011 年第 7 期。

[14] 董文杰:《财政支农政策对城乡经济一体化发展的效应研究》，西南大学学位论文，2017 年。

[15] 窦森:《我国金融资源的城乡配置问题研究》，载《经济问题》2009 年第 9 期。

[16] 范垚、杨庆媛、张瑞頔、匡垚瑶:《基于城乡统筹发展的农村土地综合整治绩效研究——以重庆市典型项目区为例》，载《中国土地科学》2016 年第 11 期。

[17] 房付洋、谢元态:《我国农村资金净流出及其原因分析》，载《经济师》2016 年第 7 期。

[18] 高帆:《中国农业弱质性的依据、内涵和改变途径》，载《云南社会科学》2006 年第 3 期。

[19] 高彦彦:《城市偏向、城乡收入差距与中国农业增长》，载《中国农村观察》2010 年第 5 期。

[20] 顾朝林:《经济全球化与中国城市发展》，商务印书馆 1999 年版。

[21] 顾朝林:《中国城镇体系》，商务印书馆 1992 年版。

[22] 郭军华、倪明、李帮义:《基于三阶段 DEA 模型的农业生产效率研究》，载《数量经济技术经济研究》2010 年第 12 期。

[23] 郭连强、祝国平:《中国农村金融改革 40 年: 历程、特征与方向》，载《社会科学战线》2017 年第 12 期。

[24] 韩媛媛:《中国工业化过程中农产品外贸政策的演变特点》，载《兰州学刊》2014 年第 4 期。

[25] 何广文:《中国农村金融转型与金融机构多元化》，载《中国农村观察》2004 年第 2 期。

［26］何立胜、黄灿、何云飞：《土地流转与社会保障制度的协同改革——基于嘉兴、苏州与成都等地改革实践的分析》，载《农村经济》2011年第1期。

［27］江美芳：《农村的金融发展与经济增长——基于江苏省农户的调查分析》，载《苏州大学》2011年。

［28］姜作培：《资源配置：城乡统筹发展的关键》，载《福建论坛》（人文社会科学版）2005年第2期。

［29］李宾、马九杰：《劳动力流动对城乡收入差距的影响——基于生命周期视角》，载《中国人口·资源与环境》2013年第11期。

［30］李创、国清：《乡村振兴视角下农村金融精准扶贫思路探究》，载《政策研究》2018年第6期。

［31］李国平、席强敏、吴爱芝、孙瑀：《中国小城镇产业结构特征及影响因素研究》，载《地理科学》2018年第3期。

［32］李红霞：《城乡之间生产要素流动优化配置与城乡统筹发展——以重庆市为研究对象》，载《商业经济研究》2016年第3期。

［33］李其荣：《对立统一——城市发展历史逻辑新论》，东南大学出版社2000年版。

［34］李德荃：《关于我国农村信贷缺口的估计》，载《东岳论丛》2017年第10期。

［35］李实：《中国经济转轨中劳动力流动模型》，载《经济研究》1997年第9期。

［36］李芝倩：《劳动力市场分割下的中国农村劳动力流动模型》，载《南开经济研究》2007年第1期。

［37］李佐军：《中国九亿农民向何处去》，中国发展出版社2000年版。

［38］廖显浪：《我国农村劳动力流动与城乡收入差距研究》，载《人口与经济》2012年第6期。

［39］林毅夫：《制度、技术与中国农业发展》，上海三联出版社2008年版。

[40] 刘爱军:《农地征收:制度困境与路径选择》,载《毛泽东邓小平理论研究》2009 年第 1 期。

[41] 刘传哲、于艺皓:《新型城镇化金融需求规模估算与预测——以江苏苏北为例》,载《财会月刊》2016 年第 23 期。

[42] 刘慧、伏开宝、李勇刚:《产业结构升级、劳动力流动与城乡收入差距——基于中国 30 个省级面板数据实证分析》,载《经济经纬》2017 年第 5 期。

[43] 刘维奇:《城市化与城乡关系——兼论中国城市化健康发展之路》,中国财政经济出版社 2014 年版。

[44] 刘维奇:《城乡统筹中生产要素的流动与整合》,载《山西日报》2013 年 4 月 16 日。

[45] 刘维奇、韩媛媛:《城市化与城乡收入差距——基于中国数据的理论与经验研究》,载《山西财经大学学报》2013 年第 5 期。

[46] 刘维奇、韩媛媛:《城乡统筹视角下的农民经济模型研究》,载《经济评论》2013 年第 5 期。

[47] 刘维奇、韩媛媛:《城镇化、非农技术与农业技术变迁——基于 SVAR 模型的研究》,载《科学学研究》2014 年第 2 期。

[48] 刘维奇、韩媛媛:《城镇化与农业技术变迁的互动机制——基于中国数据的理论与经验研究》,载《经济理论与经济管理》2014 年第 1 期。

[49] 刘维奇、韩媛媛:《工业化、城市化进程中城乡关系的演变逻辑》,载《未来与发展》2013 年第 3 期。

[50] 刘维奇、韩媛媛:《中国城乡关系之困境与出路》,载《西北农林科技大学学报》(社会科学版) 2014 年第 7 期。

[51] 刘维奇、韩媛媛:《中国城乡资源流动与城乡互动关系研究——以比较经济史为视角》,载《现代经济探讨》2013 年第 10 期。

[52] 刘维奇:《技术变迁与城市化:理论与经验研究》,载《财经科学》2009 年第 11 期。

[53] 刘维奇:《“三农”问题的形成与深化:历史的视角》,载《中国

农业大学学报》（社会科学版）2010 年第 3 期。

［54］刘维奇：《中国城市化与收入分配解读》，经济科学出版社 2013 年版。

［55］刘维奇：《中国城镇化功能与城乡关系的演变》，载《兰州学刊》2014 年第 5 期。

［56］刘维奇：《中国人口老龄化城乡倒置现状及其与城市化的相互影响》，载《农业现代化研究》2014 年第 3 期。

［57］刘卫柏、李中：《基于统筹城乡发展视角的农业科技创新研究》，载《科学管理研究》2011 年第 8 期。

［58］刘易斯·芒福德：《城市发展史——起源、演变和前景》，中国建筑工业出版社 1989 年版。

［59］鲁强、黄芸：《农村金融发展对农民收入的影响与冲击——基于 VECM 模型的实证研究》，载《河北工业大学学报》（社会科学版）2014 年第 6 期。

［60］陆铭：《玻璃幕墙下的劳动力流动——制度约束社会互动与滞后的城市化》，载《南方经济》2011 年第 6 期。

［61］陆铭、陈钊：《城市化、城市倾向的经济政策与城乡收入差距》，载《经济研究》2004 年第 6 期。

［62］马克斯·韦伯：《非正当性的支配——城市的类型学》，广西师范大学出版社 2005 年版。

［63］马显军：《城乡关系：从二元分割到一体化发展》，载《中共中央党校博士学位论文》2008 年版。

［64］缪尔达尔：《倾斜的国土——中国区域经济不平衡发展的现实与趋势》，中国经济出版社 1995 年版。

［65］彭小辉、史清华：《“卢卡斯之谜”与中国城乡资本流动》，载《经济与管理研究》2012 年第 3 期。

［66］普洛格、贝茨：《文化演进与人类行为》，辽宁人民出版社 1988 年版。

[67] 曲福田、田光明：《城乡统筹与农村集体土地产权制度改革》，载《管理世界》2011 年第 6 期。

[68] 沈汝生：《中国都市之分布》，载《地理学报》1937 年第 1 期。

[69] 石慧、吴方卫：《中国农业生产率地区差异的影响因素研究——基于空间计量的分析》，载《世界经济文汇》2011 年第 3 期。

[70] 石智雷、王佳：《外出务工经历与农村劳动力新技术获得》，载《中南财经政法大学学报》2013 年第 2 期。

[71] 宋洪远、黄华波、刘光明：《关于农村劳动力流动的政策问题分析》，载《管理世界》2002 年第 5 期。

[72] 宋坤、林佳、柳晓倩：《直接融资、空间溢出与农业现代化——基于省际数据的实证分析》，载《吉首大学学报》（社会科学版）2018 年第 1 期。

[73] 宋元梁、胡晗、宋光阳：《农业技术效率改进与城镇化关系的实证研究——以中西部六省为例》，载《统计与信息论坛》2012 年第 11 期。

[74] 孙代尧：《20 世纪 50 年代中国急速向社会主义过渡的工业化背景分析》，载《思想理论教育导刊》2004 年第 2 期。

[75] 孙文凯、白重恩、谢沛初：《户籍制度改革对中国农村劳动力流动的影响》，载《经济研究》2011 年第 1 期。

[76] 孙晓芳：《劳动力流动理论的思路变迁与路径探索》，载《中国人口·资源与环境》2012 年第 11 期。

[77] 孙晓芳：《异质性劳动力与我国劳动力流动问题研究》，经济科学出版社 2014 年版。

[78] 孙晓芳：《异质性劳动力与中国劳动力流动——基于新经济地理学的分析》，载《中国人口科学》2013 年第 6 期。

[79] 田克勤：《中国共产党与 20 世纪中国社会的变革》，中共党史出版社 2004 年版。

[80] 汪东梅：《中国城市化问题研究》，中国经济出版社 2005 年版。

[81] 王恩涌：《文化地理学导论》，高等教育出版社 1989 年版。

[82] 王海涛、卢向宇:《我国工农业产品价格剪刀差的客观性及测算》，载《当代经济》2013年第19期。

[83] 王丽艳、杨楠、王振坡:《土地产权制度、户籍制度与城乡统筹发展研究》，载《农村经济》2017年第7期。

[84] 王铭:《科学技术与城市化进程》，载《社会科学辑刊》2007年第6期。

[85] 王洋:《二元经济转换：实物模型与货币模型》，载《南开经济研究》2005年第2期。

[86] 王永锋、高建华:《中原城市群城市化水平与创新能力协调发展研究》，载《城市问题》2007年第4期。

[87] 温涛、张梓榆:《中国金融产业对农业与非农产业发展作用的比较研究》，载《农业技术经济》2015年第7期。

[88] 武翠芳:《中国农村资金外流研究》，中国社会科学出版社2009年版。

[89] 武力:《中华人民共和国经济史》，中国经济出版社1999年版。

[90] 习近平:《决胜全面建成小康社会　夺取新时代中国特色社会主义伟大胜利——在中国共产党第十九次全国代表大会上的报告》，2017年10月27日。

[91] 徐玮、谢文君:《国外城乡发展经验对我国中部地区城乡统筹的启示——从生产要素流动性角度分析》，载《江西社会科学》2011年第7期。

[92] 薛曜祖:《城市化与城乡基本公共服务均衡配置》，载《当代经济管理》2014年第5期。

[93] 薛曜祖:《日本OVOP战略的实施成效及经验借鉴》，载《现代日本经济》2014年第11期。

[94] 薛曜祖:《我国大学农业科技推广模式的框架体系设计》，载《科技与经济》2013年第10期。

[95] 薛曜祖:《新型城镇化背景下城乡基本公共服务均衡配置的制度创新研究》，载《大连理工大学学报》（社会科学版）2016年第4期。

[96] 薛曜祖:《资源优化配置目标约束下的城乡均衡性制度选择——基于新制度经济学视角》,载《探索》2014年第8期。

[97] 严君:《博弈论视角下政府职能转变与制度引导分析》,载《经济问题》2014年5月。

[98] 严瑞珍、龚道广、周志祥、毕宝德:《中国工农业产品价格剪刀差的现状、发展趋势及对策》,载《经济研究》1990年第3期。

[99] 杨基厚、邹宁华:《城乡技术转移的基本特征和运行机制探讨》,载《科研管理》1992年第3期。

[100] 杨军:《城镇化进程对提升落后地区创新技术接受能力的作用分析》,载《科技管理研究》2010年第14期。

[101] 约翰斯顿:《人文地理学词典》,商务印书馆2004年版。

[102] 曾庆芬:《农业的弱质性与弱势性辨析》,载《云南社会科学》2007年第6期。

[103] 张传勇:《资源要素流动配置与城乡一体化发展——基于我国省际面板数据的实证分析》,载《财经论丛》2011年第6期。

[104] 张岱年:《中国文史百科》,浙江人民出版社1997年版。

[105] 张泓、柳秋红、肖怡然:《基于要素流动的城乡一体化协调发展新思路》,载《经济体制改革》2007年第6期。

[106] 张志新、杨琬琨、何双良:《农村劳动力流动对城乡收入差距的影响——基于山东省17地市的面板数据分析》,载《华东经济管理》2018年第5期。

[107] 章元、万广华、刘修岩、许庆:《参与市场与农村贫困:一个微观分析的视角》,载《世界经济》2009年第9期。

[108] 章元、许庆、邬璟璟:《一个农业人口大国的工业化之路:中国降低农村贫困的经验》,载《经济研究》2012年第11期。

[109] 赵卫军、焦斌龙、韩媛媛:《1984~2050年中国农业剩余劳动力存量估算和预测》,载《人口研究》2018年第3期。

[110] 中国社会科学院人口所:《中国人口年鉴(1987)》,经济管理出

版社 1988 年版。

[111] 周申、漆鑫:《经济开放、劳动市场与二元经济结构转化》,载《财经科学》2009 年第 11 期。

[112] 周月书、王悦雯:《我国城乡资本流动研究: 1981 -2012——基于城乡资本边际生产率的分析》,载《江淮论坛》2015 年 1 月。

[113] 周振、伍振军、孔祥智:《中国农村资金净流出的机理、规模与趋势: 1978 ~2012 年》,载《管理世界》2015 年第 1 期。

[114] 祝树金、钟腾龙:《中国工农剪刀差系统模型构建及实证研究》,载《经济问题探索》2014 年第 2 期。

[115] Bezemer, D., Headey, D., Agriculture, Development, and Urban Bias [J]. Word Development, 2008, 36 (8): 1342 -1364.

[116] Cohen, Daniel and Sachs, Jeffrey D., Growth and External Debt Under Risk of Debt Repudiation [J]. European Economic Review, 1986, 30, 3: 526 -560.

[117] Corbridge S. and JONES G. A., The Continuing Debate about Urban Bias: The Thesis, Its Critics, Its Influence, and Implications for Poverty Reduction [R]. Mimeo, prepared for DFID, 2005.

[118] Ellis, F., Agricultural Price Policy in Tanzania [J]. World Development, 1982 (10): 263 -283.

[119] Fei J. CH, Ranis G., Development of the Labor Surplus Economy: Theory and Policy. Illinois, [M]. Irwin: Homewood, 1964.

[120] Friedman, J. R., Regional Development Policy: A Ease Study of Venezuela [A]. Cambridge: The MIT Press, 1966.

[121] H. Friedmann, The Political Economy of Food [M]. Verso, 1987.

[122] J. H. Boeke, Economics and Economic Policy of Dual Societies as Exemplified by Indonesia [M]. New York, 1953.

[123] Jia and Guo, Evolution of Rural Finance in China: Institutional "lock in" or Gradualism? [J]. Savings and Development, Vol. 32, No. 4 (2008),

279 -299.

[124] John R. Harris, Michael P. Todaro, Migration, Unemployment and Development: A Two - Sector Analysis [J]. The American Economic Review, Vol. 60, No. 1 (1970): 126 -142.

[125] Lewis, W. A., Economic Development with Unlimited Supply of Labor [J]. The Manchester School of Economic and Social Studies, 1954 (22): 139 -191.

[126] Lipton, M., Urban Bias: Consequences, Class and Causality [J]. Journal of Development Studies, 1993, 29 (4): 229 -258.

[127] Murray Brown and Winston W. Chang, Capital Aggregation in a General Equilibrium Model of Production [J]. Econometrica, Vol. 44, No. 6 (Nov., 1976): 1179 -1200.

[128] Perroux, F., Economic Space: Theory and Applications [J]. Quarterly Journal of Economics, 1950, 64 (1): 89 -104.

[129] Ramsey, F., A Mathematical Theory of Saving [J]. Economic Journal, 1928 (38): 543 -559.

[130] Shapiro, K., Efficiency Differentials in Peasant Agriculture and their Implications for Development Policies [J]. Journal of Development Studies, 1983, 19 (2): 179 -190.

[131] Theodore W. Schultz, Transforming Traditional Agriculture [M]. New Haven, Yale University Press, 1964.

[132] Zheng Jinghai, Hu Angang, An Empirial Analys of Provincial Productivity in China (1979 -2001) [J]. Journal of Chinese Economic and Business Studies, 2006 (3): 25 -38.

[133] Valerie R. Bencivenga and Bruce D. Smith, Unemployment, Migration, and Weil, Philippe, Overlapping Families of Infinitely-lived Agents [J]. Journal of Public Economics, 1989, 38, 2 (March), 183 -198.

[134] Todaro M. P., A Model of Labour Migration and Urban Unemploy-

ment in Less Developed Countries [J]. The American Economic Review, 1969, 59: 138 - 148.

[135] Robert M. Townsend, Village and Larger Economies. The Theory and Measurement of the Townsend Thai Project [J]. The Journal of Economic Perspectives, Vol. 30, No. 4 (Fall 2016): 199 - 220.

[136] Pred A. R., The Spatial Dynamics of U. S. Urban Industrial Growth, 1800 ~ 1914 [M]. Cambridge: Harvard University Press, 1966: 105 - 120.

[137] M. Sahlins, Stone Age Economic [M]. Chicago: Aldine Atherton, 1972.

[138] Mark Drabenstott and Charles Morris, New Sources of Financing for Rural Development [J]. American Journal of Agricultural Economics, Vol. 71, No. 5, Proceedings Issue (Dec., 1989): 1315 - 1323.

[139] Lipton, M., Strategy for Agriculture: Urban Bias and Rural Planning [M]. London: Oxford University Press, 1968.

[140] K. E. Boulding, The Economy of Love and Fear. Belmont [M]. Calif, 1973.

[141] John C. H., Fei G., Kuo S., Ranis, Growth and the Family Distribution of Incomeby Factor Components [M]. Quarterly Journal of Economics, 1978, 92 (1): 17 - 53.

[142] J. C. Scott, The Moral Economy of the Peasant: Rebellion and Subsistence in SoutheastAsia [M]. New Haven, 1987.

[143] Ibrahim, M. B. &Zulu, L. C., Development without Intervention: A Successful Self - Reliance Initiative of Rural Development and Urban Growth in The Sudan [J]. Geographical Review, 2014, 104 (4).

[144] G. Dalton (ed.), Tribal and Peasant Economics [M]. Natural History Press, 1967.

[145] Francois Bourguignon, Growth and Inequality in the Dual Model of Development: The Role of Demand Factors [J]. Economic Studies, Vol. 57,

(Apr. , 1990), 215 -228.

[146] Eillis, F. , Peasant Economics [M]. Cambridge Universlty Press, 1998.

[147] Du Zhixiong, Mao Quinsin and Izumida Yoichi, Financing of Rural Enterprises in China after the Financial Reforms in the 1990s - Results of a Field Survey in Anhui Province [J]. Savings and Development, Vol. 29, No. 3 (2005): 259 -274.

[148] Carrington, William, Enrica Detragiacha and Tara Vishwanath. Migration with Endogenous Movin Costs [J]. American Economic Review, 1996, 86, 4 (Sep), 909 -930.

[149] Chayanov, A. V. , Peasant Farm Organization [M]. 1925.

[150] Bates, R. H. , Markets and States in Tropical Africa [M]. University of California Press, 1981.

[151] Ali, M. and Byerlee, D. , Economic Efficiency of Small Farmers in a Changing World: a Shivey of Recent Evidence [J]. Journal of International Development, 1991, 3 (1).

后　记

“乡愁是一碗水，乡愁是一杯酒，乡愁是一朵云，乡愁是一生情”，每当歌声起，都会把我们的思绪带回那遥远的故乡，娓娓歌声当中，一幅幅属于故乡的画卷渐次展开，那蓝蓝的天、青青的草、绿绿的水，及其所掩映下的旧户深宅，承载了我们多少记忆，承载着多少中国人的情思乡愁。有人说，中国人往上数三代，多数来自农村，来自泥土。即使人在城市，也经常会遐想“狗吠深巷中，鸡鸣桑树巅”的恬淡意境。我经常说研究农村问题需要情怀，对于发源于农耕文化的中华文明，乡村可说有着至关重要的意义，特别是对于我们这些生于农村、长在农村的研究者来说，最好的时光都留在了那里，对乡村生活存在着深深的眷恋，我们始终相信有一天我们的乡村还是我们心目中的乡村，在充分吸收现代文明的基础上，依然保存着那份质朴和传统。

改革开放40多年来，中国的经济社会发展取得了巨大成就，城镇化率已从18%提升到50%以上，城市人口增加了4亿人，但在城市快速发展的同时，农村的发展却是相对滞后的。近15年来，中国传统村落锐减近92万个，并正以每天1.6个的速度持续递减，这既有一般性，又有中国的特殊性，快速工业化、城市化过程难免导致城乡差距的扩大，这是一般规律，可中国又有中国的不同，重工业优先发展下的社会主义制度导致其又具有相当的特殊性。从20世纪90年代中后期开始，大量农民外出务工，形成典型的半城市化状态，农村青壮年劳动力急剧减少，农村空心化严重，很多候鸟般的迁徙者只能忍受着背井离乡的孤独，内心处于游离状态，身在城市，心在农村，很难找到应有的归属感和社会认同感。勤劳朴实的中国农民，为什么会背井离乡去城市讨生活？资源配置严重不平衡，城乡发展机会差异太大。农村资源匮乏，公共设施跟不上，产业不发达，靠种地吃饭，辛辛苦苦一年，农药、化肥、种子的购买资金都是大问题，很难有效提高收入，缩小城乡差距。在知识经济高度发展的今天，获得资源的机会越多，财富就越多、社会地位就越高，农民想尽一切办法跳出"农门"，不解决城乡资源配置问题，怎能让安土重迁的农民踏踏实实待在农村从事生产经营？怎能避免乡村的凋零？怎能有农村的长远发展？

随着改革的深入进行，我们对城乡问题的认识不断深化，对农村发展的支持力度不断加大，从新农村建设到新型城镇化，再到乡村振兴战略的提出，2017 年 12 月 28 ~29 日，为期两天的中央农村工作会议围绕党的十九大报告提出的实施乡村振兴战略，全面分析了"三农"工作面临的形势和任务，首次提出了走中国特色社会主义乡村振兴道路，并清晰划定了乡村振兴战略的时间表和路线图，旨在"让农业成为有奔头的产业，让农村成为安居乐业的家园，让农民成为受人尊敬的职业"。振兴乡村，是一项长期性的战略任务；留住乡愁，更是一项振兴乡村、留住传统文化、建立文化自信、实现中华民族伟大复兴的根本任务。"看得见山，望得见水，记得住乡愁。"这是"城里人"和"村里人"共同的生活愿景，也是城镇化的目标所在。要实现乡村振兴，首先还是要解决城乡资源流动与有效配置问题，全国各地已经投入到轰轰烈烈的乡村振兴实践中去了，我们应该让理论尽量走在实践的前面。

笔者长期关注和研究城乡问题，多少带有一定的理想主义色彩，那是因为对乡村深深的热爱，始终坚持认为中国应该走的是城乡协调发展的工业化、城镇化道路，而不是一种文明对另一种文明的辗轧，不是农村完全消失后的重构，而是两种形态、两种文明的和谐共存。本书是国家社科基金项目《城乡统筹进程中生产要素流动机理与整合机制研究》（12CJY057）的最终成果，课题于2018年12月经审核准予结项，是集体智慧的结果，韩媛媛、薛曜祖、孙晓芳、王瑞瑜、严君、王丽媛、张帅、崔格格等参与了课题的研究，感谢所有善良正直的人们，希望我们的农村发展得更好，农民生活得更加幸福，城乡关系更加和谐。

刘维奇

2019年7月